福祉+α 6
Welfare Plus Alpha

［監修］橘木俊詔／宮本太郎

幸福

HAPPINESS

橘木俊詔［編著］

ミネルヴァ書房

刊行にあたって

現在、国民が何に対してもっとも不安を感じているかといえば、将来の生活に対してであろう。もう少し具体的には、将来の生活費の確保、退職後や老後の年金・介護の問題、現役世代であれば病気や失業したときのこと、さらには家族、地域、社会などにおける絆が弱くなったために、自分一人になったときに助けてくれる人がいるのかといった不安など、枚挙にいとまがない。

本シリーズはこれら国民に蔓延する不安を取り除くために、福祉という視点から議論することを目的としている。ただし福祉という言葉が有する狭い意味に限定せず、福祉をもっと幅の広い視点から考えることにする。なぜ人間が福祉ということを考えるようになったのか、なぜ福祉を必要とする時代となったのか。また、国民に福祉を提供する分野と手段としてどのようなものがあるのか、誰が福祉を提供するのか、その財源と人手を調達するにはどうしたらよいのか。さらには、福祉の提供が少ないとどのような社会になるのか、逆に福祉の提供がありすぎるとどのような弊害があるのか、福祉を効率的、公平に提供する方策のあり方はいかなるものか、といった様々な福祉に関する幅広い課題について論じることとする。

これらの課題はまさに無数にあるが、各巻では一つの課題を選択してそのテーマを徹底的に分析し、かつ議論するものである。監修者は、どのような課題に挑戦するかを選択し、そのテーマに関して一冊の本を編集するのに誰がもっともふさわしいかを指名し、その編者は、特定のテーマに関して一流であることは当然として、歴史、法律、理論、制度、政策といった幅広い視点から適切な分析のできる執筆陣を選んで執筆を依頼するとともに、その本全体の編集責任を負う。

本シリーズのもう一つの特色は、読者対象を必ずしもその分野の専門家や研究者に限定せず、幅広い読者を念頭に置いているということである。すなわち、学生、一般読者、福祉を考えてみたい人、福祉の現場に関わっている人、福祉に関する政策や法律、プロジェクトを考案・作成する機関やＮＰＯに属する人、など幅広い層を想定している。したがって、書き手は福祉のことをほとんど知らない人でも読むことができるよう配慮し、福祉の現状と問題点が明快に理解できるよう書くことを念頭に置いている。そしてそのテーマをもっと深く考えてみたいという人に対しては、これからあたるべき文献なども網羅することによって、さらなる学習への案内となるようにしている。

福祉と関係する学問分野は、社会福祉学、経済学、社会学、法学、政治学、人口論、医学、薬学、農学、工学など多岐にわたる。このシリーズの読者は、これらの専門家によって書かれたわかりやすい分析に接することによって、福祉の全容を理解することが可能になると信じている。そしてそのことから自分の福祉のこと、そして社会における福祉のあり方に関して、自己の考え方を決める際の有効な資料となることを願ってやまない。

2012年10月

橘 木 俊 詔
宮 本 太 郎

はしがき

経済学の世界で「幸福」が大きな関心となっている。経済学は人々の所得を高くして、そこから得られる消費の効用（満足・あるいは幸福）を最大化するにはどういう経済行動をすればよいか、ということを分析してきた。それがミクロ経済学であった。しかし現実の人々にとっては、消費や所得から得られる幸福よりも、他のことから感じられる幸福に価値を見出しているのではないか、という反省が大きくなってきたのである。

人は食べていかねばならず所得・消費はある程度ないと生きていけないので、決してそれを無視できないが、ある水準の高さで所得・消費を満たすと、それ以外のことに大きな関心を寄せることになる。現に日本人にあっては、ここ二〇年ほど、経済生活は豊かさを上昇（すなわち正の経済成長率のこと）させてきたが、満足度・幸福度は低下してきた。では何に不満、あるいは不幸を感じるようになったのかということに関心が移る。

本書はこのような視点から、人々が幸福を感じるのは経済生活以外の何に対して求めているのか、という問題意識によって編集されたものである。それは仕事のことかもしれない、余暇のことかもしれない、スポーツ・文化活動（音楽などの芸術）のことかもしれない、社会保障のことかもしれない、家族の絆かもしれない、などなど種々の候補がありうる。

人々の幸福感に関しては、哲学・倫理学・政治学・社会学からのアプローチもあるので、それら隣接学問との関連についても注意を払う。さらに「幸福度」の計測には種々の技術的な問題点があるので、それをレビューする。「幸福」と密接に結びついている概念として人々の「希望」があるので、それについても論じることにする。

日本における「幸福」研究は、やっと出発点に達したにすぎない。これまでの日本にあっては、「幸せ」になるには経済的に豊かになることが最も肝心と考えて、経済的豊かさのみに関心が集中しすぎていたからかもしれない。人間生活は食べていくという経済だけで占められているのではない。様々な活動から得られる心豊かで満足ある人生を送るにはどうすればよいか、ということを考える際の資料として本書の価値を発見できるのであれば、編者と著者の幸福度は随分と高まることに間違いない。

編著者の求めに応じて論考を執筆いただいた方々に御礼を申し上げたい。国内では第一級の研究者を集められたことは「幸い」なことであったが、本書にフライ教授とギンスバーグ教授という国際的な権威者のお二人にもご執筆いただけたことは、特に「幸い」なことであった。最後に、ここに掲載された論文は、同志社大学が三年間受領した文部科学省・科学研究費・基盤研究（A）において、幸福に関する総合的な研究（代表者・橘木俊詔）でなされた研究成果の一環であることを述べておこう。さらに、てきぱきと編集作業にあたられたミネルヴァ書房編集部の田引勝二氏に感謝したい。

二〇一四年二月

編者　橘木俊詔

目次

福祉+α 6 HAPPINESS

総論　幸福をどう考えるか

橘木俊詔

本章では、人間の幸福をどう考えたらよいのか、ということをめぐって総論的に考えることとする。世界各国において人々の幸福度を測定する研究が盛んであり、日本人の幸福度が他の国の人々と比較して、どの地位にいるかを明らかにする。さらに、幸福研究の分野には色々な分野と視点のあることを示したうえで、本書に含まれる論文の内容を簡単に紹介する。

1　盛んな幸福研究

世界各国における幸福度の計測

幸福とは何か、と問われれば、答える人によって様々な対応がありうる。ある人は、自分の経済生活が豊かであることに価値を見出して、もし所得が高ければ「幸福（幸せ）です」と答えるかもしれない。あるいは、経済生活の程度よりも自分の仕事の内容や、趣味に生きていることに価値を見出す人もいるだろう。例えば企業で営業職に従事している人なら「商品が多く売れたときにやりがいを感じる」と答えるかもしれないし、趣味が音楽の人ならば「好きなアーティストの演奏会に行って音楽を聞いているときが至福です」と答えるかもしれない。ここで述べたように、人によって何に幸福を感じるかはまったく異なっているといってよい。

幸福度の研究においては、このように人々の幸福感は千差万別であるということを前提にしたうえで、「あなたは今幸福ですか」という問いを最初に問うて、今人生を送りながら日頃の生活の満足度を聞くことから始める。さらにこれに続いて、「では何をしているときが幸福ですか」という質問をして、人によって千差万別なことに幸福を感じる実態を知ろうとする。このときには「どういうことに遭遇したときに不幸を感じますか」という問いも同時に行って、何をしているときに幸福、ないし不幸を感じるかを知ろうとするのである。

後に続く質問によって生活上で経験する諸々の事象に関して幸福度を聞いてから、最初の質問は、それらを総合的に判断した結果に基づいて、今の生活全体を評価すれば、その人は幸福であるか、それとも不幸であるか、その程度を知ることができる。換言すれば、最初の質問はその人の日頃の生活満足度を問うて、それをその人の幸福度と称したものと理解してよい。この最初の質問を基本にして世界各国において人々の幸福度がアンケート調査され、各国別の幸福度の違いが明らかにされるようになった。そしてこれら世界各国での計測に立脚して、どの国の国民が幸福で、どの国の国民が不幸であるかの比較研究がなされるようになった。

三つの国際比較研究を紹介しておこう。第一は二〇〇五年度前後に調査された「世界価値観調査」と称されるもので、各国の一八歳以上の男女一〇〇〇～二〇〇〇人のサンプルを用いて、幸福度を「非常に幸せ」「やや幸せ」「あまり幸せではない」「全く幸せではない」「わからない、あるいは無回答」の五種の選択肢の中から回答してもらった結果である。このうち前二者（すなわち、非常に幸せとやや幸せ）の比率の高い順で幸福度のランキングを国別に得たものである。標本国の数は五七カ国であるが、このうち最高の幸福度五カ国として、トップからニュージーランド、ノルウェー、スウェーデン、カナダ、マレーシアが続く。なお最低の幸福度の国は下からモルドバ、ザンビア、イラク、ルーマニア、ブルガリアである。ちなみに日本は二四位なので、ほぼ中間の位置の幸福度である。

第二の計測例は、イギリスのレスター大学によるもので、二〇〇六年度に調査された一七八カ国の標本国が対象であり、最高の幸福度がデンマークで、次いでスイス、オーストリア、アイスランド、バハマと続き、日本はこれまたほぼ中間の九〇位であった。レスター大学の調査は次の四つの基準に基づいて計測したものである。すなわち、(1)良好な健康管理、(2)高いＧＤＰ、(3)教育の機会、(4)景観の芸術的美しさ、を総合して評価した幸福度である。

この四つの基準を見て、幸福度の計測が恣意的な基準でなされている、との批判の声が起きることは確実である。人によっては、あるいは国民によっては景観の美しさよりも、国民の安全度や環境悪化の状態をより重要視するかもしれない。さらに、この四つの基準をそれぞれに同等に評価するのか、あるいは生活水準をより重視してＧＤＰのウェイトを高くせよ、との声もあるかもしれない。これらの批判は正当なものであるが、一七八カ国という多数の国のすべてを平等、公平に幸福度を評価することは不可能であることも確実であり、ある程度の恣意性は避けられない。

第三の例は、ＯＥＣＤ加盟国という先進国三四カ国を対象にした計測例で、次の一一の変数を基準にして国民の満足度を計測したものである。⑴住宅、⑵収入、⑶雇用、⑷コミュニティ、⑸教育、⑹環境、⑺ガバナンス、⑻健康、⑼生活満足度、⑽安全、⑾ワークライフバランス、である。ＯＥＣＤは満足度という言葉を用いているが、幸福度に近い概念であると理解してよい。

ＯＥＣＤの研究によると、最も国民の満足度が高いのはオーストラリアであり、次いでカナダ、スウェーデン、ニュージーランド、ノルウェー、デンマークが続く。ちなみに、日本は一九番目の満足度とされたので、先進国の中でも中位の位置にいるのである。

以上三つの国際比較研究の成果によって日本国民の幸福度を評価すると、幸福ではないが不幸でもないというほぼ中間の位置にいると結論づけられる。世界の中で経済の豊かさという視点（例えば一人当たりＧＤＰ）から日本を眺めると、豊かな国のグループに属するのであるが、意外とそれよりかは国民の幸福度が低くなっているのが日本であると理解できる。では日本国民はどういうことに不満を感じているのか、ということに注目が集まる。住宅の質への不満、生活満足度が高くない、ワークライフバランスが達成されていない、働き過ぎで人生を楽しんでいない、環境問題、といったことがＯＥＣＤで指摘されている。日本国民がこれらの分野でさほど好ましい状況にないことは、日頃多くの人が感じていることなので、真っ当な研究成果であるとみなせる。

幸福度研究の意義

ここ二〇年ほどの間、経済学において幸福ということが多くの論者によって研究されるようになった。一昔前であれば、経済学における主要課題は、インフレ、失業、国際収支、財政、金融といったマクロ経済を中心にしたものであった。とはいえ、家計消費や生活水準といったミクロ経済のことも伝統的に関心の集った分野であった。マクロ、ミクロの両方の経済学においても、国民の消費、あるいは企業の生産を最大にするには、どのような経済組織や経済政策が効率性を高めることができるのか、ということに最大の関心が払われた。背後には、国民の所得、あるいは消費を最大にすることが経済学の究極の目的であると考えてきたのであった。

しかし、経済学に心理学的な要素が加味されるようになると、国民の所得や消費を最大にすることで、必ずしも人々が「幸せ」と感じないことが多いということが指摘されるようになった。経済学に心理学を導入したのはカーネマン（ノーベル経済学受賞者）の貢献によるところが大である。人は心理的な要因（例えば満足しているか、それとも不満かといったこと）で経済行動を決めるのではないか、というのが発想の出発点である。

実は経済学においても満足のことは長い経済学史上で分析がなされていた。経済学はそれを効用（utility）と称して、効用を最大化することが消費者の経済行動の目的であるとの前提の下で、消費の経済学、あるいはミクロ経済学が形成されたのである。消費から得られる効用、そして消費額を決める所得額をも考慮の対象にして、ミクロ経済学が体系化されたのである。効用を満足、満足を幸福と理解すれば、経済学は幸福に大きな関心を寄せていた、といっても過言ではないのである。

ここで新しい考え方が登場する。人間の生活は必ずしも消費や所得だけに依存するのではない。教育、職業、労働、余暇、結婚、家族、地域、環境など無数の様々な効用（あるいは満足、幸福）をも分析の対象にしていいのではないか、という発想が幸福に関する学問の出発点である。先ほど、レスター大学の幸福度研究とOECDによる満足度の国際比較研究を紹介したが、そこではここで述べたいくつかの事象、活動、基準が考慮されていたことを思い出してほしい。

もう一つの重要な論点が提案されたことを強調しておこう。それは例えばイースタリン（Easterlin 2001）が研究したように、人々の満足や幸せ感はまわりにいる他人との比較でなされるのであり、自己だけの満足や幸せ感で決まるのではないという「相対仮説」の提唱であった。それと同時に所得が高くなっても人の幸福度は高まらないということを発見した。この分析は後になって、人の幸せは必ずしも経済的な豊かさだけではなく、他の事象や活動にも依存するのではないか、という予想の出発点となった。その予想が開花して、人間の幸福は消費、所得のみならず、様々な事象や活動に依存すると信じられるようになり、幅広い様々な変数が人々の幸福度にどのような影響があるのか、ということが計測・分析されるようになったのである。

ここで心理学のことを一言述べておこう。心理学は伝統的に人の心の動きや人の行動を説明する動機づけといったことに関心を寄せて、長い分析の歴史を持っている学問である。どのような現象に遭遇したとき人は満足するのか、あるいは不満を抱くのか、そしてどのような心理的な要因に基づいて人は様々な行動に走るのか、といったことが対象である。例えば犯罪心理学という学問があるが、これは人がなぜ犯罪に走るのか、どのような環境に置かれたときや、どのような仕打ちを他人から受けたときに犯罪にコミットするのか、といったことを研究するのである。

幸福に関しては、「ポジティブ心理学」という新しい研究分野が有効な道具を提供するようになっている。心理学というのは、犯罪心理学で代表されるように、人間はどういう時に「よからぬこと」を考えるのか、あるいは逆境に耐え抜くにはどうすればよいか、という心理的に否定的な側面に注目して分析してきたが、むしろ逆の立場から人間はどういう心理の時に前向きの態度や行動を示すのか、あるいは「幸せ」を感じるのか、ということに関心を示したのである。

例えばフライ（二〇一二）は、次の三つの要因が「ポジティブ心理学」において重要であると述べている。第一に、快楽的な経験や瞬間が幸福を感じさせることがある。第二に、自己組織化、自律心、適応性といった人間の性格面に注目すると、能力、帰属意識、自立などが満たされると人は幸福を感じる。第三に、人間はある共同体に組み込まれていると思うときに幸福を感じるものである。例えば、家族のいること、あるいは宗教を信じることによって心理的に幸福になるのである。これら三つのことはすべて人間の心理を媒介としているので、心理学の果たす役割が幸福研究においては重要なのである。

2　本書の概要

本書の特色と貢献

個々の論文を紹介する前に、本書が「幸福」という比較的新しい学問分野に対して、どのような貢献をしているのか、あるいはどういう特色を保有しているのかをごく簡単に述べておこう。

第一に、本書は「幸福」という分野において、世界的な視野から貴重な研究業績を提供してきた二人の外国人の論文を含んでいる、ということにある。それはスイス人のフライとベルギー人のギンスバーグという二人の経済学者であり、この分野では大家とみなされている人の寄稿は貴重である。

第二に、幸福という分野を分析することがなぜ重要なのか、ということはさほど議論されてこなかった。それを埋める目的から、人がなぜ幸福になろうとする努力をするのか、という理論分析がなされている点にある。

第三に、これまで幸福は多くの国で実証研究がなされてきたが、それを計測する際に注意すべきことが明確に明らかにされている。さらに、幸福感の意思表示の際に人々の持っている心理的な特色と幸福感との関係について、新しい分析道具を提供したことに本書の特色がある。

第四に、人々の幸福感の意思表示の際、何を基準にして表示するかを述べたが、本書ではそれらのうち次の変数に特に注目して議論しているのである。(1)仕事の満足度とケイパビリティ（Capability）、(2)公的年金制度、(3)SOCと居住地域での健康、といったことである。

第五に、人々が幸福を感じる分野として、文学、美術、音楽などの文化活動のあることは容易に想像がつく。しかし文化活動と幸福の関係というのはこれまでほとんど分析がなされてこなかったことなので、本書では二つの論文でそのことを扱うという新鮮さを有している。

第六に、幸福に注目すれば、その対極にある不幸を感じているのなら、将来への希望があるのかどうか、ということが関心となる。本書では幸福と希望という一見別世界にいる二つの概念を、同次元で評価する試みを行っている。

個々の論文の内容

第1章のB・フライとJ・ギャラスの論文、「幸福をめぐる研究と政策」はフライ（二〇一二）で代表されるように幸福と経済学の関係で有名な著作を出版した研究者（B・フライ）による寄稿である。この論文は幸福の経済学がどのように研究され、かつどのように政策の分野で応用されているかを簡潔に展望した論文である。

まず幸福度研究がどのようなアンケート調

査を用いて、経済学の手法によってどのような分析がなされているのかを論じている。とはいえ、著者たちはまだ経済学の世界で幅広く容認された分野ではないとしている。むしろ経済学という固定の一分野の範囲内で研究されるよりも、様々な学問（例えば心理学、政治学、法学、歴史学などを想定すればよいだろう）との学際研究をするのが自然と判断している。

幸福の研究が政策との関係で議論されるのは当然である。すなわち中央政府なり地方政府がなんらかの政策を実行すれば、人々の幸福度が変化するからである。これに関してフライとギャラスは、二つの異なった見方を論じる。すなわち、政府は国民の幸福の最大化を目的とすべき、それとも目的とすべきでない、という二つの思想を紹介して論じている。

いずれにしても、政府の政策が国民の幸福感に影響を与えているのなら、我々は政府が意図的に国民を欺いて様々な悪い操作を行っていないかどうかを確認する必要がある、と指摘される。もし政府が意図的に悪い行為を行おうとしていることが分かれば、たとえ国民の幸福度を高めることが目的となっていても、政府の行動を阻止すべきだということになるのである。

第2章は、日本の財政学者の中で理論家として高名な井堀利宏が、「幸福への努力――理論的分析」という理論の論文としてまとめたものである。幸福研究というのは、どういう人がどういうことをしている時に幸福を感じるのか、という実証分析が中心にあるので、井堀の貢献は貴重な理論的分析である。

現今の人間社会は様々な大きなリスクに立ち向かう時代となっているが、そのリスクに対応するために人々は保険制度を作ってきたし、近隣の人々と協調してリスクに対処することを考える。それを井堀は幸福感を高めるための「幸福努力」と理解して、幸福努力が実際に幸福を高めるかどうかを考えるのである。ここで幸福とは、旧来の経済学が用いてきた「効用」と同じ概念と考えてよい。

まず保険制度（例えば生命保険、損害保険などを想定すればよい）や、リスク軽減を目的とした公共財の準備は、人々のリスクを分散するのに貢献してきた、と確認することから始める。次いで井堀の関心は、仲の良い人々（具体的には二人のケース）が協調するようなモデルを想定して、リスクが発生したときにどういう帰結が期待できるかを考える。結果として、お互いが助け合うことは良い成果を生むこととなり、一般には双方ともに幸福努力は良い方向に作用するが、助け合いのための公共財が劣等財のような制約を持てば、必ずしも良い結果が得られないということだった。

その他にも井堀は、仲の良い人の協調が経済成長に与える効果や、仲の悪いという敵対関係にある人々の効果についても分析している。特に興味深いことは、敵対関係にいる人々の場合には、一人の人間の幸福努力は相手にマイナス効果を与えるし、相手の経済成長にも悪効果がある。最後に述べたことは、インターネット上でのウィルス攻撃、サイバーテロ、国際テロなどの現代に特有な深刻な問題に応用可能であることが示され、今後の発展が期待される研究分野であることが示唆される。

第3章は、労働経済学でいい仕事をしている太田聰一による「幸福度指数を考える」である。序章で世界各国での幸福度を紹介したとき、人々はどのような事象や変数に幸福、あるいは満足をするかを示したが、実計測に際してはどのような事象ないし変数を選択するかは重要な問題である。例えば、先進国と発展途上国とでは人々の関心はかなり異なるだろうし、それを無視して全世界を共通の事象や変数を用いて計測すると、信頼性に欠く印象を与えかねないリスクがある。

太田はブータンを例にして、ここで述べた課題を含めて幸福度の計測にまつわる技術的な問題をいろいろ検討したのである。ブータンという国は、経済は豊かでないにもかかわらず、幸福度が非常に高い国とされたので世界中から注目を浴びた国である。ブータンは国をあげてGNH（国民総幸福量統計）に取り組んだのである。特に興味深いことは、数量化することが困難な事象や変数をも計測の対象としたことと、ブータン独自の幸福度指数を提唱したことにあるとはいえ、ブータンにおける計測方法のいくつかの難点も指摘された。最後に、ブータンの計測例を参考にしながら、日本をはじめ他の国での計測の試みへの助言をも書き加えられている。

第4章は、公共経済学の問題に幅広い視点から分析をしている八木匡による「幸福感形成の要因分析」である。八木の論文は、幸福感の意思表示をする人々の心理的な情況や、どのような環境におかれているかということが、重要な役割を演じていることに注目する。例えば、離婚直後の人や家族を失った人に幸福度を聞くと、その人は非常に不幸であると回答するだろうし、逆に結婚したての人や子どもの生まれた人は、非常に幸福と回答するだろう。あるいは物事を楽観的に見る人と悲観的に見る人の間でも、幸福感への意思表示の程度に違いがあると予想できる。八木はこのようなことに注目して、人々の幸福度表示にどのような影響があるかを、統計解析の手法（因子分析法）を用いて分析したものである。

人の性格の違いに注目したパーソナリティが、幸福感の表示に影響のあることが分かったし、パーソナリティをコントロールしたうえで、その人の就業環境や経済的・家庭的環境がどのような幸福感を抱くかを分析したのである。八木による発見のうち、重要な点は次のことにある。人々が不安感を持つことが幸福感に与える効果は大きい。そうすると、人々の不安感を除去するために、社会保障制度の拡充が日本における政策論議において不可欠である、ということになる。

第5章は、格差・貧困などの研究を行っている若手の浦川邦夫による「ケイパビリティと仕事満足度」である。浦川は仕事満足度に注目して、それがA・センの提唱した「ケイパビリティ」とどのような関係にあるかを分析したものである。ここで仕事に対するケイパビリティとは、本人の持つ能力や個人特性をうまく利用できるような「価値のある仕事」と理解してよい。浦川の目的は、本人の持つパーソナリティ、学歴、子どものときの社会階層などが、価値のある仕事を行うために貢献しているかどうかを検証するものである。さらに、価値ある仕事を通じて、人々は仕事にどれだけ満足度を感じているかを分析する。

浦川は(1)ケイパビリティの説明、(2)仕事満足度の説明、という二つのロジット・モデルを推定して、どのような個人特性がこれら二つを説明するのに有意であるかを分析した。どのような個人特性（例えば就業上の地位、職種、賃金、学歴、一五歳時点における社会階層など多くの変数）が、これら二つを説明するのに有意であるかということは、本文を参照していただきたい。編者が興味を覚えた発見は、これら二つのことを説明するに際して、男性と女性とでその結果が異なるということであり、日本においては男性と女性の間で働くということに関してまだ異なる認識を有し、かつ異なる行動をしている、ということである。

第6章は、財政や社会保障で地道な研究蓄積を持っている伊多波良雄による「異なる公的年金制度への加入と幸福感度」である。日本の公的年金制度は職業別に個別の制度を保有している。すなわち、民間企業で働く人のための厚生年金、公務員のための共済年金、そして自営業者と働いていない人のための国民年金、の三種である。厚生年金と共済年金は近々、合併が予定されている。もう一つの特色は、夫婦のうち専業主婦が第三号被保険者として特殊な扱いのなされていることにある。

伊多波はこれら異なる年金制度に加入する人が、どのような異なる幸福感を持っているのかを実証したのである。興味のある事実は次の三点に要約される。第一に、保険料を支払わない第三号被保険者の幸福度は高い。ついでながら、この幸福感もその人の心理的特性の違いによってもその効果に大小のあることがわかる。

第二に、公的年金制度に未加入の人に注目すると、これらの人は幸福感がマイナスになっていることがわかる。自分の将来を悲観している可能性があるが、これらの人が意図的に加入していないのか、それとも非意図的に加入していないかによって差があるかもしれない。

第三に、国民年金加入者の中でも、保険料の未納者は幸福感がないのである。将来への不安がその原因であるが、この思いが男女によって異なることは興味深いことである。

第7章は、小塩隆士と浦川邦夫による「居住地域の評価と個人の健康」である。浦川は第5章での著者であり、小塩は社会保障や教育の分野で精力的に研究成果を発表している人である。小塩・浦川の関心は、自分の住んでいる地域が人々の幸福感、特に健康であるかどうかの評価とどう関係があるか、ということにある。この両者の関係の間に入って、媒介変数としてのSOC（首尾一貫性）がどういう役割を演じているかに注目して、居住地域が健康評価にどういう影響を与えているかを分析するものである。

ここでSOCとは、人間が外部から与えられる困難や葛藤に対して、どれだけ耐えることができるかという能力のことを指す。たとえ居住地域が劣悪であっても、SOCが高ければ健康に及ぼす影響を緩和できる可能性があることを暗示している。

この論文で分かった点は次のように要約できる。第一に、日本で居住地域の評価と主観的健康感や健康行動の間には正の関係がある。第二に、この相関関係はSOCによる媒介効果によって説明される程度が高い。第三に、治安に対する評価の効果は、たとえSOCを媒介変数として考慮しても、限定的な結果しか得られなかったので、治安に対する評価は人々の健康評価に深刻な影響を及ぼしているのである。

第8章は、日本の文化経済学界で指導的立場にいる河島伸子による「文化は人を幸せにするのか――社会包摂の文化政策」という論文である。人は文化活動（例えば音楽、美術といった鑑賞活動と、自らがその活動を行う）によって、幸福感が高まるのであろうか、というのが議論の出発点である。そして具体的には、文化政策（文化活動への種々の支援）がなされると、人の心は豊かになり、よって幸福度が増すのか、という流れを分析するのである。

この流れを分析する手段の一つとして、河島は社会的包摂という概念に注目して、文化政策が社会的包摂を助長するのに役立っているかを検討することにある。社会的包摂とは、人々が社会から排除されずに、社会に参加しているという意識を人々が感じる状態を意味しており、主としてヨーロッパで論じられた概念であった。文化政策が人々の社会的包摂感を高めていることが分かれば、幸福度を高めていると理解できるので、文化政策は妥当なものと評価できる。現にイギリスにおいては、いろいろな文化政策がこれらに役立っているのか、という研究例がいくつかある。

しかし河島はいくつかの困難を指摘して、例えばそもそも個々の文化プロジェクトの効果を評価すること自体が困難であるし、文化政策の企画・実施を行うにしても人員不足や資金不足にあること、そもそも文化活動というのは個人の嗜好によるところが大きいので普遍性を持ちにくい、といったことから、なかなか社会的包摂、すなわち人の幸福に寄与しているかを検証するのは困難なこと、と判断している。

第9章は、K・ベンチコウ、A・エスターシェ、V・ギンスバーグによる「幸福と音楽」である。ギンスバーグは芸術と幸福の関係についての分析の世界的権威者である。ギンスバーグ達の論文は、音楽と幸福に関する数多くの研究成果を概観することによって、音楽は確かに人々を幸福にするという効果を持っている、と主張する。それは音楽を聞く人のみならず、音楽を演奏する人によっても感じられる幸福である。

なぜ音楽を鑑賞したり実演することが人を幸福にするかといえば、それらの活動が人間の脳を刺激して、人の気分をよくするホルモンや種々のタンパク質を分泌することになるので、人々は快感を得ることができるからである。さらに、音楽は職場においてバックグラウンドミュージックとして使用されたら、労働者の生産性を上げることにつながるということが分かっているし、人々の様々な病気の治療にも役立っていると示す研究例がある。特に精神的に不安定な人に対して、音楽は情緒を安定させる効果があるとされる。

最後の第10章は、希望学で先駆的な役割を演じてきた玄田有史による「希望について——幸福および他国との比較」である。幸福を主たる関心としている本書であるが、希望をここで考慮することは意外なことと思われるかもしれないが、幸福と希望はともに人々の心理状態を表現している言葉なので、共通項は確かにある。幸福は現在の状態に関する判断であり、希望はこれからのことを予想した判断なので、時間差のあることは認識しておこう。しかし、幸福と希望の双方が高いほど良いのであるが、一方で現在不幸と感じる人も将来に希望を持っていることがあるし、現在幸福と感じている人も将来には希望がないかもしれない。

玄田は各種のアンケート調査を引用しながら、日本人が希望を持つ程度は過去から現在まで、徐々に低下してきていることを示している。将来の日本は希望の持てない国かもしれないのである。さらに希望を持っている人であっても、それを実現する努力をしている人もそう多くないのである。

玄田はどういう人がどういうことに希望を抱いているかを計量分析を行い、性別、年齢、学歴、健康、教育、結婚などの種々の変数の効果を調べているが、その結果については論文を参照されたい。さらに、希望と幸福の違いについても、諸変数の効果を調べている。編者にとって興味を感じたことは、日本、韓国、アメリカ、フランスの四カ国に関して国際比較を行った結果、日本が希望を持っている人の割合がこれらの国の中で最低だったし、希望を成就する努力をしている人の割合も最低だったことにある。

【参考文献】

大竹文雄・白石小百合・筒井義郎（二〇一〇）『日本の幸福度——格差・労働・家族』日本評論社。

大橋照枝（二〇一一）『幸せの尺度——「サステナブル日本3.0」をめざして』麗澤大学出版会。

橘木俊詔（二〇一三）『「幸せ」の経済学』岩波現代全書。

B・S・フライ著、白石小百合訳（二〇一二）『幸福度をはかる経済学』NTT出版。(*Happiness*, MIT Press, 2008)

D・ボック著、土屋直樹・茶野努・宮川修子訳（二〇一一）『幸福の研究』東洋経済新報社。(*The Politics of Happiness*, Princeton University Press, 2010)

Easterlin, R. (2001) "Income and Happiness: Towards a Unified Theory," *Economic Journal*, vol. 111, pp. 465-484.

第1章 幸福をめぐる研究と政策

ブルーノ・S・フライ、ジェイナ・ギャラス

本章では、まず経済学において幸福がどのように研究されてきたかを論じることから始める。そして幸福の研究においては、経済学のみならず他の学問分野（例えば心理学、政治学、法学、歴史学など）からの接近も大切であると示される。最後に、人々の幸福度を高めるために政府の行う諸政策をどう評価するべきかをめぐって、その指針が議論される。

1 幸福度研究の現況

幸福に関する現代の実証研究は、数年前までは社会科学の専門家の間ですらあまり知られていなかった。しかしその後、状況は急変した。幸福度研究（happiness research）は、経済学の分野にとどまらず、より広い分野にわたってホットなテーマとなっており、とくに、若い研究者がこの新しいテーマに大きな関心を寄せていることがその事実を物語っている。

幸福度研究は、膨大な数の学術記事（例えば、Frey and Stutzer 2002a, Dolan, Peasgood and White 2008, Stutzer and Frey 2010, MacKerron 2012）や書籍（例えば、Frey and Stutzer 2002b, Layard 2005, Gilbert 2006, Diener and Biswas-Diener 2008, Frey 2008, Easterlin 2010, Graham 2011）、論文集（例えば、Kahneman, Diener and Schwarz 1999, Easterlin 2002, Frey and Stutzer 2013）によって取り上げられてきた。これら

は、ごく最近書かれたものであり、また幸福というテーマについては充実した議論が行われているため、ここで改めて概観する必要はない。むしろ、本章では、幸福度研究がなぜ魅力的な分野であり、またなぜ追求するに足る価値があるものなのかということについて、五つの理由に絞って概説することにする。

(1)幸福度研究は、多くの教科書や科学分野の学術論文が示しているように、標準的な経済学以外にも応用することが可能である。一方で、幸福というテーマは、近年広く注目されるようになったものの、経済学分野のより保守的な研究者達からは、いまだに受け入れられていない。

(2)幸福度研究は、複数の調査方法を巧みに用いることにより、個人の主観的なウェル・ビーイング（well-being）をとらえることを目的としている。まず、このアプローチは、いわゆる個人の「ウェル・ビーイング」を捉える際に、客観的な指標（例えば収入など）を用いてきた標準的な経済学とは対照的である。また、その調査手法は、近年急増している室内実験（対象たる人間の行動を管理し、非日常的な状況下でのみしか通用しない法則をみつける実験）とも異なる。

(3)幸福度研究は、政策課題との関連性が極めて高くなってきた。これは、フランス、イギリス、そして中国政府が発表した各国の声明文に、国民の幸福追求が主張されていることに示されている（The Sarkozy Report by Stiglitz, Sen and Fitoussi 2009を参照）。また最近では、国際連合が人々の幸福を追求するために実用的なルールやアプローチを構築しようとしている（Diener 2005, Royal Government of Bhutan 2012）。

(4)幸福度研究は、実に最も学際的な研究分野の一つである。とくに、エドワード・ディーナー（Ed Diener 1984）をはじめとする社会心理学者達から支持を得ており、また、経済学者達からはさらに古くからの支持をあつめた（van Praag 1968, Easterlin 1974）。くわえて、社会学者と政治学者もこの分野においては大変活動的である（例えばLane 2000）。

(5)幸福度研究には、十分に開拓されていなかったり、または議論が進んでいなかったりする課題が多く残されており、それらの分野における適切で刺激的な分析が期待される。いくつか事例を挙げると次のとおりである。

・所得と幸福をはじめとする因果関係の課題

高所得者ほど明らかに幸福であるが、一方で、幸福な人々の方がより高所得者になりえる。所得が幸福感に与える影響力、また幸福感が所得に与える影響力を経験的に識別するのは難しいのである。

・幸福度の測定方法

主観的なウェル・ビーイングには大きく三つのタイプがある。高揚感を感じたりまたは短期的であったりするもの、人生への総合的な評価が考察される生活満足感、そして長期間の満足を生み出す「善き生活」(good life) を意味する最も基本的な概念であるエウダイモニア (eudaimonia) である。このような幸福感の様々な側面を測るツールの改良は継続的なプロセスの中で行われる。

・**まだ十分に研究されていない幸福の決定要因**

例えば、消費が主観的ウェル・ビーイングに対し、どのように影響するのかという点については、とくにまだ研究が進んでいない。将来の消費によって得られる効用を正確に予測できないことや、自制心が弱いといった社会心理学的な要因は、ウェル・ビーイングに大きな影響を与えることが知られている。

・**戦争や社会不安が人々のウェル・ビーイングに与える影響**

戦争や内戦などの犠牲者を伴う争いが幸福感を大幅に減らすことは直感的に明らかであるが、このテーマについては、ほとんど研究されていない (Frey 2011a, 2012)。

・**政策的インプリケーション**

幸福度研究は、人々が何をもって生活に満足を感じるのかという点について、貴重な見識を提供してくれる。しかし、研究の知見をどのようにして政策に応用できるのかということについては、議論の余地がある (例えば、Frey and Stutzer 2006, 2010, 2012, Frey 2011b, Frey and Gallus 2012, 2013)。

紙面の都合により、本文は上記の課題のうちの一つである、幸福度研究から得られた知見を公共政策にどのように反映させるべきか、という五つ目のテーマに絞ることにする。

2　幸福のための政策

政策決定が二つの階層において行われることは、立憲主義の立場から指摘されている (Buchanan and Tullock 1962, Frey 1983, Mueller 1996)。例えば、近年の政治経済のプロセスにおいては、政治システムであるゲームのルールに基づいて政策決定が行われている。一方で、基本的な原則や制度であるルールは憲法において定められる。幸福度研究は、このいずれの階層においても、公共政策に影響を及ぼすことができるのだ。

ゲームのルールの範囲内で行われる幸福度研究

幸福度研究は、個人の選好と厚生の測定を可能にする新しい方法によって、公共政策に直接応用することができる。その結果、現在の政治経済学のプロセスにおける政治的競争は強まる。政治家、官僚、そして利益団体のメンバーは、選挙の票を集める際に、また政策について交渉する際に、自らの立場を堅持できることを期待して、幸福度研究の結果に関心をもっているのだ。くわえて彼らは、特定の公共財または負の公共財に関する個人の価値観について得られた情報に関心を持つのである。

(1)公共財に対する個人の評価

公共財を提供することは政府の基本的な役割である。法律により政府機関は、事業の費用対効果分析を開示するようますます求められるようになってきた。公共財は市場で取引されないため、便益の測定は困難である。そのため、公共財の評価方法はこれまで数多く開発されており（Freeman 2003）、以下の二種類の評価方法が主に使用されている。

・顕示選好法（Revealed Preference Methods）
この方法は、市場で私的財取引をする個人の行動を観察し、公共財に対する価値を推定する。例えば、ヘドニック・マーケット・アプローチ（hedonic market approach）やトラベル・コスト・アプローチ（travel cost approach）がその代表である。

・表明選好法（Stated Preference Methods）
この方法は、公共財の価値を個人から直接聞きだすものである。最も一般的な方法に仮想評価法（Contingent Valuation）がある。

上記二つとは別に、新しい画期的な方法である「生活満足感アプローチ」（Life Satisfaction Approach）が幸福度研究により浮上した（Frey, Luechinger and Stutzer 2010 を参照）。自己申告による主観的幸福度は、公共財を直接的に評価可能する個人厚生の代理の尺度である。そのため、公共財の限界効用と不効用は、正（負）の公共財の幸福感に対する影響から推定される。

このアプローチは、他の評価方法特有の問題を回避できる。例えば仮想評価法では、回答者が仮想的な質問に不慣れなことから、金銭的な制約や代替的な財の影響について的確に判断できないかもしれない。表面的で思慮の浅い回答を引き出す可能性が高いのだ（Kahneman and Knetsch 1992）。さらに回答者は、公共財の提供を支持したり、または負の公共財の提供を回避したりするために、戦略的に回答するかもしれない。しかし、生活満足感アプローチはこうした問題の影響がない。回答者がある程度の正確さで自分の生活満足感を述べれば、それで十分なのだ（Kahneman and Sugden 2005, Dolan and Metcalfe 2008）。そのため、生活満足感アプローチは、例えば空港周辺の騒音公害の影響（van Praag and Baarsma 2005）、テロリズム（Frey, Luechinger and Stutzer 2009）、干ばつ（Carroll et al. 2009）、大気汚染（Welsch 2006, Luechinger 2009）、そして洪水被害（Luechinger and Raschky 2009）の分析に使われた。この新しいアプローチは、今後、政治プロセスを開示する実践的な調査方法として広く用いられるようになるであろう。

(2)GNPを補足する総幸福指標（Aggregate Happiness Indicators）

国民幸福度指標（National Happiness Indicators）は、国の発展や繁栄の程度を測るために最も頻繁に用いられてきた国民総生産（GNP）を補足するために、近年ますます用いられるようになってきた。フランス、イギリス、オーストラリア、その他の国々は現在、国民の幸福度を測る公式指標の開発を試みている。また、ヨーロッパ社会調査（The European Social Survey）は、主観的幸福度に関して多様な観点から比較できる情報を提供している（Huppert et al. 2009）。

この総幸福指標は、経済活動をとらえる伝統的な指標に比べていくつかの興味深い性質をもっている（Frey and Stutzer 2010を参照）。

・例えば、幸福度指標は、社会関係、自立、そして自己決定といった人間の幸福に関する非物質的側面を含む。これらの要素は標準的な国民経済とは関係がない。
・また、投入を通じて出来た国民生産において、不適切な要素の結果を幸福度指標は含んでしまっているのだ。とくに、財と労働の費用によるGNP計算における政府の活動がこれに該当する。
・さらに、幸福の指標は、主観的に評価された結果に着目しており、そのため経済学の基本的な方法論と一致している。

つまり、総幸福指標は選好の充足について新しい、そして補完的な情報を提供する。この情報は、政治的な声明にとって重要なものとなるであろう。

ゲームのルール設計における幸福度研究

幸福度研究の結果は、国民が生活に満足を感じる制度が何であるのかを知るのに役立つ。ゲームのルールが決定される段階に関して、幸福度研究は、国民の幸福増進における直接民主制の重要性（Frey and Stutzer 2000）、定年退職と義務教育が幸福感に与える影響（Charles 2004, Oreopoulos 2007）、社会的な規範と「子供を産まない権利」あるいは「いつどのように出産するかを女性自身が決定する権利」などが女性のウェル・ビーイングに及ぼす結果（Pezzini 2005, Lalive and Stutzer 2010）、そして労働時間の規制と人々の主観的幸福度の関連性（Alesina et al. 2005）を示した。

3　政府は幸福の最大化をすべきか

幸福の最大化を支持する議論

標準的なミクロ経済学は、経済学の序数主義革命に確固たる基盤を置いている。そして、個人の厚生は基数ではなく序数でのみ計測が可能であり、効用を個人間で比較することには意味がないと当然のことのように考えられている。

この点において、まさに幸福度研究は異論を唱える。実証レベルでは、効用の基数性も個人間比較の可能性もあまり厳密なものではないため、純理論とは異なり、さほど問題がないようである（Kahneman et al. 2004: 432）。上述の生活満足感アプローチに基づいた正負の公共財の評価は顕著な例であり、また生活満足度のスコアは、序数の尺度で測定されている。そのため、順序プロビットまたは順序ロジット推定（Ordered probit or ordered logit estimates）といった的確な統計技術を用いることができれば、序数表記の情報でも、公共財の価値を測ったり、公共財と所得との限界効用を比較したりするには十分である。これによって、補償余剰を計算できるのだ。生活満足感アプローチは、公共財を評価するために、個人間で比較を行う必要はない。個人の具体的な回答フレームは、様々な種類の公共財に恩恵を受けた異なるグループ間で、また時と場所を異にすることによって、必ずしも機械的に異なるわけではないという議論で十分であろう。

もし、序数による計測と個人間の幸福の比較が可能であれば、民主主義国家の政策を導くための社会的厚生関数の存在が主張されるであろう。個人の基数的厚生や幸福度の単純合計は、一人ひとりを平等に取り扱うため「民主的」であると考えられるかもしれない。

国民の幸福の総和を社会厚生の代理とすることは経済学が昔から夢見てきたことである。ベンサム（Bentham 1789）とエッジワース（Edgeworth 1881）は、社会厚生の最大化を経済政策の究極の目的とした。さらに、この考えはティンバーゲン（Tinbergen 1956）とタイル（Theil 1964）によって現代経済学に導入された。最近、反響を呼んだ『幸福』（*Happiness* 2005）という著書の中で、レヤード（Layard）は、国民の幸福を政策のガイドラインとすべきだという考えを示し、支持を得た。この主張は社会厚生最大化の概念を支持するようにみえる。しかし、いくつかの重要な理由が示すように、幸福に関する様々な決定要因から「社会的に最適」と推定されたものは、民主主義国家が追求すべき政策目標として使われるべきではない。

幸福の最大化に対する批判

ロビンズ（Robbins 1938）や、ヒックスとアレン（Hicks and Allen 1934）などによって形作られた古典派の厚生経済学では、以前から、個人厚生ではなく集計された社会全体の厚生の概念を使うことに関して、根本的な議論が続いている。集計された社会厚生の概念に関連して、重要でかつ部分的に関連のある反論（Sen 1970）が二つある。一つは、個人厚生について基数による計測や個人間比較をすることは不可能であるというもの。二つ目は、厚生の総和や社会単位の厚生を求めたりすることの不可能性に関することである。上記の議論と論拠を基にすると、自己申告による主観的なウェル・ビーイングに対して、一つ目の反論が該当しないことは明らかである。個人の厚生に対して、満足のいく実証的な測量は確かに存在するのだ。

その一方で、独裁的な状況下ではないかぎり、個人の選好を社会厚生関数に総計することは不可能であるという二つ目の反論は、根本的にはまだ解決されていない。アロー（Arrow 1951）以降に続く「社会選択」と分類される研究は、多数の「合理的な」条件下では、社会的厚生関数は存在しないことを数学的に証明している。一般的に、個人の結果の順序付けは、独裁制の場合を除き、一貫してできるものではない。この不可能性の仮定を緩和した場合でも、結論は頑健であり、一貫性を保証できないことが証明されている（Sen 1970, 1999, Slesnick 1998）。ハモンド（Hammond 1991: 220-21）は、「実証的な観測結果だけを用いて倫理的に満足がいく数量化を行う方法はないどころか、倫理的に満足のいく社会厚生の順序づけですら不可能である」と結論づけている。民主主義において認められやすい社会厚生関数を生み出すためには、実証分析だけでは不十分であり、さらに別の側面を検討することが重要である。幸福の観点から個人厚生を測ることは、不可能性の仮定を解決することではないのだ。

また、社会厚生最大化アプローチは、政治制度とそのプロセスに注意を払うことがない。これは立憲的政治経済学では厳しく非難をされている「慈悲深い独裁者」(benevolent dictator) という考えである (Buchanan and Tullock 1962, Frey 1983, Brennan and Buchanan 1986, Mueller 1996, 2003, Vanberg 2005)。上記より、例えば、総社会厚生関数の最大化などから「社会的に最適」な政策を強制できない。民主主義は、憲法の定めるルールと制度によって特徴づけられる。そして、それら法と制度によって、国民が選好を明らかにでき、政治家（政府）は国民の選好を実現させるインセンティブを得るのである。

(1)国民の戦略的反応

実証的に推定した幸福関数に基づく社会厚生最大化アプローチでは、民主主義が根拠とする制度が無視される。そのため、国民は抵抗できない状況に陥り、政治疎遠を生む。この点において、幸福最大化アプローチは、民主主義にとって好ましくない。国民と政治家との対話、利益団体の影響、それらに付随する学習プロセスもすべて無視されてしまうことになる。

国民は、自分たちの政府が政策を追求するために、国民幸福度指標を用いることを一度知ってしまうと、幸福度調査はウェル・ビーイングを正確に反映できなくなってしまって当然である。左派は、右派政権下で幸福を感じると主張することにはためらうであろう。したがって、彼らは実際に感じている幸福度よりも低スコアの回答をする可能性がある。反対に、左派政権下においては、より高い幸福レベルを示す傾向をもつであろう。右派も、同様の行為をとるであろう。もちろん、これまでの調査の回答は、事実を反映していると考えられるし、また実際にこれらのことが事実だと示されてきた (Diener et al. 2012)。しかし、回答者が、調査は政治目的のために利用される国民幸福度指標であるといったん認識してしまえば、この事実の様相は変化する。市民は戦略的に行動するようになり、その結果、主観的ウェル・ビーイングを表す国民幸福度指標は歪められ、信頼できるものではなくなってしまう。

こうした行動は、自然科学の分野でさえ観察されるかなり基本的な現象を表している。ハイゼンベルグの不確定性原理 (The Heisenberg Uncertainty Principle) によると、制度を観察することによって観測データが不可避的に混乱させられる。社会科学においては、観察結果と政府声明の双方によって、当事者の観察された行動が変わる可能性があるのだ。こうした現象は、グッドハートの法則 (Goodhart's Law) やルーカス批判 (Lucas Critique) として知られているものと同じである。グッドハートの法則（一九七五）によると、幸福関数のような観察された統計的関係は、コントロールを目的とした圧力がかけられた途端に失われてしまうという。また、ルーカス批判（The Lucas Critique 1976）は、計量経済学のモデルについてより具体的に言及している。政策目標が変わると（例えば総幸福指標が導入されると）、それが個人の期待に影響を与えるため、合理的期待モデルを基礎とする主体の行動も変化し、その結果、これまでの推定はもはや正確ではなくなってしまう。

もう一つの重要な側面は、人間は結果だけでなく、むしろ結果に至るまでの条件やプロセスも評価する「プロセスの効用」という概念に関連している（Frey, Benz and Stutzer 2004）。この概念によると、人々は、制度的なプロセスのもとで生活し、また行動する中で、ウェル・ビーイングを向上させる。また、自己に対してプラスのイメージを与え、自立、関連性、能力に対する内面的なニーズと関わる（Ryan and Deci 2001）。個人は、稼得者や消費者として、様々な政治的、社会的なプロセスに直面する市民として、また様々な組織においてはプロセスに直面する被雇用者として、そして法の領域では訴訟人として、プロセスの効用の恩恵を受けるのだ（Frey and Stutzer 2005, Olken 2008）。プロセスは、人々にとって大変重要なものとなっている。そのため人々の幸福が調査の一環として取り上げられるだけで、残りは政府の関心事として扱われた場合、人々は、自己決定に関する多大なる欠如を感じ、その結果、ウェル・ビーイングが低下してしまうであろう。

幸福度研究はまた、私的空間への政府介入を制限するルールを提示できていない。例えば、政府が国民の長期的な幸福感の上昇を見据えて、アルコール消費を禁止することは許されるべきであろうか。それとも、これは個人の問題として扱われるべきであろうか。

さらに重要な点として、政府は、市民の選好にどの程度まで影響を与えてもよいのであろうか。多くの介入は、選好を変えてしまうことにより、将来のウェル・ビーイングに影響する可能性がある。とくに、次の二つのケースは議論の余地があるだろう。

・政府は、人々の物質的な欲望の減少を目的とした政策を策定することも可能である。そのため、人々は、将来にわたり享受する物質的な恩恵にさらに感謝するだろう。

・政府は、人々に「幸福の薬」（happiness pill）を飲むようしむけることで国民幸福度指標を引き上げるかもしれない。しかし、そのような政策は受け入れられてしまってよいのであろうか。薬の副作用として考えられる健康問題から目を背けると、人々はより生産的になり、このような介入の将来性は期待できそうである（Oswald et al. 2009）。人々は、互いに友好的になり、より前向きな社会的行為に参加するであろう。幸福はうつろいやすいものであるので、自己強化の傾向は、おそらく目に見える形となる（Christakis and Fowler 2011）。幸福を実感する過程での、人々の遺伝的な不平等は正されるであろう。人間の幸福感の五〇から八〇%は、「遺伝的なめぐり合わせ」(genetic lottery)によるとされている(Walker 2011: 129)ことからも、この政策はけっしてとるに足らない介入ではない。しかし、負の影響は大きなものとなる。例えば、一部の作業に対する仕事のモチベーションは低下し、重要な商品とサービスを得られなくなってしまうであろう。幸福の薬は、さらに、幸福が達成されるプロセスの重要性を失わせてしまうであろう(例えば、Frey, Benz und Stutzer 2004)。これは、幸福の薬が物事のマイナス面を除去してくれることと関連している。物事のマイナスの側面は、たとえそれが痛みを伴ったとしても、実際に幸福を感ずる瞬間を体験するためには重要な基準点となるのである。最終的に政府は、全体の利益のためではなく、政府自身の利益のためにこの新しい薬を使用するであろう。

人々の向上心の低下と幸福の薬の分配との二つの課題は、根源的なレベルにおいて決められるべき問題である。幸福の最大化の計算式のみからでは、課題の解決を導きだすことはではない。実現可能で理論と一致するアプローチは、不確実なベールの後ろで、基本的な決定が人々によって行われているといういわば憲法上の段階で用いられるべきであるのだ。

　最も根本的な議論は、実際に幸福が、最大化されるべき人々の究極の目標であるかどうかである。幸福以外の目標としては、例えば、忠誠、責任、自尊心、自由、そして自己啓発が挙げられる。幸福は、個人にとっての究極の目標なのか、あるいは複数ある目標のうちの一つに過ぎないのかどうかは、哲学分野で深遠な数多くの議論がなされてきた問いであるのだ(Sugden 2005, Bruni 2006, McMahon 2006, Bruni and Porta 2007)。

(2) 政府による操作

　これまでのところ、国民の幸福という点において、社会厚生を最大化する決定は、主観的ウェル・ビーイングの測定に影響は与えないと仮定されている。しかし、この仮定はたぶんに疑わしい。確かに、幸福の総計が政治的に重要になると、政府や官僚、利益集団は当然ながら幸福関数を彼らの都合に合わせて操作し、歪曲するようになる。そのような行動は、政治的に重要であった他の経済指標についても実在したことが確認されている。失業率が投票者にとって重要な指標となったことから、政府は、労働市場の状態が現実の姿よりも良くみえるよう影響を及ぼすようになった。例えば失業率の定義では、長期間失業している人は労働力に含まれず、結果的に失業率が低下することとなる。欧州経済通貨同盟(European Monetary Union: EMU)のルールで、財政赤字はGDPの三%を超えないこと、また公共部門の負債はGDPの六〇%を超えないこととされた際に、財政赤字の指標がヨーロッパの多くの国で大々的に操作された事実はよく知られている(Forte 2001; von Hagen and Wolff 2004)。特にギリシャとイタリアは、「創造的会計」(creative accounting)

という手段に打って出た。このような行為は違法ではないが、法の精神および会計基準に違反している。また、自由な情報操作と作為により、会計報告は本来のルールで定められたものとは違った形にみえるようになる（Jameson 1988）。このように経済指標の歪曲という状況が非常に広範囲でみられた。そのため、「欧州経済通貨同盟（ＥＭＵ）に加入しようとした国の加盟権獲得は、公共部門で創造的会計指標を大規模に利用したからだ」と指摘がなされたほどである（Dafflon and Rossi 1999: 59–60）。

政府にメリットのある特定の指標を操作できないという稀なケースに際しては、今度は政府が新しい指標を創出するというインセンティブが生まれる。幸福度分析の場合でも、このようなことが簡単に起こりうる。個人のウェル・ビーイングは、様々な指標によってとらえることができるため、政府や圧力団体が自分たちの利害や関心に最も有利な指標を選んだり、自分たちに都合のよい指標を作り出したりすることすら考えられよう。

適切な政策アプローチ

上記の議論は、公共政策は国民幸福度指標の最大化を目指すべきではないと示唆している。むしろ政府は、政治的プロセスの本質を改善すべきである。それぞれに考えるより良き人生を個人的にも集団的にも実現していけるように、個々人により多くの機会が与えられるべきである。また個人は、課題によってウェル・ビーイングの測り方と指標が異なるという多様性を、認識する必要がある。そして幸福度研究は、人生の様々な側面からウェル・ビーイングを表すことができるよう、多様な指標の確立に常にオープンでなければならない。多様性は、先に解説した決定のプロセスを尊重する視点から導かれる必然的な結論であって、ただ一つの目的のみをもつ最大化アプローチとは全く対照的である。立憲主義の立場からみると、主観的ウェル・ビーイングに基づいて比較制度分析が行われた際に、人々は最も恩恵を受けるのである。

4 結論

幸福度研究は、個人の主観的ウェル・ビーイングの決定要因について実質的かつ有益な見識を私たちに提供してきた。国民所得といった間接的で客観的な尺度とは対照的に、ウェル・ビーイングの決定要因は、国民の厚生に寄り添いかつ人々に歓迎される公共政策の基盤をつくる。こうした見識が示唆するところは、（研究から）得られた知見を、個人効用最大化の直接的な手段として、政府に使わせてはならないということである。むしろ政府は、個々人が幸福の追求のために、様々な手段を選択できる状況を提供しなければならない。

【参考文献】

Alesina, Alberto, Edward Glaeser and Bruce Sacerdote (2005) "Work and Leisure in the United States and Europe: Why So Different?," Mark Gertler and Kenneth Rogoff (eds.), *NBER Macroeconomics*

Annual 2005, Cambridge, MA: MIT Press, pp. 1–64.

Arrow, Kenneth J. (1951) *Social Choice and Individual Values*, New York: John Wiley & Sons.

Bentham, Jeremy (1789) *An Introduction to the Principles of Morals and Legislation*, Oxford: Clarendon Press.

Brennan, Geoffrey and James M. Buchanan (1986) *The Reason of Rules: Constitutional Political Economy*, Cambridge, MA: Cambridge University Press.

Bruni, Luigino (2006) *Civil Happiness: Economics and human flourishing in historical perspective*, Oxon, UK: Routledge.

Bruni, Luigino and Pier Luigi Porta (eds.) (2007) *Handbook on the Economics of Happiness*, Cheltenham, UK and Northampton, MA, USA: Edward Elgar.

Buchanan, James M. and Gordon Tullock (1962) *The Calculus of Consent: Logical Foundations of Constitutional Democracy*, Ann Arbor: University of Michigan Press.

Carroll, Nick, Paul Frijters and Michael A. Shields (2009) Quantifying the Costs of Drought: New Evidence from Life Satisfaction Data, *Journal of Population Economics*, 22(2), pp. 445–461.

Charles, Kerwin Kofi (2004) "Is Retirement Depressing? Labor Force Inactivity and Psychological Well-Being in Later Life," S. W. Polachek (ed.), *Accounting for Worker Well-Being, Research in Labor Economics*, 23, Amsterdam et al.: Elsevier, pp. 269–299.

Christakis, Nicholas A. and James H. Fowler (2011) *Connected: The Surprising Power of Our Social Networks and How They Shape Our Lives*, New York: Little, Brown & Co.

Chrystal, K. Alec and Paul D. Mizen (2003) "Goodhart's Law: Its Origins, Meaning and Implications for Monetary Policy," Paul D. Mizen (ed.), *Central Banking, Monetary Theory and Practice: Essays in Honour of Charles Goodhart*, vol. 1, Cheltenham, U.K. and Northampton, MA, USA: Edward Elgar, pp. 221–243.

Dafflon, Bernard and Sergio Rossi (1999) "Public Accounting Fudges Towards Emu: A First Empirical Survey and Some Public Choice Considerations," *Public Choice*, 101 (1–2), pp. 59–84.

Diener, Ed (1984) "Subjective well-being". *Psychological Bulletin*, 95, pp. 542–575.

Diener, Ed (2005) "Guidelines for National Indicators of Subjective Well-Being and Ill-Being," Mimeo, University of Illinois at Urbana Champaign.

Diener, Ed and Robert Biswas-Diener (2008) *Happiness: Unlocking the Mysteries of Psychological Wealth*, Malden, MA: Blackwell.

Diener, Ed, Ronald Inglehart and Louis Tay (2012) "The Validity of Life Satisfaction Measures," *Social Indicators Research*.

Dolan, Paul and Robert Metcalfe (2008) "Comparing Willingness-to-Pay and Subjective Well-Being in the Context of Non-Market Goods," Centre for Economic Performance Discussion Paper No. 0890, London School of Economics.

Dolan, Paul, Tessa Peasgood and Mathew White (2008) "Do We Really Know What Makes Us Happy? A Review of the Economic Literature on the Factors Associated with Subjective Well-Being," *Journal of Economic Psychology*, 29(1), pp. 94–122.

Easterlin, Richard A. (1974) "Does Economic Growth Improve the Human Lot? Some Empirical Evidence," David, Paul A. and Melvin W. Reder (eds.), *Nations and Households in Economic Growth: Essays in Honour of Moses Abramowitz*, New York and London: Academic Press, pp. 89–125.

Easterlin, Richard A. (ed.) (2002) *Happiness in Economics*, Cheltenham, UK and Northampton, MA, USA: Edward Elgar.

Easterlin, Richard A. (2010) *Happiness, Growth, and the Life Cycle*, Oxford: Oxford University Press.

Edgeworth, Francis Y. (1881) *Mathematical Psychics: An Essay on the Application of Mathematics to the Moral Sciences*, London, UK: Kegan Paul.

Forte, Francesco (2001) "The Maastricht "Excessive Deficit" Rules and Creative Accounting," Ram Mudambi, Pietro Navarra and Giuseppe Sobbrio (eds), *Rules and Reason*, Cambridge, UK: Cambridge University Press.

Freeman, A. Myrick, III (2003) *The Measurement of Environmental and Resource Values: Theory and Methods*, Washington, D.C.: Resources for the Future.

Frey, Bruno S. (1983) *Democratic Economic Policy: A theoretical introduction*, Oxford: Martin Robertson.

Frey, Bruno S. (2008) *Happiness: A Revolution in Economics*, Cambridge, MA: MIT Press.

Frey, Bruno S. (2011a) "Peace, war and happiness: Bruder Klaus as well-being facilitator," *International Journal of Wellbeing*, 1 (2), pp. 226-234.

Frey, Bruno S. (2011b) "Subjective Well-Being, Politics and Political Economy," *Swiss Journal of Economics and Statistics*, 147(4), pp. 397-415.

Frey, Bruno S. (2012) "Well-being and war," *International Review of Economics*, 59(4), pp. 363-375.

Frey, Bruno S., Matthias Benz and Alois Stutzer (2004) "Introducing Procedural Utility: Not Only What, But Also How Matters." *Journal of Institutional and Theoretical Economics*, 160(3), pp. 377-401.

Frey, Bruno S. and Jana Gallus (2012) "Happiness policy and economic development," *International Journal of Happiness and Development*, 1(1), pp. 102-111.

Frey, Bruno S. and Jana Gallus (2013) Political economy of happiness, Forthcoming in *Applied Economics*.

Frey, Bruno S., Simon Luechinger and Alois Stutzer (2009) "The Life Satisfaction Approach to the Value of Public Goods: The Case of Terrorism," *Public Choice*, 138 (3-4), pp. 317-345.

Frey, Bruno S., Simon Luechinger and Alois Stutzer (2010) "The Life Satisfaction Approach to Environmental Valuation," *Annual Review of Resource Economics*, 2, pp. 139-160.

Frey, Bruno S. and Alois Stutzer (2000) "Happiness, Economy and Institutions," *Economic Journal*, 110(466), pp. 918-938.

Frey, Bruno S. and Alois Stutzer (2002a) "What Can Economists Learn from Happiness Research?" *Journal of Economic Literature*, 40(2), pp. 402-435.

Frey, Bruno S. and Alois Stutzer (2002b) *Happiness and Economics: How the Economy and Institutions Affect Well-Being*, Princeton and Oxford: Princeton University Press.

Frey, Bruno S. and Alois Stutzer (2005) "Happiness Research: State and Prospects," *Review of Social Economy*, 62 (2), pp. 207-228.

Frey, Bruno S. and Alois Stutzer (2006) "Mispredicting Utility and the Political Process," Edward J. McCaffery and Joel Slemrod (eds.), *Behavioral Public Finance*, New York: Russell Sage Foundation, pp. 113-140.

Frey, Bruno S. and Alois Stutzer (2010) "Happiness and public choice," *Public Choice*, 144(3-4), pp. 557-573.

Frey, Bruno S. and Alois Stutzer (2012) "The Use of Happiness Research for Public Policy," *Social Choice and Welfare*, 38 (4), pp. 659–674.

Frey, Bruno S. and Alois Stutzer (2013) *Recent Developments in the Economics of Happiness*, Cheltenham, UK: Edward Elgar Publishing.

Gilbert, Daniel (2006) *Stumbling on Happiness*, New York: Knopf.

Goodhart, Charles A. E. (1975) *Money, Information and Uncertainty*, London: Macmillan.

Graham, Carol L. (2011) *The Pursuit of Happiness: An Economy of Well-Being*, Washington D.C.: Brookings.

Hammond, Peter J. (1991) "Interpersonal Comparisons of Utility: Why and How They Are and Should Be Made," J. Elster and J. E. Roemer (eds.), *Interpersonal Comparisons of Well-Being*, Cambridge: Cambridge University Press, pp. 200–254.

Hicks, John R. and Roy G. D. Allen (1934) "A Reconsideration of the Theory of Value, I," *Economica*, 1, pp. 52–75.

Huppert, Felicia A., Nic Marks, Andrew Clark, Johannes Siegrist, Alois Stutzer, Joar Vittersø and Morten Wahrendorf (2009) "Measuring Well-Being Across Europe: Description of the ESS Well-being Module and Preliminary Findings," *Social Indicators Research*, 91 (3), pp. 301–315.

Jameson, Michael (1988) *Practical Guide to Creative Accounting*, London: Kogan Page.

Kahneman, Daniel, Ed Diener and Norbert Schwarz (eds) (1999) *Well-Being: The Foundations of Hedonic Psychology*, New York, NY: Russell Sage Foundation.

Kahneman, Daniel and Jack L. Knetsch (1992) "Valuing Public Goods: The Purchase of Moral Satisfaction," *Journal of Economics and Management*, 22 (1), pp. 57–70.

Kahneman, Daniel, Alan B. Krueger, David A. Schkade, Norbert Schwarz and Arthur A. Stone (2004) "Toward National Well-Being Accounts," *American Economic Review*, 94 (2), pp. 429–434.

Kahneman, Daniel and Robert Sugden (2005) "Experienced Utility as a Standard of Policy Evaluation," *Environmental and Resource Economics*, 32 (1), pp. 161–181.

Lalive, Rafael and Alois Stutzer (2010) "Approval of Equal Rights and Gender Differences in Well-Being," *Journal of Population Economics*, 23, pp. 933–962.

Lane, Robert E. (2000) *The Loss of Happiness in Market Economies*, New Haven and London: Yale University Press.

Layard, Richard (2005) *Happiness: Lessons from a New Science*, New York: Penguin.

Lucas, Robert E. (1976) "Econometric Policy Evaluation: A Critique," Karl Brunner and Allan H. Meltzer (eds.), *The Phillips Curve and Labor Markets*, Carnegie-Rochester Conference Series on Public Policy, Vol. 1, New York: North-Holland, pp. 19–46.

Luechinger, Simon (2009) "Valuing Air Quality Using the Life Satisfaction Approach," *The Economic Journal*, 119 (536), pp. 482–515.

Luechinger, Simon and Paul A. Raschky (2009) "Valuing Flood Disasters Using the Life Satisfaction Approach," *Journal of Public Economics*, 93 (3–4), pp. 620–633.

MacKerron, George (2012) "Happiness Economics from 35000 feet," *Journal of Economic Surveys*, 26 (4), pp. 705–735.

McMahon, Darrin (2006) *The Pursuit of Happiness: A History from the Greeks to the Present*, London: Allen Lane.

Mueller, Dennis C. (1996) *Constitutional Democracy*, New York: Oxford University Press.

Mueller, Dennis C. (2003) *Public Choice III*,

Cambridge, New York and Melbourne: Cambridge University Press.

Olken, Benjamin (2008) "Direct Democracy and Local Public Goods: Evidence from a Field Experiment in Indonesia," NBER Working Paper No. 14123.

Oreopoulos, Philip (2007) "Do Dropouts Drop out Too Soon? Wealth, Health, and Happiness from Compulsory Schooling," *Journal of Public Economics*, 91(11-12), pp. 2213-2229.

Oswald, Andrew J., Eugenio Proto and Daniel Sgroi (2009) "Happiness and Productivity," IZA Discussion Paper 4645.

Pezzini, Silvia (2005) "The Effect of Women's Rights on Women's Welfare: Evidence from a Natural Experiment," *Economic Journal*, 115(502): C208-C227.

Royal Government of Bhutan (2012) "Wellbeing and Happiness: A New Development Paradigm," Proposal to Convene a Two-Year International Expert Working Group to Elaborate the Details of the New Paradigm. Draft: 8th August. http://www. sustainable. unimelb. edu. au/files/mssi/Bhutan_Proposal-International-Expert-Working-Group_2012-14.pdf. Last accessed Jan 22, 2013.

Robbins, Lionel C. (1938) "Interpersonal Comparisons of Utility: A Comment," *Economic Journal*, 48, pp. 635-41.

Ryan, Richard M. and Edward L. Deci (2001) "On Happiness and Human Potentials: A Review of Research on Hedonic and Eudaimonic Well-Being," *Annual Review of Psychology*, 52, pp. 141-166.

Sen, Amartya K. (1970) *Collective Choice and Social Welfare*, San Francisco: Holden-Day.

Sen, Amartya K. (1999) *Development as Freedom*, New York: Alfred Knopf.

Slesnick, Daniel T. (1998) "Empirical Approaches to the Measurement of Welfare," *Journal of Economic Literature*, 36(4), pp. 2108-2165.

Stiglitz, Joseph, Amartya K. Sen and Jean-Paul Fitoussi (2009) *Report by the Commission on the Measurement of Economic Performance and Social Progress*, www.stiglitz-sen-fitoussi.fr.

Stutzer, Alois and Bruno S. Frey (2010) "Recent Advances in the Economics of Individual Subjective Well-Being," *Social Research*, 77(2), pp. 679-714.

Sugden, Robert (2005) "Correspondence of Sentiments: An Explanation of the Pleasure of Interaction," Bruni, Luigio and Pier Luigi Porta (eds.), *Economics and Happiness: Framing the Analysis*, Oxford: Oxford University Press.

Theil, Henri (1964) *Optimal Decision Rules for Government and Industry*, Amsterdam: North Holland.

Tinbergen, Jan (1956) *Economic Policy: Principles and Design*, Amsterdam: North Holland.

Vanberg, Viktor J. (2005) "Market and State: The Perspective of Constitutional Political Economy," *Journal of Institutional Economics*, 1(1), pp. 23-49.

van Praag, Bernard M. S. (1968) *Individual Welfare Functions and Consumer Behavior - A Theory of Rational Irrationality*, North-Holland.

van Praag, Bernard M. S. and Barbara E. Baarsma (2005) "Using Happiness Surveys to Value Intangibles: The Case of Airport Noise," *Economic Journal*, 115 (500), pp. 224-246.

von Hagen, Jürgen and Guntram B. Wolff (2004) "What Do Deficits Tell Us About Debts? Empirical Evidence on Creative Accounting with Fiscal Rules in the EU. Series 1: Studies of the Economic Research Centre," Discussion Paper No. 38, Deutsche

Bundesbank.
Walker, Mark (2011) "Happy-people-pills for all," *International Journal of Wellbeing*, 1, pp. 127-148.
Welsch, Heinz (2006) "Environment and Happiness: Valuation of Air Pollution Using Life Satisfaction Data," *Ecological Economics*, 58(4), pp. 801-813.

（渡邉円香・笠井高人訳）

第2章 幸福への努力
——理論的分析——

井堀利宏

国民経済全体に対するショックは、我々の現実の生活で無視できない不確実要因であるし、人々の幸福感にも影響する。大きなリスクに直面するとき、人々は協調あるいは共同して、こうしたリスクに対処する。このような近隣ネットワークの活用は、幸福感をより高める「幸福努力」として理解できる。本章では、個人を超えた不確実リスクを対象として、幸福努力に関する協調と競合が幸福感にどう影響するのかを理論的に検討する。

1 幸福への努力とは何か

幸福への努力とは

一九九五年の阪神淡路大震災や二〇〇六年の東南アジアでの大津波、二〇一一年の東日本大震災のような天災、また、二〇〇一年のアメリカ同時多発テロ、二〇〇三年の新型肺炎（その後の鳥インフルエンザ蔓延リスク）、あるいは、二〇〇八年の国際的金融不安や二〇一三年のアルジェリア国際テロなどは、いつ起きるか分からない不確定な不幸のリスクである。いったんリスクが顕在化すれば、一国全体にかかわる重大なリスク要因になるし、一人ひとりの個人にとっても重大な不安要因である。国際的影響が大きい、こうしたリスク要因が実際に顕在化すると、その国の経済活動全体のみならず、人々のミクロの生活環境も悪化して、家族内での関係や近隣住民との交流も円滑に行われなくなって、人々の幸福感にも大きな悪影響がある。

こうした国民経済全体に対するショックやそれに連動するミクロのショックは、我々の現実の生活で無視できない不確実要因であるし、人々の幸福感にも影響する。大きなリスクに直面するとき、個人が自助努力で何らかの対応することも可能であるが、利害関係をともにする人々が何らかの形で協調あるいは共同して、こうしたリスクに対処することも十分に考えられる。こうした近隣ネットワークの活用は、幸福感をより高める努力＝「幸福努力」として理解することができるだろう。

特に、家族や近隣に影響するリスク要因にお互いに対処する幸福努力を本章では対象としたい。そうした行為は金銭や時間などの資源投入という経済面での対応として捉えることができる。この場合、心を通わせる人々の間でうまく協調できるかどうかが重要となる。実際には、そうした人々の間でも必ずしも協調は容易でない。本章では、個人を超えた不確実リスクを対象として、幸福努力というリスク回避対策に関する協調と競合について、幸福感がどのように影響されるのかを検討してみよう。すなわち、より具体的には、不幸な事態へのリスク対応として保険機能（助け合いの仕組み）や幸福への自助・共助の努力を想定し、簡単な理論的枠組みで人々の行動を分析する。また、関連するトピックでの研究動向もまとめることにしたい。

本章の構成は以下の通りである。まず第2節では、幸福努力としてリスク分散機能を活用するケースを想定し、その観点で重要となる保険の機能を取り上げる。次に第3節では、不幸なリスクが生じる確率を軽減させるための幸福努力を取り上げる。また第4節では、より中長期の視点でこうした努力と経済活動の関係を考察する。最後に第5節では、第4節までの議論をまとめるとともに、そこで取り上げなかったいくつかの論点、例えば、雇用不安、国際テロなどの敵対するリスクも想定して、人々の利害対立や幸福努力の役割などに関する研究動向をまとめることにしたい。

リスク分散としての保険

第2節では、保険機能を通じたリスク分散という視点から、幸福努力を取り上げる。個人間で不幸になるリスクが発生する確率、生じる時期や損害の大きさが異なる時、また、所得水準や選好に差がある時、お互いにこうしたリスクを分散する誘因が生じる。なかでも、ある個人が実際に不幸に直面して損害が生じたとき、事後的に近隣から援助や救援が行われることが多い。幸福感が他人との相互依存関係の程度に依存するというデータは幅広くみられる。最近の文献には、Helliwell＝Huang（2013）がある。こうした援助・救援について家族や近隣住民間で暗黙に事前の了解があると考えると、幸福努力はリスク分散として保険機能を用いているとも解釈できる。

すなわち、事後的に不幸なリスクが顕在化し、損害が発生して経済的に打撃を受けた個人を主な対象とする援助も、事前的には、リスク回避的な選好をもつすべての個人にとって、便益をもたらす。たとえ災害、失業などの不幸が完全にランダムに生じなくて、こうしたリスクが生じる可能性が個人間で異なるとしても、事前的には、どんな個人も自分が絶対に不幸な事態に遭遇しないとはいえない。不幸な個人を救済する仕組み（あるいは暗黙の約束・取り決め）を事前的に構築することは、仲の良い関係にあるすべての個人や近隣社会にとって、程度の差はあるにしても、リスク分散の観点から望ましい。

したがって、事後的にリスクが顕在化しなかった幸運な個人も、そうした保険機能から便益を受ける。不確実な状況では、すべての個人がある程度は保険機能を活用する誘因がある。これは、不幸なリスクをなるべく回避したいという選好の結果である。

第2節の保険モデルでは、所得やリスクの程度が変化するとき、各個人の幸福感（事前の期待効用でみたもの）や保険需要（事後的救済へのニーズ）がどのように変化するかを考察する。例えば、ある個人の所得の増加は、その個人の（期待）幸福感を増加させるだろう。これはもっともらしい。また、ある個人におけるリスクの高まり、例えば損害の程度（損害率）の上昇は、その個人の（期待）幸福感を悪化させる。では、こうした変化が他人に与える効果はどうだろうか。また、所得の増加と損害率の上昇が同時に起きる場合はどうだろうか。

以下で示すように、他人に与える効果は、自分や他人が保険の需要者（支援を受ける側）であるのか、供給者（支援をする側）であるのかで、その結果が異なってくる。また、経済成長（所得水準）の低下や損害率の上昇も、ともに保険需要（＝支援）を増加させる点で同じ効果を持っている。したがって、リスク分散動機に基づく危険分散需要は増大する。これは、仲の良い人同士での保険を通じる所得再分配政策の根拠になる。

個人が不幸なリスクにどう対応するかに関する古典的な文献は、Ehrlich and Becker (1972) である。彼らは合理的個人が資源を二つの動機でリスク対応に用いると定式化している。第一の動機は、リスクが実現したときの損害を少なくするための支出であり、もう一つの動機は、リスクが実現する確率を少なくするための支出である。彼らのモデルは、個人の意思決定だけでなく、集団的なリスク対応（例えば、地球環境問題、国際金融危機などへの対応のみならず、近隣ネットワークの活用）にも応用可能である。

リスク軽減の公共財

次に、第3節ではリスク軽減を目的とする幸福努力を取り上げる。地域的な緊張・危険要因の除去・緩和、あるいは不幸発生時のコストを減少させるために、ある個人の幸福努力が他人にもメリットを及ぼす場合、この幸福努力は公共財的な性質を持っている。近隣ネットワーク構築、環境対策のための広い意味で取り決め、共同市場の創出など、広い意味での公共財は、不確実な事態に対するリスクをシェアする機能として、有益な支出である。この点は、Olson = Zeckhauser (1966) などを参照されたい。したがって、リスク対応支出を「広い意味での公共財」という面から分析することが有益だろう。

このようなプラスの波及効果をもつ公共財

を、各個人がお互いに協調して供給することができれば、それは望ましい供給方法である。各個人は、近隣ネットワークにおける広い意味での公共財（例えば、自然災害の復旧対策のための支援、失業者への援助など）にある程度の負担をすることに同意するかもしれない。しかし、各個人が自分の利益を優先すると、仲の良い関係にある人同士でも、必要なレベルまでの協調的行動は必ずしも実現しない。

幸福努力がプラスの波及効果を持つとき、こうしたセーフティー・ネットは、公共財の標準的な特徴である「排除不可能性」をもっている。例えば、被災者に援助する便益は、もし災害などの不幸な事象がランダムに生じるのであれば、特定の個人を援助の対象から除外できないため、排除不可能なものになる。近隣住民の相互依存関係が緊密になるにつれて、こうしたセーフティー・ネットは、すべての人に共通の公共財として便益をもたらす。その分だけ、他人の負担にただ乗りの誘因も高くなる。

ある人が不幸なリスク軽減のための支出をすると、多かれ少なかれ、仲の良い関係にある他人にもプラスの便益をもたらす。したがって、このような支出には他人の供給努力に依存するという「ただ乗りの誘因」が内在している。広い意味での公共財が非協力ゲームで供給される場合、リスク対応として十分に供給されない可能性がある。公共財の自発的供給問題は、こうしたただ乗りの問題を抱えている。公共財の自発的供給モデルは（Olson and Zeckhauser 1966）などに代表される。それ以降、標準的な理論モデルを用いた分析結果が蓄積されている。とくにクールノー・ナッシュ均衡の概念を用いた分析が標準的である。

これらのモデルの制約として、公共財供給に関する技術が線形に限定されていること、公共財の定義が各経済主体の負担量の合計（総和）として定義される点に留意したい。すなわち、公共財供給における限界生産逓減は想定されていないのが通例である。なお、各経済主体の公共財供給と全体の消費可能な公共財との間にはいろいろな形での技術的な定式化が工夫されている。Cornes and Sandler（1996）のテキストでは、こうした定式化の特徴について有益なサーベイがある。

第3節では、第2節のモデルを不幸なリスク確率軽減のための広い意味での公共財のモデルに応用して、非協力ゲームにおける均衡の特徴を分析する。こうした集団的対応として幸福努力を分析するのは標準的な手法であるが、リスクも明示した分析はあまり多くはない。特に、多数の経済主体が公共財を自発的に供給するモデルを用いて、リスク対応支出の問題を分析したものは少ない。第3節では、Ihori＝McGuire（2007）に基づいて、こうした観点からの拡張を行う。

リスクに対する各個人の選好（幸福感の感じ方）は、このモデルで重要な役割を果たしている。とくに、リスク回避度が所得とともに減少する場合、また、損害の発生するリスクが小さい場合や所得水準が低いときに、リスク軽減のための支出は（所得効果がマイナスとなる）劣等財になりやすい。その直感的な説明は以下の通りである。リスク回避度が所得とともに低下すれば、所得が増加すると、幸福努力でリスクをあえて回避するのではなく、通常の消費支出を好むようになるので、幸福努力を抑制する効果がある。また、損害の発生するリスクが小さい場合は、幸福努力を増加して、さらに損害発生確率を小さくすることの限界便益が乏しいので、幸福努力を増加する効果は小さくなる。さらに、所得水準が低いと、通常の消費からの限界効用が高いので、通常の消費を抑制してまで、幸福努力を増加させるメリットは小さい。以上の三つの効果を総合すると、右でまとめたような分析結果が導出される。

ここで、各個人が助け合いのグループを形成して、お互いにリスク軽減の公共財を供給するとしよう。グループに入ることでプラスの波及効果を享受できるため、すべての参加者にとって実質的な所得が増加する。もし公共財が劣等財であれば、グループ規模の拡大や経済成長によって劣等財であるリスク軽減支出が減少するため、公共財を安定的に供給することに限界が生じる。このようにリスク回避度を通じる所得効果の符号（劣等財であるかどうか）は、グループの規模やその安定性にとって重要である。

リスク対応と経済成長

第4節では、幸福努力と経済成長の関係を分析する。幸福努力水準が増加すると、それ自体で他の支出（消費や貯蓄）を押しのける効果があるため、短期的に民間の資本蓄積をクラウドアウト（押しのける）する。他方で、長期でみると、経済成長で家計の所得が豊かになれば、幸福努力に対する需要も増加するし、それに応じるだけの経済的余裕、財源も確保できる。したがって、幸福努力と経済成長の関係は単純なものではない。この節ではまず、非協力解と最善解を比較することで、モデルの規範的な性質を考察する。ついで、広い意味での公共財の波及効果が近隣全体の経済成長に及ぼす効果を分析して、全体の政策的含意をまとめる。

近隣助け合いの公共財は各個人の幸福努力水準を増加させて、それぞれの人に便益をもたらす。すなわち、仲の良い関係にある人々同士での幸福努力がお互いの幸福感にプラスの波及効果をもたらす。こうした点を考慮して、広い意味での公共財への支出が経済成長と幸福感に及ぼす効果を分析する。すなわち、幸福努力がもたらすプラスの波及効果を考慮すると、非協力ゲームのナッシュ均衡における幸福努力水準は、あるべき水準と比較して過小となる。これは、各個人が仲の良い人に及ぼす幸福努力の波及効果を無視して、自分の公共財支出＝幸福努力を決めるからである。

しかし、第4節のモデルでは、経済成長に伴う所得効果も考慮している。成長経路が非効率で貯蓄しすぎる場合には、長期均衡で成長が過大となり、そこでの所得水準も過大となる。長期的に民間貯蓄が過大であれば、この非効率な経済成長経路において、ただ乗りの効果よりも所得効果の方が大きくなり得るため、幸福努力の水準も長期的に過大になり得る。

第4節では、不幸を生じさせるリスク要因を明示的に考慮することで、リスクが発生したときの損害費用とリスクの危険確率の長期的な効果を考察している。こうした手法により、仲の良い人同士でのリスク管理としての広い意味での幸福努力が経済厚生と経済成長にどう影響しているのかを分析する。

敵対するリスクと幸福努力

わが国が高度成長を遂げて、生活水準も大幅に改善したにもかかわらず、近隣ネットワークの喪失、広い意味での不安や孤独感から幸福感が満たされないという議論もある。最近では、わが国も含めて、先進国で幸福努力への関心が高くなっている。飢餓、犯罪など直接の生存リスクは少なくなっているが、失業などの経済不安、遺産をめぐる争い、親族内での感情的な対立など、不安や紛争は依然として生じている。Murdoch = Sandler (2002) は、紛争がその人や近隣において経済成長に与える短期、長期の影響を実証的に考察している。彼らは規模の比較的小さな紛争が近隣の地域に相当大きなマイナスの影響をもたらすことを示している。

二〇〇一年九月一一日にアメリカで発生した同時多発テロは、人々の幸福感にも大きな影響を与えた。二〇一三年のアルジェリア石油施設での国際テロでは、日本企業で多くの人命が失われた。日常生活を普通に過ごしている人が、突然テロの被害に遭うかもしれないリスクは、無視できない。こうした不安は、人々の幸福感を悪化させる。アフガニスタンでのタリバン政権、イラクのフセイン政権と、相次いで、広い意味でのテロ組織との関連が指摘された組織がアメリカの軍事力によって崩壊した。アメリカは巨大な軍事力を背景に強大な存在感を示してきたが、同時にそれがテロ活動を刺激する効果も持っている。こうしたテロへの不安などの敵対するリスクは、幸福感に影響する。

不幸の源泉に力づくで対抗すべきか、それとも、不幸の背景にある経済的・感情的問題を解決する方向で非暴力的に対処すべきかは、大きな選択肢である。また、結束して強く出ることで、かえって相手からより大きな反発を招くリスクもある。近隣にまつわる不安対策が別の不安を呼び込むという悪循環は、国同士の関係で言えば、高度成長時における軍拡競争の弊害にも似ている。しかし、多くの場合、結束する方が好ましいことも確かである。

ところで、敵対するリスク要因は、テロ行為のような不幸ばかりではない。自分の幸福努力水準の向上が、敵対する人にとっては脅威となるケースもある。自分がより幸福になることが他人にとってねたみを呼び起こすとすれば、そうした人との関係は敵対的な関係と解釈できるだろう。こうした敵対関係を分析する枠組みは、幸福努力の分析にもある程度適用可能である。第5節では敵対するリスク要因とそれに対応する幸福努力に関する研究成果を議論したい。

2 仲の良い人同士でのリスク回避と幸福努力

保険モデル

最初に、保険機能を通じた広い意味でのリスク対応を考察する。簡単化のために、二人モデルで考える。すなわち、仲の良い関係にある二人、人1と人2が存在する世界を想定する。両人は同じ選好をもっているが、所得とリスク要因において異なる。さしあたって、両人は助け合いの公共財を供給しない。その代わり、各個人が利用可能な「広い意味での保険市場」（助け合いのネットワーク）が存在すると仮定する。私的消費は不確実性に直面する。良い状態Aは確率$1-\alpha$で生じる。悪い状態Bは確率αで生じて、状態Aの消費水準を維持できずに、それより低い水準を消費する。αは経済的な緊急事態（悪い状態）の生じる確率である。

Yは外生的に所与の所得、π（>0の場合）は緊急事態（不幸な状態が現実化した）が生じたときの資源の消失割合とする。πは損害率ともみなせる。悪い状態Bが自然災害の発生なら、πYは災害によって失われる所得（あるいは復興にかかる費用）に相当する。つまり、状態Bで自然災害が起きた場合、πは所得のうち喪失した割合を示す。なお、個人間で状態AやBが生じる確率は共通であるが、Yやπは同じであるとは限らないと考える。例えば、$\pi<0$の場合、状態Bは良いことが起きるケースに対応する。

保険価格pに応じて緊急事態の支払い率（収益）をsで示す。言い換えると、psは保険の需要人から供給人への支払い（援助を受けるための前払い金）であり、sは保険pに対する割合でみた、状態Bにおける需要人の受け取る援助（1単位あたりのプレミアム）である。人1が保険の需要人か供給人かに応じて、人1の収益s_1はプラスかマイナスになる。s_1は、人2の収益であるs_2と逆の符号をもつ。ここでは、二人の間で暗黙の助け合い（援助＝保険の支払い）が行われると想定しているので、どちらかが保険の供給人となり、どちらかが保険の需要人となる。

不確実性は生産活動に限定される。つまり、状態Bが生じて保険の需要人から供給人へ事後的に支払われるプレミアムはリスクフリーであり、損害率とは無関係であると想定する。それぞれの個人は外生的パラメータα、πと保険価格pを与件として、保険需要あるいは供給を決める。

経済的に意味のある解を出すために、$p<1$と仮定する。保険プレミアムpsの有効収益率は$(1-p)/p$で定義される。保険の価格pは状態Bでの消費行為の価格でもあり、$1-p$は状態Aでの消費行為の価格である。一般的に保険市場では収支均衡条件が成立する。その均衡保険料はリスクの起きる確率に対応して決定される。悪い状態が起きる確率が大きくなると、保険料も高くなる。なお、$p=\alpha$で決まる保険料は、保険数理的に公正な保険料に相当する。

分析結果

理論的な分析結果は次のようにまとめられる。まず、仮に保険料が保険数理的に公正な保険料に相当する場合を基準ケースとする。各個人の最適化行動から、この基準ケースでは、保険は状態A、B間での消費水準を完全に均等化させる効果を持つ。この消費水準はそれぞれ個人の期待所得に等しい。すなわち、人々は「悪い」状態の損失額を完全に相殺する保険料金を支払う。損失を部分的にカバーする（$s<\pi Y$）ことや、必要以上にカバーする（$s>\pi Y$）ことは、最適ではない。これはリスク分散行動の結果である。保険料が保険数理的に公正であれば、完全にリスクを分散する保険契約を締結することができる。このとき、幸福努力は実を結び、万が一不幸な事態になっても、実質的な消費水準をそうでないケースと同じに維持できる。

　しかし、一般的には、保険料が保険数理的に公正な水準に決まる必然性はない。とくに、本章で想定しているように、二人間で暗黙の取り決めで保険行為（援助）が行われる場合、両人の経済状態、リスクの与える大きさの相違に応じて、保険料（あるいは、援助の条件）も変化する。そうした一般的なケースでは、広い意味での間で保険への需要額が異なる以上、リスク分散が実現できるように、保険料の支払金額も人別に異なる。一般性を失うことなく、人1＝保険需要人、人2＝保険供給人として、広い意味での保険（援助）市場が機能していると想定する。

　ここで、いくつかのパラメータ（条件）に関する比較静学分析を行ってみよう。まず、π_1の上昇は保険価格 pを上昇させる。すなわち、保険の需要人である人1の損害率の上昇で保険価格は上昇する。$s_1>0$であるから、π_1の上昇は人1の期待所得を直接減少させる。これは所得効果である。さらに、人1は保険需要人であるから、pの上昇は望ましくない価格効果をもたらす。これは損害率上昇による（マイナスの）所得効果を補強する。これは価格効果と呼べるだろう。したがって、π_1の上昇は人1の幸福感を損なう。他方で、$s_2<0$であるから、pの上昇は供給人2にとって望ましい。π_1の上昇は人2にプラスの波及効果をもたらす。保険供給人である人2の幸福感は高くなる。

　π_2が上昇する効果についても、同じように分析できる。すなわち、価格効果に関する限り、保険価格が上昇して、価格効果により、人1の幸福感を低めて、人2の幸福感を高める。他方で、人2の損害額が大きくなると、直接の所得効果により、人2の幸福感を低める。人2にとっては価格効果と所得効果が反対方向に働くので、全体的な効果は確定しない。

　これらの分析が示すように、リスク要因である損害費用の上昇が保険の需要人あるいは供給人のどちらで生じるかによって、異なる波及効果を各個人にもたらす。もし損害率の上昇が保険の需要人で起きれば、保険価格の上昇で供給人にはプラスの波及効果がある。他方で、もし損害率の上昇が供給人で起きれば、保険価格の上昇で需要人にマイナスの波及効果がある。損害率の上昇がどちらの人で起きても、保険価格が上昇することに変わりはない。これらの結果は直感的にもっともらしい。

　次に、経済成長の効果を分析する。Yの上昇はπの減少と同じ定性的な効果を持ち、保険価格を低下させる。損害率の変化は損害費用の変化を通じて、各個人に影響する。したがって、所得の増加で保険価格が低下すると、人2の幸福感は低くなり、人1の幸福感は高くなる。各個人は所得効果により、自分の経済成長で直接利得を得る。しかし、それによって保険価格が低下するため、保険供給人である人2は人1よりも経済成長による利得が小さくなる。その結果、世界全体の経済成長は供給人よりも需要人にとってより便益が大きい。

　最後に、所得移転の効果を分析しよう。これは、ある人で損害率が上昇すると同時に、別の人で損害率が低下するケースとも解釈できる。もし$\pi_2>\pi_1$なら、pが低下し、逆の場合は逆になる。すなわち、もし人1の損害率がより高ければ、人2から人1への所得移転で保険価格は上昇する。その結果、需要人は損をし、供給人は得をする。これは価格効果である。所得効果については、受け取る人は得をし、支払う人は損をする。よって、もし$\pi_2>\pi_1$であれば、所得効果と価格効果はともに人1の幸福感を高める。しかし、逆に$\pi_1>\pi_2$であれば、価格効果は人1の厚生を低めるが、所得効果は人1の幸福感を高める。$\pi_2>\pi_1$のときに、所得効果と価格効果はともに人2の幸福感を低める。しかし、逆に$\pi_1>\pi_2$ならば、所得効果と価格効果が反対方向に働くので、不確定となる。

3　リスク回避と助け合いの公共財

モデル分析

　第2節同様に、二人のモデルを考える。人1と人2という二つの仲の良い人が存在する。また、第2節と同じく、二つの状態、良い状態Aが生じる確率“$1-\alpha$”で表し、悪い状態が生じる確率を“α”で表す。第2節とは異なり、暗黙の保険機能によるリスク分散（助け合い）は利用できないとする。以下での分析では、Ehrlich-Beckerのモデル分析におけるリスク軽減支出を想定する。

　Yを外生的に与えられる所得、mを（財の単位ではかった）リスク軽減の幸福努力とする。mは助け合い公共財への各個人の自発的供給とも解釈できる。“α”が変化することは公共財的な性格を持っている。例えば、“α”を低下させることができれば、両人ともに便益を受ける。すなわち、いずれの人のmの増加も、悪い状態の確率を低下させて、良い状態の確率の上昇をもたらし、両人ともにメリットをもたらす。

　両人1と2の幸福努力はリスク軽減に等しく有効である。したがってm_1とm_2は両人にとって純粋公共財の負担であり、これらは完全代替の関係にある。Mは集計された近隣全体での公共財の自発的供給量である。幸福努力の生産性が逓減するという意味で、$\alpha'<0$を仮定する。

分析結果

　効用関数のリスクに関する感応度は、リスク回避度という指標でみることができる。以下では、このリスク回避度Rと所得効果の符号に注目して、主要な分析結果をまとめてみよう。

　まず、リスク回避度が一定であれば、広い意味での公共財Mに対する所得効果はゼロになる。そして、

　(i)リスク回避度上昇：もしリスク回避度が上昇するのであれば、リスクが小さいときに、

つまりαが小さいときでも、高いリスク回避度との組み合わせで、正常財になる。すなわち、Rが所得とともに上昇すると、合理的個人はよりリスクを回避したくなるので、たとえリスクの発生確率が低いときでも、より保険をかけたくなる。つまり、幸福努力は所得とともに増加する正常財になる。

(ii)リスク回避度低下：しかし、もしリスクが高くてαが大きいときでも、リスク回避度が小さくなると、リスクを回避する意欲が乏しく、よりリスクを取ってでも通常の消費を増加させようとして、幸福努力は減少する。この場合、Mは劣等財になる。ここではMへの支出はギャンブルのような性格を持つので、所得が増加するにつれて、そうした支出は減少する。したがって、もし所得とともにリスク回避度が低下すれば、低いリスクと低いリスク回避度の組み合わせが相乗効果を持って、Mは劣等財になりやすい。逆に、高いRと高いαという組み合わせで、Mは正常財になりやすい。

リスク回避度が所得とともに低下すれば、所得が増加すると、リスクをあえて回避するのではなく、通常の消費支出を好むようになるので、幸福努力を抑制する効果がある。また、損害の発生するリスクが小さい場合は、幸福努力を増加して、さらに損害発生確率を小さくする限界便益が乏しいので、幸福努力を増加する効果は小さくなる。さらに、所得水準が低いと、通常の消費からの限界効用が高いので、通常の消費を抑制してまで、幸福努力を増加させるメリットは小さい。

一般的に、資産（あるいは所得）の蓄積とともにリスク許容度が増すので、リスク回避度が低下すると想定するのがもっともらしい。その結果、経済状態が豊かになるにつれて、幸福努力需要は減少し、よりギャンブルしたくなる傾向が見られる。Ihori = McGuire (2007) で分析したように、悪い状態の確率が小さいとき、リスク軽減支出による限界便益が小さくなるので、劣等財になりやすい。すなわち、リスクが小さいときには、所得が増加するにつれて、幸福努力は減退して、リスク軽減を図る支出は低下する。

利害を共有するグループ（近隣の仲の良い人）の構成人数が増加すると、通常は各個人の幸福感も増加する。これはプラスの所得効果の帰結である。こうした所得効果は、例えば、それまでバラバラに生活していた人が仲の良いグループを形成することでも生じる。

これに対して、この節のモデル分析では興味ある結果が得られる。すなわち、グループが形成される前と後で非協力ゲームのナッシュ均衡解を比較してみよう。最初に、助け合い公共財が正常財であるケースを想定する。もしリスク回避度が所得とともに低下する場合、かつ、グループ内で一般的にリスクが高く、αが大きい場合、新しく参加する人がいると、Mは増加する（当初はMが正常財であると想定している）。しかし、より多くの人が入り続けると、Mの増加によってαが下落するので、Mを増加させる限界便益は低下して、いずれは劣等財のケースになる。公共財が劣等財になると、均衡は不安定になり、グループの安定的な維持ができなくなる。したがって、グループの規模には内生的な限界が存在する。

　これは、標準的な自発的供給モデルとは異なる、新しい結果である。標準的な幸福努力モデルでは、公共財は正常財として定式化される。これに対して、リスク発生確率を軽減させる公共財の場合、もっともらしい効用関数を前提としても、劣等財の可能性は排除できない。そして、ひとたびMが劣等財になると、均衡は不安定になり、コーナー解になってしまう。その結果、公共財を供給する人は一人のみになり、助け合い公共財の総量Mも減少する。これはグループに参加する誘因を損なう。

　ところで、最初からMが劣等財のケースもある。このとき、新しい仲の良い人の参加でMの供給が減少し、αは大きくなる。もしリスク回避度が所得とともに増加するなら、新しく参加する人はリスク軽減の恩恵を受けることができない。

　いずれのケースでも、ひとたび幸福努力が劣等財になると、近隣の助け合いに参加する人々の増加で助け合い公共財の供給が増加するという標準的な道筋が成立しなくなる。これは、近隣グループの規模に内生的な制約があることを示唆している。

4 リスクと経済成長
——高度成長後のリスク管理

モデル

　高度成長の結果、わが国が経済大国になったにもかかわらず、近隣ネットワークの喪失、広い意味での不安や孤独感から幸福感が満たさない人も多く、幸福努力への関心は高くなっている。他人との直接的な対立は少なくなっているが、遺産をめぐる争い、感情的な対立など、紛争は依然として生じている。経済的に満足している人でも何らかの緊急事態や紛争に遭遇するのは無視できない。

Murdoch = Sandler（2002）は内戦がその人や近隣諸人の経済成長に与える短期、長期の影響を実証的に考察している。彼らの分析は、経済大国においても規模の比較的小さな紛争・対立が近隣に相当大きなマイナスの影響をもたらすことを示唆している。

　第4節では、より長期的視点から幸福努力と民間経済活動、特に資本蓄積や経済成長との相互依存関係を考察する。まず、世代重複モデルを用いて幸福努力と経済成長の関係を分析する。ついで、非協力解と最善解を比較することで、モデルの規範的な性質を考察する。また、助け合い公共財の波及効を明示的に考慮して、世の中全体の経済成長に及ぼす効果を分析する。最後に、全体の政策的含意をまとめる。

　二つの仲の良い人1と2からなる二期間の世代重複モデルを想定する。単純化のために、二人の間の経済的な相互依存関係はないと考える。仲の良い関係にある二人は経済的に隔離されているが、幸福努力面では相互依存関係にある。

　これまでのモデル分析と同じく、非常事態（リスク要因）は資源の減少という形で定式化される。t期にそれぞれの人が利用できる資源として、Y_t+K_tがあるとする。ここでYは産出であり、Kは資本である。毎期、生産活動が始まる前に、非常事態（有事）が起きる可能性があると想定する。もし悪い事態が人1に関して確率α（人2にとっては確率β）で生じれば、Y_t+K_tのうちのある一定割合π（>0）が失われる。αは経済的な損害を伴う非常事態あるいは「不幸」の生じる確率である。したがって、πは損害率であり、失業や自然災害などの非常事態が生じたときの資源の減少率を示している。この節では、リスクの発生確率を幸福努力でコントロールできないと想定する。しかし、公共財の負担gは悪い状況が生じたときに幸福感の減少を抑制する効果を持っていると考える。すなわち、助け合い公共財があると、悪い状況で便益が生じる。

世代重複モデルの標準的な定式化として、代表的個人は二期間生存する。第一期（青年期）に労働を提供し、幸福努力と貯蓄をする。単純化のため、青年期の消費は外生的に一定であるとする。老年期の消費は内生変数であり、幸福感に影響する。第二期（老年期）に貯蓄を取り崩して消費に充てる。ある世代が老年期になると、次の世代が青年期として経済活動に入ってくる。つまり、人1の子供は人1と同じリスクに直面し、人2の子供は人2と同じリスクに直面する。

第1期の平均（期待）賃金所得は（$1-\alpha\pi$）となる。貯蓄s_tは次期に資本ストックとして生産に投入される。$t+1$期首に悪い状態が生じると、第二期の消費も影響を受けるのでので、老年期の消費もまた不確実になる。確率$1-\alpha$で生じる良い状態であれば、老年世代の個人は高い水準の消費を享受できる。確率αで生じる悪い状態であれば、彼は高い消費水準を享受できずに、低い水準の消費を享受する。各個人は物理的資本を保有するために貯蓄をする。

このような家計を前提として、人1の最適化行動を定式化しよう。Gを幸福努力とする。単純化のために、Gは非常事態が生じたときのみ便益をもたらす。また、εは仲の良い人からの幸福努力（広い意味での公共財）支出の波及効果を意味する。$0<\varepsilon<1$。さらに、A（あるいはB）>0であれば、A（あるいはB）は人1（あるいは人2）にとって、初期の（あるいは公共財とは無関係に享受できる）幸福努力を意味するとしよう。しかし、A（あるいはB）は負にもなり得る。その場合、Aは幸福努力を提供する際の固定費用を表す。A（あるいはB）が大きいほど、幸福努力はより効率的といえる。

分析結果

本節のモデル分析の結果をまとめてみよう。まず、幸福努力水準Gと資本蓄積Kは同じ方向に動く。すなわち、GとKとの間にプラスの相関がある。資本蓄積の増加は実質所得を増加させて、幸福努力の需要を刺激する。経済が豊かになると、より大きな幸福感を実現するため、各個人はより多くの幸福努力を喜んで行う。たしかに、短期的に産出量が一定であれば、幸福努力の増加は資本蓄積をクラウドアウト（押しのけ）する。しかし、経済成長を考慮すると、産出量Yは内生的に決定されるし、中長期的にYも成長する。人々は最適な経済成長経路を選択することで、中長期的にGとKの最適な関係を選択することができるので、各個人はGとKを同時に蓄積する誘因を持つし、それは可能である。

波及効果の程度 ε が長期的な資本蓄積水準 K^* に与える効果の方向は、一般的に確定しない。すなわち、ε が上昇すると、他人からのメリットが大きくなるので、今まで以上に近隣の幸福努力にただ乗りする誘因が生じる。これは、各個人の幸福努力を抑制するので、資本蓄積にプラスの効果をもたらす。したがって、ε の増加は一般的に資本蓄積を刺激して、幸福努力の需要を増加させる。しかし、同時に、前述のただ乗り効果は、Gを所与とした場合にgを抑制する効果でもある。その結果、非協力解 g^* に対する全体的効果は不確定である。他方で、波及効果のために、最善解での g_{FB} は ε の減少関数となる。したがって、ε が大きいほど、$g^*>g_{FB}$ の関係が成立しやすくなる。

定常状態での資本蓄積水準 K^* は、悪い状態の確率 α または損害率 π の減少関数となる。α の g^* に対する効果は、代替効果と所得効果が相殺するために、不確定である。すなわち、α の減少は、リスク要因を軽減して資本蓄積を促進し、所得効果から幸福努力の需要を刺激するが、所与の資本水準では（一定の所得の下では）クラウドアウト（押しのけ）効果が働いて、幸福努力を抑制する。全体の効果は不確実となる。g_{FB} は α の減少関数である。α が大きければ大きいほど、$g^*>g_{FB}$ の関係が成立しやすい。損害率の上昇は、所得効果のために、資本蓄積と幸福努力をともに抑制する。π の g_{FB} に与える効果は不確定だから、π の上昇は一般的に $g^*>g_{FB}$ の可能性を高める。

この節の定式化ではGは正常財であり、プラスの所得効果は幸福努力を刺激する。波及効果を考慮しない非協力解では、幸福努力は静学的な観点（私的消費との比較）では過小になる。もし民間貯蓄が動学的な効率性の観点から過大であり、波及効果あるいは損害費用が大きい場合は、幸福努力は過大にもなり得る。そのような場合、資本蓄積と幸福努力をともに抑制するのが望ましい。

非常事態の確率と損害率は、資本蓄積に異なったルートで影響を与える。けれども、資本蓄積への定性的効果は同様である。すなわち、非常事態の確率の上昇は、将来消費から幸福努力への代替をもたらす。したがって、それは代替効果と所得効果から資本蓄積を抑制し、幸福感も低下させる。同様に、損害率の上昇は所得効果から資本蓄積を抑制する。これに対して、幸福努力への効果は異なる。非常事態確率の上昇は、幸福努力を刺激するが、損害率の上昇は幸福努力の支出を抑制することもあり得る。最後に、損害費用が大きいほど、$g^*>g_{FB}$ の関係が成立しやすい。

両人が同質ではなく、初期時点での資本ストックが二人の間で異なると想定しよう。例えば、人1の資本の初期水準が相対的に高く、他方で、人2の資本の初期水準が相対的に低いとしよう。こうした場合、人1の持続的成長が可能であり、幸福努力も上昇させることができるが、人2の持続的成長は不可能であり、幸福努力も長期的に低下する。このように、同質的でないケースでは、仲の良い関係にあっても、ある人の経済成長が他人の資本蓄積を必ずしも刺激するとは限らない。幸福努力に関する技術が効率的でなければ、また、損害費用が大きければ、仲の良い関係にある近隣全体で同じような経済成長が生じるとは限らない。

なお、人1が直面する非常事態の確率が上昇すると、あるいは、損害率が上昇すると、その人の資本蓄積は抑制される。それは人2の資本蓄積にもマイナスの波及効果をもたらす。

5 不幸なリスク対応への幸福努力

分析のまとめ

これまでの分析結果をまとめておこう。第2節の保険モデルでは（暗黙の）保険機能を通じた広い意味でのリスク分散を取り上げた。仲の良い関係にある個人間でリスク発生損害率が異なると、また、所得水準や選好に差があると、お互いにリスクを分散する誘因が生じる。ある人で実際にリスクが顕在化して、損害が生じたとき、他人から救援が行われる。こうした救援も暗黙に事前の了解があると考えると、リスク分散として保険を用いていると解釈できる。

この節で分析したように、所得やリスクの程度が変化すると、各個人の幸福感（期待効用でみたもの）や保険需要も変化する。例えば、ある人の所得の増加は、その人の幸福感を増加させる。逆に、損害率の上昇は、その人の幸福感を悪化させる。しかし、経済成長と損害率の上昇は、ともに、保険需要を増加させる点で、同じ価格効果を持っている。価格効果から見れば、個人間で利害は対立する。

ところで、ある人のみの損害率の上昇は、事後的には所得格差の拡大を意味する。損害の大きさが人によって異なると、事後的には所得の大きな人と所得の小さな人が存在することになる。したがって、所得格差の拡大と保険需要の増加による移転支出の増加は対応している。経済がより不確実になれば、あるいは、悪い状態の損害がより大きくなれば、助け合い的な所得再分配の必要性も大きくなる。

第3節では、公共財の自発的供給モデルをリスク軽減支出に適用して、助け合い公共財という視点で仲の良い人の数が拡大する際の理論的な分析を行った。助け合い公共財の自発的供給モデルでは、所得効果の符号が重要な役割を果たしている。第3節では公共財が劣等財になるケースと正常財になるケースの両方があることを示し、その場合分けについて分析した。この点は、リスク回避度に関する選好とも関わってくる。

幸福努力が劣等財になり得るという分析結果は、助け合い公共財の自発的供給に関する標準的な分析に新しい、また、興味深い帰結をもたらす。すなわち、経済成長や新しい仲の良い人の参加で実質的に近隣住民の経済力が増大しても、全体としての幸福努力が大きくならないという「劣等財制約」とも呼べる状況が生じる。助け合い公共財が劣等財の状態になると、近隣規模の拡大で実質的な所得が増加しても幸福努力が減少して、悪い確率を軽減させることができなくなる。第3節の分析は、劣等財のケースが例外的な状況ではないことを示している。

第4節では、非常事態を想定して幸福努力を行う二人の仲の良い人を対象として、その経済成長プロセスについて世代重複モデルを用いて分析した。すなわち、この節では正常財である助け合い公共財への支出が経済成長と幸福感に及ぼす長期的な効果を分析した。その際にリスクの発生確率を外生的に所与とした。他方で、リスク要因を明示的に考慮したことで、リスクが発生したときの損害費用とリスクの危険確率の長期的な効果を考察した。こうした手法により、仲の良い近隣内でのリスク管理としての幸福努力が幸福感と経済成長にどう影響しているのかを分析した。

助け合い公共財は各個人の幸福努力を増加させて、それぞれの人に便益をもたらす。幸福努力によるプラスの波及効果を考慮すると、非協力のナッシュ均衡における幸福努力は過小となる。すなわち、各個人は仲の良い近隣に及ぼす幸福努力の波及効果を無視して、自分の広い意味での公共財支出を決める。しかし、経済成長に伴うプラスの所得効果も考慮する必要がある。もし非効率な経済成長経路において、ただ乗りの効果よりも所得効果の方が大きいならば、幸福努力の水準は長期的に過大になり得る。長期的に民間貯蓄が過大であれば、定常状態での所得も過大になる。

また、資本蓄積と幸福努力が同時に増加する可能性も示した。さらに、幸福努力は経済成長とともに増加する。動学的特徴は幸福努力の技術と損害費用に依存している。両人とも同じ程度に幸福努力技術が効率的であれば、どちらも同時に成長することができる。しかし、もし両人の幸福努力技術が同じでなく、波及効果も大きくなければ、不均等な成長もあり得る。この場合、仲の良い個人間で幸福努力のプラスの波及効果を考慮しても、仲の良い関係にある近隣住民全体の経済成長は促進されない。

敵対する人と幸福感

本章では、ここまでリスク対応の問題を仲の良い個人間の政策協調、利害対立という側面から議論してきた。幸福努力のもう一つの重要な側面は、対立する敵対者を明示的に考慮することである。

お互いに相手とゼロ・サムのゲームをする消耗戦のような対立の構図になると、幸福努力も長期的に際限なく増大してくる。助け合い公共財と異なり、対立する関係を考慮すると、拡大競争の形を取りやすいからである。こうした観点からは、軍拡競争の動学的特徴を分析することが参考になる（Ihori 2003, を参照）。

幸福努力競争の長期的な効果については、拡大効果と成長効果という二つの概念を用いることが有益だろう。各個人が幸福努力に関して最適化行動をとっていれば、第4節でも指摘したように、幸福努力と資本蓄積は中長期的に同じ方向に動く可能性が高い。資本蓄積の増加は実質所得を高めて、幸福努力の需要を刺激する。幸福感を高めるには、各個人ともに喜んで幸福努力を拡大するだろう。

しかし、敵対する個人間では、ある人の幸福努力がマイナスの波及効果をもち、他人の経済成長にマイナスに影響する。さらに、もし幸福努力に固定費用がある場合、あるいは、それが非常に効率的で、しかも初期の資本が小さい場合には、拡大効果が歯止めなく拡張することもある。

すなわち、自分が資本を蓄積し、幸福努力の水準も高めれば、敵対する人にはマイナスとなる。敵対する人は幸福努力を増加させざるを得ない。これは当該人の資本蓄積にはマイナスとなる。完全に負の波及効果を相殺できなければ、資本と幸福努力は次第に低下してしまう。負の波及効果が大きいほど、例えばＩＴ技術が格段に進歩するにつれて、幸福努力には人海戦術よりハイテクの重要性が増すようになってきた。これは技術面で固定費用が大きくなってきたことを意味する。この面からも、幸福努力は次第に経済成長の重荷になってきたと考えられる。

テロ対策と幸福努力

最近はインターネット上のウィルス攻撃、偽サイトでの個人情報流出など情報収集、ＩＴ拠点の安全対策なども重要になっている。また、サイバーテロなどの脅威は、経済大国になっても新たなリスク要因である。これまでの幸福努力の議論では、主として個人を想定していたので、こうした脅威への対処を想定していなかった。

本章の第2節から第4節では、リスクが顕在化して悪い事態が生じたときの実質的コストを小さくする個人の幸福努力を想定した。こうした対応は国家や近隣社会全体がテロや新手のリスクに対処する際でも重要である。最後に、国家を想定して、こうした対策の経済的側面について議論しよう。

テロやＩＴリスクなどの緊急事態によって生産や消費が減少する不幸な事態に直面する時に、各人はそれを単に受け入れることはしない。緊急事態に対応する政策手段はいくつかある。アメリカがアフガニスタンやイラクを攻撃したように、リスク要因を除去するのも一つの選択肢である。同時に、地域的な広い意味での緊張を緩和させたり、事後的な損害費用を軽減するために、所得の一部を助け合い公共財（ウィルス対策など）に配分したりすることができる。

不幸な事態の発生を抑制するには、経済環境を改善する援助も有益である。ただし、地震などの自然災害で発生確率を人為的にコントロールするのが困難であるのと同様に、こうした新しいタイプの不幸の発生確率を抑制するのも困難である。予想外の不幸な事態は無限にあり得るので、すべての事態を完全に防御することは不可能である。それよりも、発生したときの経済的コストを最小にする対策が有効である。

自爆テロなどイスラム過激派によるテロ行為とそれを組織として実行しているイスラム宗教のセクトについては、クラブ財のモデル分析も有用である。自爆テロのような過激な行為は、幸福感を最大にする合理的個人の選択結果ではないし、それを支援するイスラム過激セクトは合理的な組織と見なせないというのが、大方の受け止め方であろう。しかし、彼らの議論では、クラブ理論を適用することで、一見非合理に見えるそうしたテロ行為を合理的選択の結果として解釈可能である。

すなわち、イスラム過激派は同時にその地域で社会政策、病院などの医療行為、教育なども行っており、住民から一定の支持を得ている場合が多い。こうした活動は、政府による通常の公共財サービスが不十分な地域で、地方公共財の供給として効率的な手法である。また、その宗派に入ることで初めてそうした公共サービスにアクセスできるという意味で、排除可能性がある公共財＝クラブ財という性格をもつ。公共財供給において重要な問題はただ乗りへの対応である。その宗派に入る際に敷居を高くし、かつ、暴力的な手法も用いて、脱退のコストを高くすることで、ただ乗りへの対応を行うのが過激なイスラム宗派の特徴であり、ただ乗りへの対応という視点では合理的な選択といえる。

　こうしたテロ行為を抑制するには、過激なイスラム宗派が提供しているクラブ財のメリットを小さくすることが有効であり、地域社会による近隣ネットワークの形成、あるいは、市場による効率的で公平な公共財供給を地域住民に対して行うべきである。

　一般的に、不幸な事態に対抗するには、第一にそれが発生する確率を小さくすることと、第二にそれが生じる場合に、その被害から逃れる確率を大きくすることが考えられる。前者の対応は、不幸な事態の脅威を小さくするのに有効であるが、その実現はなかなか困難である。後者の対応には、代替効果がある。すなわち、ある状況に備えて準備をしても、別の状況での不幸な事態の可能性を高めてしまう。

　その際に問題となるのは、不幸な事態を悪い現象と見なすのではなく、経済的、政治的、社会的、文化的、歴史的、そして宗教上の対立を反映していると理解することである。不幸な事態をなるべく排除するとともに、それを生み出す背景にも留意して、経済的、政治的、社会的な緊張関係を緩和するように、近隣との友好的なネットワークを構築する地道な努力が、国家など社会全体でみても、個人レベルでみても、幸福感の向上に重要である。

【参考文献】

Cornes, R. and T. Sandler (1996) *The Theory Externalities, Public Goods, and Club Goods*, 2nd Edition, New York: Cambridge University Press.

Ehrlich, I. and G. Becker (1972) "Market insurance, self-insurance, and self-protection," *Journal of Political Economy*, 80, pp. 623-648.

Helliwell, J. F. and H. Huang (2011) "Comparing the Happiness Effects of Real and On-Line Friends," *NBER Working paper* 18690.

Ihori, T. (2003) "Arms race and economic growth," *Defence and Peace Economics*, 15, pp. 27-38.

Ihori, T. and M. McGuire (2007) "Collective Risk Control And Group Security: The Unexpected Consequences of Differential Risk Aversion," *Journal of Public Economic Theory*, pp. 231-263.

Murdoch, J. C. and T. Sandler (2002) "Economic growth, civil wars, and spatial spillovers," *Journal of Conflict Resolution*, 46, pp. 91-110.

Olson, M. and R. Zeckhauser (1966) "An Economic Theory of Alliances," *Review of Economics and Statistics*, 48, pp. 266-279.

第3章 幸福度指数を考える

太田聰一

経済の豊かさはＧＤＰで表すことができるが、それは必ずしも国民の幸福度を表してはいない。そのため、ＧＤＰに代わる指数としての「幸福度指数」が各国で検討されるようになっている。本章ではそうした取り組みの好例としてブータンが導入した「国民総幸福量統計」(Gross National Happiness) の作成方法をわかりやすく紹介するとともに、指数を利用する際の留意点を解説する。

1 幸福度指数とは

人々の生活において経済的側面がきわめて大きなウェイトを占めるのは言うまでもない。経済的な豊かさが非常に低い状態では、衣食住といった基本的な人々の生活レベルが低い状態に置かれてしまう。そのため、各国政府は自国の経済発展に力を注ぎ、自国民の購買力を高めようと腐心してきた。その際に重要な指標となるのは、一国の付加価値を集計したＧＤＰ (Gross Domestic Product) であり、国民の生活水準は国民一人当たりのＧＤＰで測定されてきた。もちろん、一国の経済成長率はＧＤＰの成長率として把握される。それ以外にも、ＧＤＰの動向は一国の経済状況の変化を端的に代表するので、その変化を注視しながら財政・金融政策が発動される。この

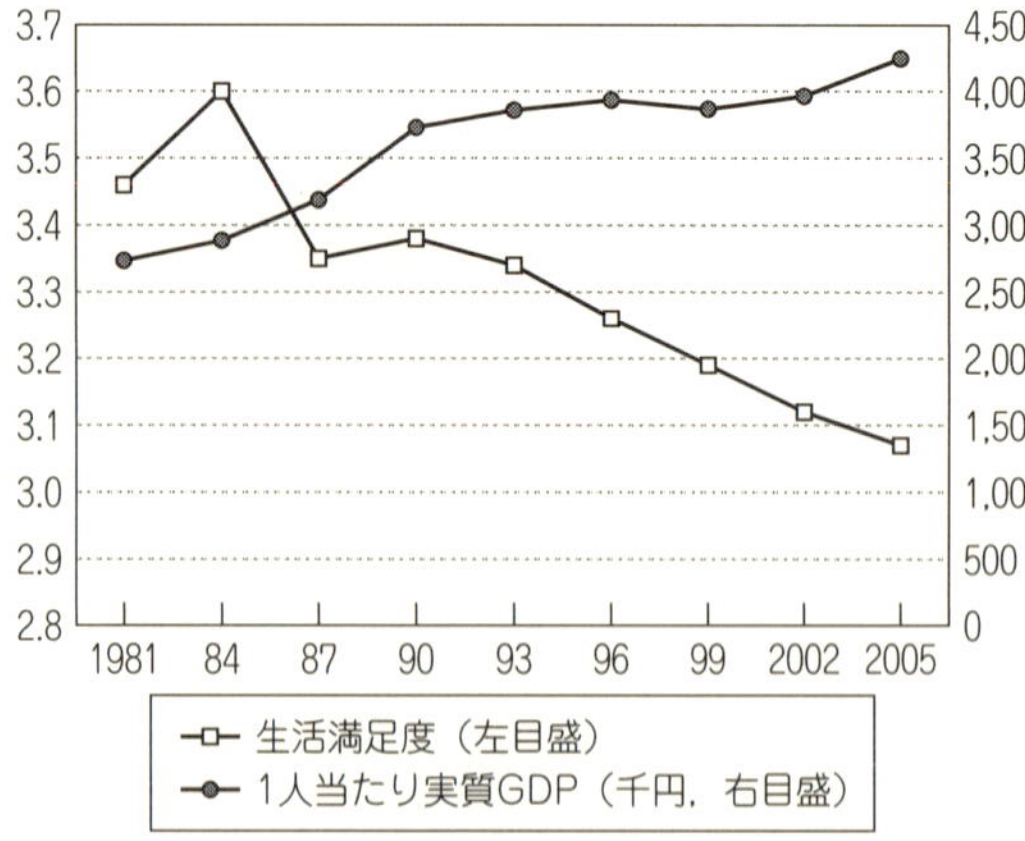

図３－１　１人当たり実質 GDP と生活満足度の関係

注：「生活満足度」は「あなたは生活全般に満足していますか。それとも不満ですか。（○は一つ）」と尋ね，「満足している」から「不満である」までの５段階の回答に，「満足している」＝５から「不満である」＝１までの得点を与え，各項目ごとに回答者数で加重した平均得点を求め，満足度を指標化したもの。

出所：平成20年版『国民生活白書』（第１－３－１図）。元データは内閣府『国民生活選好度調査』，『国民経済計算確報』，総務省『人口推計』。

ように、現代社会におけるＧＤＰ概念の重要性は明らかである。

その一方で、とくに経済発展を終えた先進諸国の人々の間で、「本当にＧＤＰの上昇は国民の幸福を高めるのか」という問題が強く意識されるようになってきた。一国の厚生水準を高める際に「ＧＤＰに注目するだけでは不十分」との主張は正しい。人々の幸福は、所得や消費水準といった金銭面だけではなく、健康、働きがい、家族との関係、地域との結びつきなど、様々な要因によって左右される。しかも、ある程度豊かになれば、物質的な豊かさよりも、他者に比べてどのくらい恵まれているかという比較によっても人々の幸福感は左右される。そうした要因が複雑に絡み合うために、ある国の人々が感じる幸福度は、その国の所得水準と必ずしも密接に連動しなくなる。図３－１には、一九八〇年代以降の日本における生活満足度の指標の動きと一人当たり実質ＧＤＰの関連が示されているが、たしかに実質ＧＤＰは上昇基調にあったにもかかわらず、生活満足度の指標は低下傾向を示している。(1) また、各国間の比較でも、豊かな国になれば、生活水準と満足度との関連性は弱くなることが知られている。

グローバル化や金融技術の発展によって経済運営が以前に比べて難しくなっているだけでなく、経済活動が環境に及ぼす負荷が懸念されている昨今、こうした指標に各国の政策当局者の関心が集まるのは当然だろう。研究者も「幸福」の分析に積極的に取り組むようになっている。例えば、経済学の領域においては「幸福の経済学」が注目されており、専門学術誌（*Journal of Happiness Studies*）が出版されるまでに至っている。日本でも、大竹・白石・筒井編（二〇一〇）などの幸福度に焦点を絞ったモノグラフが刊行されており、専門的な研究業績が急速に蓄積されつつある。

このような中で、多くの国、研究機関、地方自治体などにおいて一国の幸福度を表す指標を開発する動きが強まっている。その種類はきわめて多く、それぞれが独自の方法を用いていることから、本章で細かく解説することはしない。(2) むしろ本章では、ブータンによって導入された「国民総幸福量統計」（Gross National Happiness）の作成方法を説明し、その特徴を検討することを通じて幸福度指数を作成する際の論点と、社会にとって指数を作成する意味を考えたい。GNH以外の指標についても適宜言及する。

2 ブータンのGNH指数

指数の構成要素

二〇一二年八月六日、米連邦準備制度理事会（FRB）のバーナンキ議長がマサチューセッツ州の会合にビデオ出演し、経済の「豊かさ」を測るためのGDPに代わる新たな指標を模索する必要があると発言して、その際にブータンが導入した「国民総幸福量統計」（Gross National Happiness）に言及した。この節では、ブータンで作成されたGNH指数について、その作成方法を説明する。

「世界一幸福な国」とも呼ばれるブータンは、ヒマラヤ山脈の東側に位置する人口七〇・八万人の小国で、一人当たりGDPは二〇〇〇ドル台と高くないものの、国民の多くは経済的に安定した生活を営んでいる。一九七二年、高度成長を目指す多くの国々の中で、ブータンでは先代国王が「重要なのは国民総生産ではなく、国民総幸福量の増大だ」という独自の立場を提示した。チベット仏教の教えの影響が強いこともあって、国民の多くは経済的な満足の増大よりも、心の平安を大切にしているとされる。

実際にブータンにおいてGNHを導入する動きが活発化したのは二〇〇〇年代半ば以降で、完全な導入をみたのは二〇一〇年調査の時点である。GNHを構成するのは、「心理的幸福感」、「健康」、「時間の使い方」、「教育」、「文化の多様性と復元力（resilience）」、「良い統治」、「コミュニティーの活力」、「生態学的多様性と復元力（resilience）」、「生活水準」の九つの領域（domain）で、それを具体的に表現するのは合計三三の指標（indicators）である。そして、これらを測定するために、七〇〇〇人強の国民に対するアンケート調査を実施し、それをもとに最終的にはGNHの統合指数を算出する。二〇一〇年の調査結果によれば、「著しく幸福な人」、「広範囲に幸福な人」、「狭い範囲で幸福な人」、「幸福ではない人」の構成比はそれぞれ八・三％、三二・六％、四八・七％、一〇・四％となり、統合指数は〇・七四三と計算された。そして、ブータン政府は、どのような人々（地域、性別、年齢、職業など）が、どの領域で幸福感が不足しているかを把握し、その改善に努めようとしている。

以下では、ブータンが実際にどのように国民の幸福度を測定しているのかについて説明していきたい。GNH作成のキーポイントは、様々な幸福の要素を統合してひとつの意味のある指数にまとめあげる点にある。GDP（あるいはGNP）のように付加価値という客観的かつ単一の内容を表す指標であれば、各主体の数値を合計し、その合計値を求めればよい。しかし、物質的豊かさのみならず、政治的な自由や心の平安といった数多くの指標を統合して一つの指数を作成するためには、それらをどのように結び付けるかについての仮定を必要とする。しかも作成した指数は、その意味内容が分かりやすいものでなければ、一般の人々が理解することが困難となる。ブータンのGNH指数は、数値化しにくい

「幸福量」を測定した先駆的な取り組みであり、その測定方法を理解することは、今後より優れた幸福度の測定方法を考案する際にも不可欠である。以下の記述については、ブータン研究所（The Centre for Bhutan Studies）発行の公式解説論文であるUra et al.（2012a, b）を参照した。

指数の計算

先に述べたように、GNH指数を構成するのは九つの領域であるが、それぞれについて二〜四つの指標があり、計三三の指標がGNH指数作成において中心的な役割を果たす。もう少し具体的に把握するために「心理的幸福感」（psychological wellbeing）という領域を取り上げる。この領域を構成するのは、「生活満足度」、「正の感情」、「負の感情」、「高い精神性」の四つの指標となっている。四つの指標のそれぞれに対して、調査における複数の質問項目が対応している。例えば「生活満足度」については、「健康」、「仕事」、「家族」、「生活水準」、「ワークライフバランス」の五つの質問項目が用意されている。こうした具体的な質問項目を変数（variables）と呼ぶことにすると、GNHでは、九個の領域の下に三三個の指標があり、さらにそれらが計一二四個の変数から構成されることになる。

さて、調査では「健康」、「仕事」、「家族」、「生活水準」、「ワークライフバランス」のそれぞれの項目について、「全く満足していない」から「非常に満足している」までの五段階で自らの状況を回答者に評価してもらっている。そのデータを使って、「全く満足していない」を1点として「非常に満足している」を5点とする点数化を行う。個々人に関して五つの項目の点数を合計すると、最低5点から最高25点の間に収まる。これが「生活満足度」指標のスコアとなる。こうしたスコア化を三三のすべての指標に対して行っていく。

次に行うのは、こうして得られた各指標のスコアが満足すべき水準にあるかどうかの判定である。その際には、各指標に対して特定の閾値（threshold）を設定し、ある人のスコアがその値を超えるとその人はその指標について「充足している」と判断する。例えば、「生活満足度」指標では一九という閾値が設定されている。

この段階でいくつかの特徴を指摘しておきたい。第一に、ブータンが採用している三三の指標には、ブータン固有の文化や宗教などが色濃く投影されている。例えば「高い精神性」という指標では、祈りや瞑想のレベルについての自己評価に基づいた数値化がなされているが、これはブータンが仏教国であることによる。第二に、どの程度の閾値を設定するかについても、ブータンの発展段階と密接に関連している。例えば「教育」領域での「学歴」の指標では、フォーマルか否かを問わず六年間の教育を受けたかどうかを充足しているかどうかを判断する閾値とみなしている。これは、ブータンで学校教育が広がったのが比較的最近であるという事情による。結局、誰が充足しているかを判定する際に恣意性を排除することは不可能であり、ブータンの指数作成者はそのことを理解していることから、

図3-2　GNH作成手順を示すための具体例

	指標1	指標2	指標3	指標4	指標5	指標6	指標7	指標8	指標9	充足指標数	判　定
A氏(男性)	0	0	1	0	1	1	0	0	0	3	幸福ではない人
B氏(男性)	1	0	0	1	0	1	1	0	0	4	幸福ではない人
C氏(男性)	1	0	1	0	1	1	0	1	0	5	幸福ではない人
D氏(男性)	0	1	1	1	1	1	1	1	1	8	幸福な人
E氏(女性)	1	1	0	1	0	0	1	0	1	5	幸福ではない人
F氏(女性)	1	1	0	1	1	0	1	1	0	6	幸福な人
G氏(女性)	1	1	1	0	1	0	1	1	1	7	幸福な人

注：幸福カットオフ＝66.6％のケース（充足指標数6以上が「幸福な人」）。

閾値の決定に際しては国際的な基準や自国の実情、そして自国民へのインタビューなどを総合的に参考にしている。

三三の項目について閾値の設定が終われば、それに個人のデータを当てはめて、その人がどの指標で充足しているか、充足していないのかという個人プロファイルを作成する。GNH指数作成の具体例として、七人で構成されていて指標数が9である「ミニ社会」を考えてみたい。七人の個人プロファイル行列が図3-2のように与えられたとしよう。ここで行は個人、列は指標を示している。行列の要素には0と1の数字が入っているが、これは0が「充足していない」、1が「充足している」を意味している。この行列を見ると、誰がどの指標で充足していないかが一目でわかる。また、充足している数の多い人と少ない人がいることもはっきりする。行列の右端に充足している指標数を計算しておいた。最も充足数が大きいのがD氏の8で、小さいのがA氏の3となっている。

ここで、「幸福カットオフ」というもうひとつの閾値を導入する。かりにこの閾値が、六六・六％に設定されていたとしよう。この場合、ある人が九つの指標のうちの六六・六％以上、つまり六つ以上の指標で充足していれば、この人は「幸福な人」であると判定する。図3-2に当てはめれば、D、F、G氏が「幸福な人」、A、B、C、E氏が「幸福ではない人」ということになる。

最後のステップとして、GNH指数を次のように定義する。

$$GNH=1-H_nA_n \quad \cdots(1)$$

ここでH_nは全体に占める「幸福ではない人」の比率、A_nは「幸福ではない人」にとっての、全指標のうちで充足されてない指標の比率（平均値）である。ポイントは、GNHを単純に「幸福な人」の割合（$H_h=1-H_n$）としない点にある。A_nが導入されているのは、仮に幸福でないと判定された人々の数が変わらなくても、そうした人々の充足されていない程度が低下すれば、それは国民の幸福度の向上につながるという判断があるためである。この指数は、貧困研究における多次元貧困指数（multidimensional poverty index）のうちのアルカイア－フォスター（Alkire-Foster）指数に基づいており、いくつかの望ましい指数としての性質をもつことが知られている。(3)

さて、(1)式を次のように変形しよう。A_sを「幸福ではない人」が全指標のうちで充足されている指標の比率（$A_s=1-A_n$）とすると、

$$GNH=1-H_nA_n=(H_h+H_n)-H_n(1-A_s)$$
$$=H_h+H_nA_s \qquad \cdots(2)$$

すなわち、GNH指標は(1)「幸福な人」の割合と、(2)「幸福ではない人」の割合とそのような人々が全指標のうちで充足している割合を掛け合わせたもの、の二つを合計したものに他ならない。

図3‐2の数値例を使えば次のようになる。「幸福な人」は、七人中D、F、G氏の三人なので、H_hは3/7=0.43である。A_sについては「幸福ではない人」のA、B、C、E氏の総指標数4×9=36のうちで充足されている3+4+5+5=17の占める割合であり、A_sは17/36=0.47となる。よって、GNH=0.43+0.57×0.47=0.70と計算される。結局、図3‐2の社会ではGNHは〇・七である。

この計算例では、九つの指標はそれぞれ同じ重み（weight）をもつように計算していたが、これはあくまで簡単化のためである。実際のGNHの計算では、同じ重みが付与されているわけではない。原則として、客観性の強い指標には重いウェイトが、主観性の強い指標には軽いウェイトが使われている。ただし、九つの各領域については、同等のウェイトが用いられている。それは、どの領域が重要であるかについて先験的に決めることはできないという判断に基づく。

なお、実際のGNH計算では、「幸福カットオフ」は六六％に設定されている。また、五〇％および七七％にも追加的なカットオフが設けられていて、五〇％未満の人を「幸福でない人」（unhappy）、五五～六六％の人を「狭い範囲で幸福な人」（narrowly happy）、六六～七七％の人を「広範囲に幸福な人」（extensively happy）、そして、七七％以上の人を「著しく幸福な人」（deeply happy）と定義している。その比率については前述した通りである。

政策への活用

GNHという単一の指数が計測されてから間がないために、GNHの変化の分析や、それに対応するための政策立案などは未だ行われてはいないようである。むしろ、Ura et al.（2012a, b）は、二〇一〇年のデータに基づいて、(1)ブータン国民の幸福はどの項目で充足されており、どの項目で不十分であるのか、(2)どのような人々の幸福度が低くなっているのか、(3)それはどのような理由によるのか、といった点を明らかにすることで、政策的な課題を浮かび上がらせようとしている。

図3‐2を例にとれば、行列を縦に見ることで、各指標がどの程度充足されているかがわかる。指標1では、充足されている人（すなわち1である人）が七人中五人であり、充足

率は七一・四%となる。その一方で、指標9では充足されている人が七人中三人に過ぎず、充足率は四二・九%と低い。よって、ひとつの考え方は指標1よりも指標9について重点的な対策を行うということであろう。ブータンでは、「価値」、「安全」、「母国語による会話」といった指標で充足率が一〇〇%に近い半面、「学校」、「文化への参加」、「知識」などの指標で低い値を示している。

　図3-2の例では、人々の性差も示しているので、これを用いれば男女別にGNHを計算することができる。計算の結果だけ示すと、男性が〇・五八、女性は〇・八五となって、女性の方がかなり高くなった（読者自ら確認していただきたい）[4]。さらに、男女別に充足率を計測して、性差によってどの項目が満たされやすいか、あるいは満たされにくいかを容易に調べることができる。指標2では、男性で充足されているのは四人に一人（二五%）に過ぎないが、女性は三人全員が充足されている（一〇〇%）。逆に指標6では男性全員が充足されており、女性全員が充足されていない。全九項目で比較を行うと、六項目で女性の方が男性よりも充足率が高くなっており、そのことが女性の高いGNHに寄与していることが分かる。しかしながら、現実のブータン国では男性のGNHは〇・七八三であるのに対して女性のGNHは〇・七〇四と女性の方が低くなっている。これは男性の方が「教育」、「コミュニティーの活力」、「心理的な幸福度」などで女性よりも充足しているためである。こうした分析を年齢階層別、地域別、職業別に行うことで、幸福度を引き上げるための施策を立案する際の参考になる情報を得ることができる。

3　考　察

何をどのように測定するか

　厳密に考えれば、あらゆる世間の事象が人々の幸福に関連している。また、各人が何に幸福を感じるかはかなりの差がある。だからといって、考慮する指標数を大きくしすぎるとその測定だけでも膨大な時間やコストがかかる。したがって、ある程度の「絞り込み」が不可欠となる。その一方で、大きくとらえた場合に外すことのできない要素もある。Stiglitz, Sen and Fitoussi (2009)[5] では、(1)物質的な生活水準（収入、消費、資産）、(2)健康、(3)教育、(4)労働を含めた個人の活動、(5)政治的発言権やガバナンス、(6)社会的な結びつきや関係、(7)環境（現在と将来の状況）、(8)経済的あるいは身体的なリスクの度合い、を原則的に考慮する必要があるとしている。ブータンで用いられている「領域」とその下の「指標」も、これらとほぼ一致している。

　ただし、前節で述べたように具体的な変数については、ブータンの文化的・社会的背景に強く依存している。これはブータンに限らず、他の国においても上記のような基礎的な領域を取り入れつつも、国民が重要であると考える項目については、積極的に採用する姿勢が望まれる。そうした取捨選択の余地があるので、国や機関によって用いる指標数はかなり異なる。三〇程度に厳選する国（例えばタイ）がある一方、五〇〇近くに及ぶ国（韓国）もあるとされる（内閣府 二〇一一）。

　導入するかどうかで議論が分かれる変数として、心理的（主観的）幸福感を挙げることができる。心理的幸福感とは、「あなたはどの程度幸福ですか」という質問に対して、五〜一〇段階程度で自分の幸福感の程度を回答してもらい、それを指標化するもので、ブータンのＧＮＨにおける「生活満足度」も類似の指標と言える。この指標は、幸福度という概念そのものが主観的な判断を含むということからすれば導入して当然とされる。また場合によっては非常に重視される傾向がある。実際、幸福度についての研究では、アンケート調査から得られる心理的幸福感の規定要因を分析するものが多い。そうした研究から得られた知見のいくつかを、浦川（二〇一二）、内閣府（二〇一一）等に従って簡潔にまとめておく。

(1)男性よりも女性の方が、幸福感は高い。

(2)年齢については、米国では若年層と高齢層で幸福感が高いが、日本では高齢者の幸福感は最も低い。

(3)健康な人の幸福感は高い。また運動、喫煙、睡眠、食生活も幸福感に影響を及ぼす。

(4)所得水準は幸福感にプラスの影響をもたらす。それと同時に、自分と類似した属性をもつ集団と比較して自分の所得が高い場合には、生活満足度が高くなる。

(5)家族との結びつきは幸福感の重要なファクターであり、既婚者の幸福感は未婚者よりも高い。

(6)地域での住民同士のつながりは幸福感にプラスの、地域における所得格差はマイナスの影響を及ぼす。

(7)壮年期の失業は幸福感を低下させる。

(8)正社員、大企業勤務、管理職、公務員といった人々の幸福感は高い。

　また、Blanchflower and Oswald (2011) は、幸福感の国際比較研究をレビューし、幸福感の高いのは(1)不平等度が小さい国、(2)ソーシャル・キャピタルのレベルが高く強い友人間のネットワークが存在する国、(3)失業率とインフレ率が低い国、(4)民主主義の度合いや民主主義的な参加の程度が高い国、(5)信頼関係の強い国、(6)福祉国家、(7)公害問題が少ない国、であるとまとめている。このように、心理的幸福感は主観的な指標だからといって軽視すべきものではない。むしろ、人々の幸福度を規定する要因を抽出する際に重要なリトマス試験紙の役割を果たしていると言える。

　しかし、ＧＤＰの代わりにこの指標だけに注目していればよいかというと、必ずしもそうとは言いきれない。主観的幸福感は、「社会の雰囲気」に左右されやすく、また質問に対する国民の理解の仕方が、言語的・文化的な影響を受けてしまう可能性もある。しかも、人間は環境への適応能力が強いために、少々の逆境に直面しても、それに慣れる傾向がある。そうした「順応」の結果、外部から見れば幸福度が低いと思われる人々の幸福感が、恵まれているように見える人々のそれを上回ることがある。しかし、順応のために「貧しくとも幸せ」だと測定された人々に対して、政策的な支援をしなくてもよいかどうかは議論が分かれるだろう。

また、心理的幸福感は、人々がどの程度自らの状況を客観視しているかに左右される。例として、日本における若者の生活満足感を取り上げたい。内閣府『国民生活に関する世論調査』(平成二三年度)によれば、二十代の若者の七三・五％が現在の生活に「満足している」あるいは「まあ満足している」と回答している(三十代は六九・四％、四十代は五九・〇％)。この比率は、例えばバブル期に比べても高い。これだけ若者の就職が厳しいのにも本人達の満足感が高いのであれば、若年雇用対策は必要ないのではないかという意見が出てもおかしくないが、実際には多くの若者は無業やフリーターを続けた場合に自分の将来に生じる困難さを十分に理解してはいない。したがって、若年雇用対策を実施すべきかどうかは本人たちの心理的幸福感だけでなく、若年失業率やニートの比率などの客観指標も使った多くの面からの判断が必要となる。したがって、筆者は指標に心理的幸福感を導入することには賛成であるが、過度に重視することには慎重であるべきだと考えている。

ブータンでは、国民に対する調査によってすべての変数を構築しているが、そこには限界もある。例えば環境についての質問では、「あなたのコミュニティーでは、河川の汚染が問題になっていますか」といったように、人々が身近に観察することのできることに絞られているために、一国全体での二酸化炭素排出量や資源再生性といった、一般の人々が身近に観察しにくい要素は考慮されていない。先進国では統計面の整備が進んでいるので、こうした指標を何らかの形で用いるのは現実的な選択と言えよう。しかし、こうしたマクロの指標を幸福度指数に取り入れることにすれば、ブータンのような形での指数の測定は困難になる。というのも、ブータンではあくまで個々人が各項目で充足しているかどうかという情報をもとにしてGNHを算出しているので、基本的にマクロの指標を用いる余地がないからである。

集計問題

幸福度で何を考慮するかを決めた後には、それをどのように集計し、発表するかが大きな問題になる。一つの方法は、ブータンのように単一の指数(ブータンの場合はGNH)を計算し、それを発表することである。ブータンの場合のように、個人別のデータを直接使わなくても、集計化は不可能ではない。例えば、国連による人間開発指数(Human Development Index, HDI)では、一人当たり国民所得、平均教育年数、出生時点における平均寿命をそれぞれ0から1までの数値に標準化して、その幾何平均をとって指数を算出している。(6)

こうした方向のメリットは、社会に対して強いメッセージになりうるということであろう。とくに、指数が悪化したときには、人々はその要因の詳細を知りたいと思うので、悪化した問題に対して効果的な政策を実施することを促すであろう。その一方で、デメリットも発生する。第一に、異なる性質をもつ指標をウェイト付けしなければならず、その点での国民の納得性を確保できなければ、指数そのものの信頼性が確保できないということがある。第二に、指数が好転したときには、悪化した指標に対する関心が薄れてしまう可能性が否定できない。第三に、そもそも持続可能性（sustainability）のように、集計化には基本的になじまない指標もある。

　第三の点については、少し説明が必要であろう。しばしば幸福度の測定においては、持続可能性を取り入れることが推奨される。それは、ある時点の国民の幸福度の水準自体も大切であるが、それがどの程度維持可能であるかという点も考慮すべきだという考え方に基づく。言いかえれば、現時点で著しく豊かな社会を形成して人々の（瞬時的な）幸福度が高くなっても、それが五年後に環境悪化をもたらして大きく幸福度を損ねることが明らかな場合には、それは今の段階でも真に幸福度が高いことにはならない、ということである。その場合、Stiglitz, Sen and Fitoussi（2009）の「車のダッシュボードで、速度計と燃料の残量計が集計された数値が示されても何の役にも立たない。必要なのは、ダッシュボードに分かりやすい形で別々に示されることである」という比喩が当てはまる。

　しかし、適切な指数化は、多くの指標の平均的な動向を観察する「ダッシュボード・アプローチ」がもたない利点もある。とくに、ブータンが活用しているアルカイア－フォスター指標では、充足されない指標が各人でどれだけ重複しているかによって、その個人の幸福度を測定していた。こうしたことは、各指標について充足されていない比率に注意を払うような「ダッシュボード・アプローチ」では難しい。すなわち、アルカイア－フォスター指標は、指標の充足度の分布についての情報を抽出しているので、「数多くの指標で充足されていない人」を適切に把握できるという大きな利点をもっている。

　このように集計については様々な考慮すべき論点があることから、幸福度の指標を作成している国や機関も、それを一つの指数にまとめるかどうかの対応はまちまちとなっている。

国際比較

　幸福度の国際比較が試みられることがある。先に触れたＨＤＩも、幸福度そのものではないものの、国民所得統計だけでなく人間開発の指標を用いて各国の福利厚生を把握するための取り組みと言える。より直接的に幸福度に連関した国際比較可能な指標を提供しているのがＯＥＣＤであり、それは「より良い暮らし指標」（Your Better Life Index）としてホームページで公開されている。[7] 指標は、暮らしの一一の分野（住宅、収入、雇用、共同体、教育、環境、市民の政治参加、健康、生活の満足度、安全、ワークライフバランス）について三六カ国間で比較することができるようになっている。各分野についての各国の得点は、それぞれの分野を構成する数個の変数の合計点である（作り方は先に述べたＨＤＩと類似している）。変数は、ＯＥＣＤ諸国で入手可能で、その分野を代表すると考えられるものが厳選されている。[8]

　国際比較を行うことには、大きな意味がある。その最大のものは、国際的な視野で自国の各指標の位置づけを理解することは、自国の幸福度を改善するきっかけになる、ということであろう。例えば、以前から長時間労働が常態化して余暇が少なくなっている国では、それを「当然のこと」と受け止める傾向が強くなる。しかし、国際比較において、他国の余暇時間を知ることで、自国の労働時間の状況を反省する契機になる。

この指標では、一一の分野それぞれにおいてランキングが公表されている。日本は、「住宅」で二五位、「収入」で六位、「雇用」で一五位、「共同体」で二二位、「教育」で二位、「環境」で二二位、「市民の政治参加」で二二位、「健康」で二九位、「生活の満足度」で二七位、「安全」で一位、「ワークライフバランス」で三五位となっている。「教育」と「安全」では国際的に見て優れているが、とくに「生活の満足度」、「健康」、「ワークライフバランス」で低い順位となっている。長寿国であるはずの日本で、「健康」の順位が低い点に違和感があるが、これは指標の中に、「あなたはどのくらい健康ですか」という主観的な質問事項が含まれており、それに対する回答として、日本人は自分の健康評価が低いことが挙げられる。

「より良い暮らし指標」の顕著な特徴は、その専用ホームページ上で、アクセスしている人々が自分なりのウェイトを分野に対して付すことで、全体的な順位を計測することができる点にある。例えば、「安全」を評価する人は、画面上でその分野のウェイトを高める操作をすれば、日本の順位が高く表示される仕組みである。人によってどの分野を重視するかが異なる以上、お仕着せのウェイトで集計して国ごとのランキングを提示するよりも、ウェイトを人々自身の選択に委ねることで「自分にとってのランキング」を作成してもらう方がよい、という判断に基づいている。

4　幸福度の「可視化」を

日本でも幸福度を測定することへの関心が高まっている。内閣府のもとに「幸福度に関する研究会」が発足し、二〇一一年末にはその報告書が出てきている。そこでは、日本において幸福度を測定するときにどのような指標を用いるべきか、詳しい検討と提案がなされている。具体的には、「あなたはどの程度幸福ですか」という質問に対する回答から得られる「心理的幸福度」（主観的幸福感）を中心に据えながら、経済社会状況、健康、関連性（家族、地域、自然とのつながり）、持続可能性についての一三〇を超える指標を総合的に見て判定することを提案している。

報告書では、指標の選択に大きなウェイトが置かれているが、それを実際に政策に生かすためには、それぞれについての目標値を設定していく作業が必要となろう。ブータンでは、「充足閾値」と「幸福カットオフ」という二つの閾値を導入しているが、それは政府がその水準を下回る状態を「問題」と認識し、対応にコミットすることを意味している。

最近では、東京都荒川区や愛知県長久手町などが独自の幸福度の構築を目指しており、その動向が注目されている。地域によって幸福度の様相が大きく異なるという、これまでの研究を踏まえれば、住民の生活に密着した行政を行う地方自治体が独自の指標を開発するのは理にかなっていると言えよう。

筆者は、幸福度指標を作成する最も重要な意味は、幸福を規定する要因とそれを表す指標を「可視化」して、注意を払い続けることではないかと考えている。そして本来、「何をもって幸福とするか」は、国民自身が感じ、選択していくべきものである。逆に言えば、国民や地域の人々の実感から大きく離れた「幸福度指標」には意味がない。日本に住む人々にとっての幸福とは何か、そして幸福度指数はどうあるべきかについての国民各層を巻き込んだ幅広い議論を通じてこそ、有用な指数が開発できるようになると考える。

【注】

(1) 「イースタリンの逆説」(Easterlin Paradox) とも呼ばれる現象である。前記の要因に加えて、人々が豊かさに慣れることで関係性が崩れることや、人々は豊かさが実現するとともにより高い要求水準を掲げるようになってそれが満たされずに満足度が低下すること、上限をもつ満足度指数と上限をもたない一人当たりGDPとの比較になっていることによる影響なども指摘されており、議論は続いている (Boarini, Johansson and Mira d'Ercole 2006)。

(2) 世界における指数開発の動向については、内閣府 (二〇一一) や荒川区自治総合研究所 (二〇一一) が参考になる。

(3) 指標の持つ特徴の詳細については、Alkire and Foster (2011) を参照されたい。

(4) GNH作成で用いられているアルカイア-フォスター指数には、サブグループに関する分解可能性という望ましい性質をもつ。例えば、男性、女性および男女合計で別々にGNHを計測した際に、相互の関係が非常に複雑であれば、それぞれのサブグループの指数の解釈で問題が生じる。その点、アルカイア-フォスター指数は、サブグループの指数をグループの人数によって加重平均すれば、全体の指数になるという望ましい性質をもつ。図3-2の例で示すならば、男性のGNHが〇・五八、女性は〇・八五で、男性の人数が四人、女性の人数が三人なので、人数で男女のGNHを加重平均すれば、$(4/7)\times0.58+(3/7)\times0.85=0.70$となる。これはまさに先に求めた男女計のGNHと一致している。

(5) フランスのサルコジ大統領によって二〇〇八年に作られた委員会の報告書であり、社会の幸福度を測定する際の論点が広範に論じられている。簡潔な紹介論文として、小野 (二〇一〇) が有用である。

(6) 二〇一二年段階でのHDIの各国ランキングでは、一位がノルウェー、二位がオーストラリア、三位がアメリカ合衆国となり、日本は一八六カ国中一〇位であった。

(7) アドレスは、www.oecdbetterlifeindex.org/

(8) 例えば「雇用」では、就業率、雇用保障 (job security)、長期失業率、個人所得の四つが選ばれている。

【参考文献】

荒川区自治総合研究所 (二〇一一)「荒川区民総幸福度 (GAH) に関する研究プロジェクト中間報告書」。

浦川邦夫 (二〇一一)「幸福度研究の現状――将来不安への処方箋」『日本労働研究雑誌』第六一二号、四～一五頁。

大竹文雄・白石小百合・筒井義郎編 (二〇一〇)『日本の幸福度――格差・労働・家族』日本評論社。

小野伸一 (二〇一〇)「幸福度の測定をめぐる国際的な動向について――新たな指標策定の試み」『調査と研究』第三〇〇号、一七八～

一九五一頁。
内閣府（二〇一一）『幸福度に関する研究会報告——幸福度指標試案』。
Alkire, S. and J. Foster (2011) "Counting and Multidimensional Poverty Measurement," *Journal of Public Economics*, 95, vol. 95, issue 7-8, pp.476-487.
Blanchflower, D.G. and A.J. Oswald (2011) "International Happiness" NBER Working Paper Series, No.16668, National Bureau of Economic Research.
Boarini, R., A.Johansson and M.Mira d'Ercole (2006) "Alternative Measurement of Well-Being," OECD Economics Department Working Papers, No.476, OECD Publishing.
Stiglitz J. E., A. Sen and J. Fitoussi (2009) "Report by the Commission on the Measurement of Economic Performance and Social Progress," Commission on the Measurement of Economic Performance and Social Progress, Paris. <http: //www.stiglitz-sen-fitoussi.fr>
Ura, K., S.Alkire, T.Zangmo and K.Wangdi (2012a) "A Short Guide to Gross National Happiness Index," The Centre for Bhutan Studies. <http://www.bhutanstudies.org.bt/>
Ura, K., S.Alkire, T.Zangmo and K.Wangdi (2012b) "An Extensive Analysis of GNH Index," The Centre for Bhutan Studies. <http://www.bhutanstudies.org.bt/>

第4章 幸福感形成の要因分析

八木　匡

幸福感は様々な要素によって形成され、主にどの要素によって幸福感が形成されているかは個人間で異なっていると考えられる。本章では、主観的幸福感を形成している要素を分解し、幸福要素別に個人間の幸福度比較を行うことによって、幸福感のどの要素と経済・社会的環境要因が関連しているのかを明らかにし、政策的な提言に結びつける。

1 幸福感の評価方法

二〇〇八年のリーマンショク後、世界経済は深刻な落ち込みを経験し、経済的繁栄を政策目標の中心に置くことの歪みが顕在化し、GDPで測られる経済的指標を超える幸福指標が提唱されて幸福感分析が急速に進められることとなった。この文脈の中で、「イースタリン逆説」と呼ばれる、GDPの増大が国民の平均的幸福感を必ずしも高めないという研究結果に対して、強い関心が注がれることとなった（Easterlin 2001, 参照）。イースタリンの研究および Frey and Stutzer（2002）に代表されるその後に続く幸福感に関する研究において、測定する個人の幸福感のレベルは、「現在、あなたはどの程度幸福だと感じておりますか」といった質問に対する回答によって把握されている。

上述の質問のように、主観的な幸福感を調査する場合には、数多くの検討すべき問題が存在している。一つには、幸福を語るときに、客観的に他人の幸福度を評価することが可能か否かは重要な問題となる。そもそもどのような条件が揃っていれば幸福と感じるかは、人によって異なるであろうし、どのような理由で幸福感を感じるかも人によって異なると考えられる（Wilkinson 2007）。また、バウマン（二〇〇九）で主張しているように、幸福を追求するがゆえに幸福でなくなる構造も存在する。その典型的な例は、経済的に豊かな生活を求めることにより、豊かでないことを不幸に感じることであろう。そして、豊かな生活を達成した後も、より豊かな者と比較することにより幸福度を下げることになる。このような例を考えると、主観的な幸福感を個人間で比較することの意味を明確にすることが必要であることが理解できる。さらに、主観的な幸福感とは別の幸福感評価の方法があり得るのかを考える必要がある。

主観的な幸福感の程度がＧＤＰ水準とは独立であることを述べたイースタリン逆説（Easterlin 2001）は、Veenhoven（1989）等が主張する幸福感は相対的なものであるという仮説と整合的であるものの、相対仮説のみがイースタリン逆説を説明するものであるとは言えない。その例として、猛烈サラリーマンが何らかの理由で仕事を失ったときの複雑な心境を挙げることができる。突然なすべきことを失った猛烈サラリーマンにとっても選択肢はいくつかあると考えられる。一つの選択肢は、敗北感に打ち拉がれながら真昼の公園のベンチで自らの不幸を嘆くことであろう。しかしながら、別の選択肢を採用する者もいよう。別の選択肢は、今までとは異なる視点で景色を見ることであろう。豊かさと幸福を得るために犠牲にしてきたものに気づくこともあろうし、猛烈に働いていた時には気づかなかったことに気づくこともあろう。競争意識の上での人間関係と競争意識が無くなった時の人間関係は、別の感情をもたらすことが予想される。このように、一人の個人にとっても、幸福の源泉は状況依存的であったり、異時点間で非整合的であったりする可能性がある。

幸福感の源泉として、「豊かさ」が考えられるが、「アイデンティ」および「自尊心」の発露は、それ以上の重要性を持つと考えられる。その例として、働くことの喜びがどこから湧いてくるのかを考えることができよう。働くことによって得ることが出来る報酬が幸福感を高めることはもちろんであるが、「自分の労働が人のためになっており、喜ばれている」という感覚は労働意欲を高めることになる。さらに、労働の成果を社会的に評価してもらうことにより、自己の社会における存在意義を確認でき、アイデンティティおよび自尊心の発露が可能となる。このアイデンティティと自尊心の発露は、幸福感を得る上で重要となる。

幸福感は、上述したように、様々な要素によって形成され、どの要素によって主として幸福感が形成されているかは個人間で異なっていると考えられる。そのため、主観的幸福感を比較しても、それがどのような要素を主として反映しているかは明らかにならない。主観的幸福感を形成している要素を分解し、幸福要素別に個人間の幸福度比較を行うことによって、幸福感のどのような要素と経済・社会的環境要因が関連しているのかを明らかにし、政策的な提言に結びつけることができると考えられる。本章では、幸福感を形成する要素を明らかにし、環境変化が幸福感にどのようなメカニズムで影響を与えるかを明らかにする。

2　幸福感の要因分析

データ概要

橘木俊詔を研究代表者とした二〇一〇年度科学研究費補助金を用いて、幸福感に関する調査を行った。調査方法および調査概要については、表４－１で示す通りである。

標本の男女比は、男性が五六・九％で女性が四三・一％となっている。平均年齢が四五歳であり、平均年収が三三九万五〇〇〇円、年収の標準偏差は三二六万三〇〇〇円である。有所得者の平均年収は、三九二万九〇〇〇円である。金融資産平均保有額は八九二万二九五円であるが、中央値は約二〇〇万円である。標準偏差は大きく、一七一一万三〇〇〇円となっている。婚姻状況については、未婚が二九・三％で、既婚が六四・一％、そして離婚が五・一％、死別が一・四％となっている。回答者の四二・七％が子どもを持っておらず、五七・三％が子どもを持っている。学歴については、四九・二％が大卒で、九・八％が短大卒となっている。大卒者の中で入学試験が高難度の大学（東京大学、京都大学、大阪大学、北海道大学、東北大学、名古屋大学、九州大学、一橋大学、東京工業大学、筑波大学、慶應義塾大学、早稲田大学）を卒業している者の比率は一四・二％となっている。

表４－１　幸福感に関するアンケート調査概要

調査概要	地域の生活環境と幸福感に関するアンケート
調査対象	二段階本調査（消費者）
調査方法	インターネット調査（Goo Research）
調査実施期間	2011年１月31日～２月２日
調査依頼数	26660
集計対象回答数	10826
回収率	40.6%

橘木科研調査では、幸福感の程度を二通りの方法で聞いている。まず、Hills and Argyle（2002）で用いている二九の質問項目を、プレ調査において五段階で回答を得ている。次に本調査において、「全体として、あなたは普段どの程度幸福だと感じていますか。番号（０～10）から最も近いものを一つ選んでください」という質問によって一一段階の回答を得ている。

プレ調査の結果を、主因子分析によって主因子を抽出し、主要主因子の意味を確認するために、表４－２で示されるパターン行列を調べる。第一主因子と強い相関を持つ質問項目は、(1)ほとんどのことは楽しめる、(2)いつも熱心に取り組む、(3)自分が魅力的だとは思わない（負の符号）、(4)物事の中から美しい部分を見つける、(5)いつも他人を元気づける、

表４－２　幸福感要素因子分析パターン行列

	因子				
	1	2	3	4	5
プレ P2項目１．現状に必ずしも満足していない	.137	.649	-.267	.047	.156
プレ P2項目２．他人にとても関心がある	.096	.314	.061	.270	.007
プレ P2項目３．人生はとても実りがある	.153	.053	.491	-.042	.333
プレ P2項目４．たいていの人に温かく接する	.273	.220	.189	.286	.021
プレ P2項目５．睡眠で疲れがとれない	-.019	.438	.017	-.124	-.039
プレ P2項目６．将来に対して楽観はしていない	.043	.541	-.107	.022	.010
プレ P2項目７．ほとんどの事は楽しめる	.314	-.024	.322	.195	-.005
プレ P2項目８．いつも熱心に取り組む	.585	.141	.036	.089	.096
プレ P2項目９．人生は素晴らしい	.068	.133	.556	-.107	.526
プレ P2項目10．この世界が素晴らしい場所だとは思わない	.171	.112	-.210	-.024	-.577
プレ P2項目11．よく笑う	.125	.016	.388	.423	-.203
プレ P2項目12．自分の人生にとても満足している	.103	-.362	.690	-.086	-.070
プレ P2項目13．自分が魅力的だとは思わない	-.312	.316	.145	-.065	-.259
プレ P2項目14．自分がしたい事と自分がしてきた事の間には差がある	-.080	.572	.005	.004	-.052
プレ P2項目15．自分はとても幸せだ	-.025	-.149	.774	-.086	.087
プレ P2項目16．物事の中から美しい部分を見つける	.449	.088	.325	-.049	.060
プレ P2項目17．いつも他人を元気づける	.535	.015	.141	.240	-.120
プレ P2項目18．自分のやりたい事のために時間をつくれる	.458	-.055	.181	-.014	-.116
プレ P2項目19．あまり自分の人生を思うようにコントロールできていない	-.144	.570	-.006	-.067	-.126
プレ P2項目20．何でも挑戦できると感じる	.761	-.046	-.065	-.014	.017
プレ P2項目21．精神的に機敏で注意を怠らない	.754	.017	-.124	-.157	-.049
プレ P2項目22．たびたび気分が高まり上機嫌になる	.313	.091	.221	.051	-.204
プレ P2項目23．決断をすることは難しいことではない	.700	-.173	-.052	-.139	-.122
プレ P2項目24．人生に特別な目的や意義を感じない	.028	.052	.044	-.110	-.612
プレ P2項目25．大きな活力を持っている	.635	-.092	.085	.002	.112
プレ P2項目26．物事に良い影響を与えられる	.748	-.025	.008	-.016	.093
プレ P2項目27．他人と一緒に遊ばない	.123	.152	.137	-.715	-.120
プレ P2項目28．あまり健康的でない	.005	.348	.118	-.440	-.124
プレ P2項目29．過去の幸せな記憶があまりない	.155	.225	-.166	-.323	-.289

因子抽出法：主因子法
回転法：Kaiser の正規化を伴うプロマックス法

(6)自分のやりたいことのために時間をつくれる、(7)何でも挑戦できると感じる、(8)精神的に機敏で注意を怠らない、(9)たびたび気分が高まり上機嫌になる、(10)決断をすることは難しいことではない、(11)大きな活力を持っている、(12)物事に良い影響を与えられる、である。

　次に、第二主因子と強い相関を持つ質問項目は、(1)他人にとても関心がある、(2)睡眠で疲れがとれない、(3)将来に対して楽観はしていない、(4)自分の人生にとても満足している（負の符号）、(5)自分が魅力的だとは思わない、(6)自分がしたいことと自分がしてきたことの間には差がある、(7)あまり自分の人生を思うようにコントロールできていない、(8)あまり健康的でない、である。

　第三主因子と強い相関を持つ質問項目は、(1)人生はとても実りがある、(2)人生は素晴らしい、(3)よく笑う、(4)自分の人生にとても満足している、(5)自分はとても幸せだ、(6)物事の中から美しい部分を見つける、である。

　これらの結果から、第一主因子は肯定的であり前向きに努力することから喜びを感じる肯定的幸福感と解釈でき、第二主因子は劣等感をも含む不安な心理状態と解釈でき、第三主因子は楽観的な心理状態に基づく楽観的幸福感と解釈できる。また、第四主因子は人生を楽しむことによって得られる快活な気分に基づく享楽的幸福感であり、第五主因子は「世界は素晴らしい」という肯定的な人生観および社会観に基づく博愛的幸福感と解釈できる。

　主観的幸福感と五つの幸福感因子との相関係数を表4－3で示している。最も相関係数が大きなものは楽観的幸福感であり、次に大きい値を取っているのが博愛的幸福感、そして負の相関係数を持つ不安感である。これは、主観的な幸福感を問われた時に、回答者が楽観的に人生を生きていることができれば比較的高い幸福感を表明することを示唆している。相関係数のばらつきがあることは、幸福感要素の間で、主観的幸福感が反映している要素の重みが異なっていることを示唆している。この点は、主観的幸福感を幸福感指標として用いる際に留意すべきであると考えられる。

表4－3　主観的幸福感と幸福感因子との相関係数

	主観的幸福感	肯定的人生感	不安感	楽観的幸福感	享楽的幸福感	博愛的幸福感
主観的幸福感	1	.386**	−.467**	.605**	.405**	.513**
肯定的人生感	.386**	1	−.230**	.737**	.706**	.666**
不安感	−.467**	−.230**	1	−.326**	−.273**	−.598**
楽観的幸福感	.605**	.737**	−.326**	1	.677**	.681**
享楽的幸福感	.405**	.706**	−.273**	.677**	1	.691**
博愛的幸福感	.513**	.666**	−.598**	.681**	.691**	1

注：*は10%，**は5％，***は1％有意水準を示している。

表4-4　重回帰分析に基づく幸福感の決定要因（標準化係数）

	肯定的	不安感	楽観的	享楽的	博愛的	総　合
男性ダミー	.012	.018	-.043**	-.037**	.015	-.095**
大卒ダミー	.013	.017	.009	.004	.003	.003
婚姻ダミー	.008	-.081**	.090**	.029**	.063**	.150**
年　齢	-.047**	-.004	-.105**	-.075**	-.020	-.078**
失業経験ダミー	.000	.006	-.018	-.005	-.007	-.043**
精神的打撃ダミー	-.003	.068**	-.036**	.000	-.025**	-.079**
年　収	.016	-.028*	-.009	.007	.035**	.034**
金融資産	.002	-.052**	.056**	.005	.022*	.120**
借入金ダミー	-.001	.052**	-.007	.001	-.004	-.012
自治会活動ダミー	-.004	-.003	.009	.008	-.010	.012
住民信頼ダミー	.000	.001	.007	-.007	.013	.036**
家族信頼ダミー	.005	-.039**	.055**	.035**	.060**	.112**
親族信頼ダミー	.020**	-.017	.024**	.018**	.007	.023*
友人信頼ダミー	.030**	-.017	.048**	.089**	.066**	.077**
危険回避度	-.013	.013	-.016	-.002	-.018*	-.011
誠実性	.397**	.109**	.191**	.193**	.130**	.037**
情緒不安定性	-.077**	.461**	.058**	.000	-.242**	-.083**
開放性	.267**	.051**	.185**	.085**	.114**	.065**
外向性	.286**	-.051**	.302**	.517**	.224**	.097**
非協調性	-.043**	.061**	-.157**	-.300**	-.192**	-.075**
週労働時間	-.017*	.039**	-.006	-.008	-.018	-.007
残業時間	.018**	.007	.001	.009	-.006	-.028**
サービス残業時間	-.019**	-.007	-.011	-.018*	-.010	-.021*
通勤時間	-.002	-.001	.009	-.010	-.010	-.004
仕事環境満足度	-.007	-.055**	.047**	.015	.027*	.068**
仕事裁量満足度	.029**	-.017	.021	-.015	.010	.035**
職場人間関係満足度	.011	-.010	.040**	.053**	.014	.056**
仕事成果満足度	.055**	-.026	.053**	.020	.074**	.050**
上司の評価	-.006	.016	-.005	.000	-.017	-.008
仕事責任満足度	-.029**	.004	-.047**	-.004	-.014	-.010
報酬満足度	.022**	-.080**	.072**	-.007	.008	.078**
やりがい満足度	.016	-.043**	.053**	-.015	.007	.032*
雇用関係満足度	.008	.043**	-.002	.004	-.011	.004
昇進機会満足度	.035**	-.045**	.047**	.019	.037**	.040**
雇用管理満足度	-.017	-.051**	-.054**	-.021	-.033**	-.036**
職場での提案機会	.002	-.003	.045**	.018	.049**	.016
労働時間満足度	-.004	-.008	-.017	-.013	-.022	.023
雇用安定性満足度	.002	-.012	033**	.001	.020	.062**
	Adjusted R^2=0.674	Adjusted R^2=0.379	Adjusted R^2=0.473	Adjusted R^2=0.617	Adjusted R^2=0.445	Adjusted R^2=0.374

注：* 5％有意水準，** 1％有意水準

なお、主観的幸福感を幸福感の各要素によって重回帰分析すると、主観的な幸福感を主に決定しているのは、第三主因子である楽観的心理状態であり、次に第二主因子である不安な心理状態であることが示されている。そして、第三番目に肯定的および前向きな努力によって得られる達成感が幸福感を形成することになる。このことは、単なる相関係数と重回帰係数で示される主観的幸福感に与える幸福感要素の影響の強さが若干の違いをもたらしていることを示している。

幸福の感じ方が人によって異なると考えられることも重要な検討課題となっている。同じ経済的状況と婚姻状況でも、幸福感の程度が異なっていても不思議ではない。この違いが生じる理由の一つに、パーソナリティの違いがある（Loewenstein 2000, 参照）。大変に厳しい経済的状況にあっても、楽観的に生き、幸福を感じることを積極的に探し求める人もいれば、裕福な経済状況にあっても、人生を悲観的に考える者もいるであろう。あるイベントが生じた場合でも、幸福感要素のどれに大きな影響を与えるかが、パーソナリティによって異なるのであれば、主観的な幸福感は異なったものになる。そのため、パーソナリティの違いをコントロールした後に、イベント発生が幸福感に与える影響を分析できれば、そのイベントがどのような幸福感要素に影響を与えるかを明確に示すことができると考えられる。

以下では、まず幸福感がパーソナリティによってどの程度影響を受けるかを明らかにし、その結果が有する意味を吟味する。パーソナリティデータは、Benet-Martinez and John (1988) の手法に従い、心理学で一般に用いられているビック・ファイブ因子を抽出している。ビッグ・ファイブとは、対人関係や外界に対する働きかけによる積極性を示す外向性、対人関係による共感性や思いやりに関わる協調性、仕事面によるセルフコントロールや責任感に関わる誠実性、情動による情緒安定性、知的関心による開放性である。

表4-4では、幸福感を形成する五つの要因と主観的幸福感（総合）を、パーソナリティおよび経済的、家庭状況、就業環境といった環境要因がもたらす影響について重回帰分析を行った結果を示している。

3　実証分析結果の解釈

経済的および家庭環境要因の影響

はじめに、男性と女性の間での幸福の感じ方の違いを見てみる。分析結果から見ると、女性は男性よりも楽観的かつ享楽的性行が強く、主観的幸福感が高くなっていることが分かる。本分析では、経済・家庭的環境要因とパーソナリティの違いをコントロールしており、幸福の感じ方に関して本質的な性差を示していると解釈できる。例えば、女性は道端に咲く花を見ただけで、美しいと感じて幸福な気分になることができ、夜に満天の空を埋め尽くす星を見ることで幸福感を感じることができる、といった感性の違いが幸福の感じ方に影響を与えていると言えよう。日常性から幸福を感じる感性の違いが、幸福感に影響を与えているという結果は、重要な意味を有していると言えよう。

幸福感の決定要因において、学歴は有意には効いていない。学歴は年収等の要因を通じて幸福感に影響を与え、高学歴を有していること自体は高い幸福感をもたらすわけではないことを示唆している。この結果は、ある意味で当然のように思われるが、高学歴が優越感を高めることによって幸福感を得るといったことが、実際にはそれほど起きていないことを示唆している点では興味深い結果であろう。

婚姻ダミーについては、生活の不安を減少させ、楽観的要素、享楽的要素を高め、博愛的要素を高め、主観的幸福感を高めるという結果を得ている。前向きで肯定的な生き方には影響を与えていない点も注目される。また、標準化係数値の比較から、婚姻が主観的幸福感を高める最も重要な要因であり、生活の不安を減少させる効果を持つことも示されている。この結果は、婚姻が人生において、生活を楽しく豊かにさせるだけでなく、生活不安を減少させる点において強い効果を有していることを示唆しており、重要な結果であると言えよう。非正規労働の増大等による、結婚が困難になるような社会的・経済的環境の変化は、人々の幸福感を大きく低め、生活不安を高めることにつながるため、非常に大きな社会問題であることが理解できる。

年齢の上昇が幸福感を高めるか否かについても、明確な結果が導かれている。年収等の条件をコントロールすると、年齢の上昇は前向きで肯定的な考え方を弱め、より悲観的となり、享楽的要素を低め、博愛的考えを弱め、主観的幸福感を下げることが示されている。この結果は、年齢の経過とともに一般に成功体験よりも、挫折等の失敗体験が増え、前向きで肯定的になりにくくなり、悲観的になると解釈するか、それとも若い頃は皆前向きで肯定的で楽観的に生きていると解釈するかによって、ニュアンスが異なってくると思われる。別の言い方をすれば、若い頃は幸福感を感じやすいと解釈するか、年齢の上昇とともに幸福感が下がると解釈するかは、政策的含意が異なると言えよう。前者であれば、若者が抱く高い幸福感をさらに引き上げることに比重が置かれるのに対し、後者であれば落ち込む高齢者の幸福感を引き上げるための政策を模索する必要性が強調されることとなる。この点を詳細に検討するためには、さらなる分析が必要となる。

失業経験ダミーが総合では有意であるものの、幸福感の各要素に対しては有意になっていないことの解釈はそれほど容易ではない。失業を経験すると、主観的な幸福感は下がっているものの、生き方および考え方をそれほど変えているわけではないことを示唆していると言ってよいであろう。それに対し、精神的打撃ダミーが主観的幸福感のみならず、楽観的要素と博愛的要素に負の影響を与えている点は興味深い。精神的打撃は、生き方および考え方に影響を与え、楽観的な考えを持ちにくくしたり、他者への配慮の余裕を失わせたりすることが考えられる。

年収増大が悲観的要素を減少させ、博愛的要素を高める結果は示唆的である。高所得者において主観的幸福感が高いのは、生活の心配をしなくともよいという精神的余裕を高め、他者への配慮を行うことができることを反映していると解釈できよう。さらに、肯定的要素および楽観的、享楽的要素に対して有意ではないことも、ある意味では示唆的である。これは、高所得者が低所得者よりも前向きに生き、楽しい生活を送っているとは必ずしも言えないことを示唆しており、所得格差の本質的問題が、生活水準格差にあるのではなく、生活不安に関する格差にあるという解釈が成立し得ることを示唆している。

　年収の結果と金融資産の結果は整合的であるが、標準化係数の比較から金融資産の方が主観的幸福感に対する影響が大きいことが示されている。金融資産は、相続遺産を除けば、所得と消費との差が蓄積されたものであり、生活の余裕の程度を示す指標としては年収よりもより的確とも言える。金融資産の場合には享楽的要素にも正の影響を与えており、生活の余裕の増大が、享楽的活動を可能にしていると解釈できよう。

　借入金ダミーが有意となっているのが、不安感に対してのみである点は注目できる。これは、借入金の存在が生活不安に影響を与えるのみで、人生観等には影響を与えていないことを示唆している。

　次に、家族関係および地域住民との関係性が幸福感に与える影響について見てみる。自治会への参加程度は幸福感に影響を与えておらず、家族、友人、親族への信頼が、幸福感に強い影響を与えている。特に家族に対する信頼感が幸福感に強い影響を与えており、家族関係が良好であることが、不安感を少なくし楽観的で楽しい生活を可能にしていることが理解できる。

パーソナリティ要因の影響

　パーソナリティが幸福感に影響を与えているか否かについて考察することの意義はいくつか存在する。最も直感的な疑問は、幸福感がパーソナリティで決定するのであれば、幸福感を分析する政策的意義がどこにあるのかというものである。ただし、この疑問もそれほど単純なものではなく、ある経済的・家庭環境の変化が、パーソナリティに変化を与え、それが幸福感の感じ方に影響を与えているのか、それとも同じ経済的・家庭環境の変化でも、パーソナリティの違いによって幸福感への影響が異なるのか、あるいは両解釈がそれぞれ部分的に正しいのかによっても、政策的意義は異なったものとなる。

　幸福感分析にパーソナリティを入れる別の意義は、パーソナリティの違いに基づく幸福感の違いをコントロールし、経済的・家庭環境の幸福感への影響をより正確に把握することにあろう。この意味において、表4-4で示した重回帰分析結果は、パーソナリティの影響を除去した後の経済的・家庭環境が幸福感に与える影響を抽出していることになる。

　表4-4の結果を見ると、単にパーソナリティの影響を除去するためにパーソナリティ変数を導入するといった消極的理由のみを考えるにしては、パーソナリティ効果が非常に強く表れていることが分かる。表で示されている係数は標準化係数であるため、係数値を比較することにより、幸福感に与える影響の

強さを変数間で比較することが可能となっている。本分析の結果から幸福感の要素とパーソナリティとの因果性を明確にすることはそれほど容易ではなく、多くの研究の蓄積が必要と考えられる。ここでは、あくまでも様々な解釈の可能性を提示し、今後の研究の課題を探ることにする。

幸福感を構成する要素の中でも、肯定的生き方に最も強い影響を与えているパーソナリティは誠実性となっている。次に外向性であり、三番目に新しい関心への開放性となっている。この結果の解釈は、堅実な考え方で、他者への配慮能力があり、新しい知的関心を受けやすいパーソナリティの者は、人生を前向きに考えることによる幸福を感じやすいというものである。

不安感に最も影響を与えているパーソナリティは情緒不安定性であり、影響の強さは他のパーソナリティ要因に比べて突出している。この結果の解釈は、情緒不安定性が強い個人は不安感を相対的に強く感じやすく、幸福感を引き下げるというものである。誠実性も不安感を強める要素であり、解釈としてはまじめに責任を感じる者ほど、不安感を強く感じるというものである。これらの解釈から、幸福感を引き下げる不安感は、不安感を感じやすいか否かに強く依存しているという結論が導かれる。この結論の政策的含意は、不安感を低める政策的メッセージの提示が、幸福感を高めには重要であることであろう。これは、不安感を変化させる実態の変化以上に、不安感が敏感に変化する可能性を示唆しており、特に情緒が不安定な者ほど、敏感に反応すると考えられる。例えば、政府が社会保障制度の財政破綻の可能性を不用意にアナウンスすることは、それだけで情緒不安定性が強い者の幸福感を引き下げることになる。不安感を高めないための配慮の重要性が求められると言ってよいであろう。

楽観的考え方の形成は、誠実で外向性および協調性の強い者ほど容易であることが示されている。これは他者との関係性を上手く形成できるものは、他者との互助機能を得ることができ、楽観的な心理状態を得ることができるという解釈である。この結果の興味深い点は、楽観的な考え方は社会的関係性の中から生まれるというものである。かつては、都市においても、長屋の共同体的機能に代表されるようなコミュニティ互助機能が存在しており、それが人々を楽観的にして、幸福感を高めていたと理解できる。社会的関係性を形成することに困難を感じる者は、楽観的な考えを持ちにくいことを意味しており、この面での政策を検討することが必要であることを示唆している。

享楽的要素は、外向性と協調性によってほぼ決定しており、社会的関係性を形成することが得意な者は、人生を楽しく生きることができ、幸福感を高めることができることを示唆している。また、博愛的要素も、同様に社会的関係性を形成することが得意な者が、高い値を持ち、幸福感を高めることになる。

五つのパーソナリティ要素が主観的幸福感に与える影響は、上記の個別要素に与える効果を総合した符号を取っている。また、影響の強さも、誠実性が若干小さな値を取っている以外は、大きな差が無いと言ってよいであろう。この主観的幸福感に与える影響を見ると、社会的関係性を構築でき、敏感に不安感を感じない者が、相対的に高い主観的幸福感を有することが理解できる。

就業環境要因の影響

まず、表4‐4から示されているように、労働時間の幸福感への影響はマイナスとなっている。特に残業時間およびサービス残業の時間は、主観的幸福感を低めるように働いていることが示されている。通勤時間は、主観的幸福感のみならず、すべての幸福感要素に影響を与えていない。

労働時間以上に幸福感に強い影響を与えているのが、仕事環境満足度、仕事裁量満足度、職場人間関係満足度、仕事成果満足度、報酬満足度、やりがい満足度、昇進機会満足度、雇用管理満足度、雇用安定満足度となっている。仕事責任満足度は、肯定的および楽観的といった要素には負の影響を強く与えるが、主観的幸福感には影響を与えていない。また、雇用関係満足度は不安感を高めるようにのみ働いていることが示されている。以下では、これらの結果を詳細に検討する。

就業環境の中で、主観的幸福感に最も強い影響を与えているのが報酬満足度である。この報酬満足度は、肯定的考えを強めるだけでなく、大きく不安感を引き下げ、楽観的考えを強めるように働いていることが確認されている。報酬は生活するうえでの経済的基盤を支えるものであり、生活の経済的基盤が強まることは、肯定的な生き方を可能にし、不安感を低めることに寄与していることが分かる。ただし、享楽的幸福感には影響を与えておらず、報酬の増大は享楽的消費増大を通じて幸福感を高めているわけではないことが示されている点は興味深い。雇用安定性満足度は、報酬満足度と似た影響を与えており、楽観的な生き方を可能にするものであることが分かる。

次に主観的幸福感に強い影響を与えているのが、職場環境満足度である。これは特に組織運営が納得いくものであるのかが影響を与えており、納得できるシステムの中で働くことの重要性を示している。システムの透明性等が優れている場合に、労働者は不安感を抱きにくく、楽観的な考えを持ちやすいことを示している。

職場人間関係満足度も重要な影響を幸福感に与えている。これは楽観的な考えを強めるだけでなく、楽しい生活を可能にし、幸福感を高めている。働く楽しさが職場の人間関係に強く依存していることは、多くの人々が経験から認識していると思われるが、職場での競争を高めることと、良好な人間関係を維持することが両立しにくいことも知っている。特に、非正規化が進み、従業上の地位が、同じ職場の同僚の中でも異なる場合には、良好な人間関係を築くことは困難となっている。透明性が高い職場で、公平感を基礎とした競争が行われている就業環境を構築することが、人々の幸福感を高めるうえで重要であることが示唆される。

仕事成果満足度も主観的幸福感に大きな影響を与えている。特に肯定的で楽観的な考えを強め、博愛的幸福感を高めることに寄与していることが示されている。これは、仕事成果に対する満足が、社会的貢献意識と結びついていることと整合的であり、自らの労働が人々の役に立っているという意識が仕事成果満足度を高めていると考えてよいであろう。やりがい満足度は仕事成果満足度と近いものと考えられ、やりがいがあると感じている場合には、不安感を低くし、楽観的な考え方をとることができることを示している。

　昇進機会満足度は、主観的幸福感に影響を与えるだけでなく、五つのうちで四つの幸福感要素に影響を与えている。これだけ多くの幸福感要素に影響を与えているのは、昇進機会満足度のみである。これは肯定的考えを強め、不安感を低め、楽観的な考えを持てるようにし、博愛的な考え方を強めるように働いている。上司の評価が主観的幸福感だけでなく、どの幸福感要素にも影響を与えていないのは、昇進機会満足度によって影響が吸収されているからと解釈でき、上司の評価以上に昇進機会の満足度が幸福感形成には重要であることを示唆している。言い換えれば、上司の評価が悪くとも、昇進機会が公平で透明性があれば、幸福感を低めるようには働かない可能性が示されている。

4 不安感と幸福

　本章では、就業環境を含めた経済的・家庭的環境が幸福感に与える影響を分析するために、幸福感を主観的幸福感のみならず、幸福感を構成する要素に分解し、それぞれの要素に与える影響まで含めて分析を行った。また、パーソナリティ効果をコントロールし、パーソナリティと幸福感要素との相互依存性を除去した後に、経済的・家庭的環境が幸福感に与える影響を分析している点も重要な研究の特徴となっている。分析の最も重要な結果は、経済的・家庭的環境が幸福感に影響を与えているのは、主として不安感であることが示されている。労働の報酬である所得も、生活の経済的基盤を保証するために必要なものであり、豊かで楽しい生活を求めるために必要であるとは認識していないことが示唆されている。

　本章の議論を通じて、幸福感が不安感によって強く影響されることが理解できた。この点から社会保障制度の果たすべき役割の重要性が示されたことになる。人々が不安無く生活できることが、人々を幸福にする根幹であるという事実を認識し、政策を策定していくことが重要であると言えよう。

【参考文献】

ジグムント・バウマン著、高橋良輔・開内文乃訳、山田昌弘解説（二〇〇九）『幸福論――生きづらい時代の社会学』作品社。

Benet-Martinez, Veronica and Oliver P John (1988) "Los cinco grandes across cultures and ethnic groups: Multitrait multimethod analyses of the big five in Spanish and English," *Journal of Personality and Social Psychology*, Vol. 75, No. 3, 729-750.

Easterlin, R. A. (2001) "Income and Happiness: Towards a Unified Theory," *Economic Journal*, 111, 465-484.

Frey, B. S. and Stutzer, A. (2002) "What can Economists Learn from Happiness

Research?" *Journal of Economic Literature*, 40 (2), 402–435.

Hills, Peter and Michael Argyle (2002) "The Oxford happiness questionnaire: a compact scale for the measurement of psychological well-being," *Personality and Individual Differences*, Vol. 33, 1073–1082.

Loewenstein, George. (2000) "Emotions in economic theory and economic behavior," The *American Economic Review*, Vol. 90, No. 2, Papers and Proceedings of the One Hundred Twelfth Annual Meeting of the American Economic Association, pp. 426–432.

Veenhoven, R. (2003) "Hedonism and Happiness," *Journal of Happiness Studies*, 4, 437–457.

Wilkinson, (2007) "In Pursuit of Happiness Research: Is It Reliable? What Does It Imply for Policy?" *Policy Analysis*, No.590, pp. 1–40.

第5章

ケイパビリティと仕事満足度

浦川邦夫

本章では、アマルティア・センが提唱したケイパビリティ・アプローチ（Capability approach）の視点から、仕事に対するケイパビリティと仕事満足度との間にどのような関係があるかを本人のパーソナリティ属性を制御しながら検証した。本章の分析によれば、ケイパビリティの水準と仕事満足度には密接な正の相関関係があり、高い学歴や出身階層は、ケイパビリティの向上に一定の役割を果たしている。センのケイパビリティ・アプローチは、労働者の能力向上を目指す諸政策を評価するうえで重要な視点を提供するものである。

1 研究の背景と目的

労働の再評価

近年、幸福感や健康感、満足度のように人々の主観的な感じ方や捉え方――いわゆる主観的厚生――について考察した研究が、社会学、心理学、社会疫学など多くの研究分野で注目を集めている。経済学の分野においても、所得の絶対水準の向上が必ずしも幸福感や満足度の向上に結びつかないといういわゆる「幸福のパラドックス」の問題を受け、人々の主観的厚生の社会経済要因とそのメカニズムを検証する分析が、幅広い観点から蓄積されてきた（Easterlin 1974, Easterlin 2005）。

これらの研究成果は、従来の経済理論が捨象してきた人間の社会性、多様性に目を向けさせる契機ともなっており、近年は、「相対所得」（Relative income）や「適応」（Adaptation）などの様々な概念を取り入れた新しい理論モデルの構築が提唱されている（Clark et al. 2008, 小塩・浦川 二〇一一）。

このように主観的厚生を扱った研究が数多く蓄積されるなかで、労働の価値や役割についても再評価がなされている（Frey and Stutzer 2001 2002, Diener and Seligman 2004, Bruni and Porta 2005, Bernard et al. 2008, 大竹・白石・筒井編 二〇一〇、浦川 二〇一一、Graham 2011）。例えば、満足度の高い仕事は労働者の健康や生産性にもプラスの効果をもたらすことから、仕事満足度に影響を与える要因の検証は、企業の人的資源管理や政府の雇用政策を評価するうえでもその重要性を増しつつある（Judge et al. 2001, Justina et al. 2009）。

過去の先行研究を概観すると、仕事満足度に影響を与える要因としては、「賃金」、「従業上の地位」、「職種」、「企業規模」などの他、仕事における「職場の仲間」、「労働時間」、「安定性」、「社会性」、「業務負担」などの様々なファクターが関連していることが示されている（Warr 1999, Frey and Stutzer 2001, Gazioglu and Tansel 2006, Skalli et al. 2008, Ootegen and Verhofstadt 2008, Origo and Pagani 2009）。「賃金」については、その絶対水準だけでなく、成果給か固定給かといった報酬体系のあり方や同僚との賃金格差の程度も仕事満足度との関連が指摘されている。そして、「自分の裁量で仕事を行えるか」、「仕事を通じて自分の能力を生かしたり高めたりすることが可能であるか」といった仕事自身を喜びに変えるような内発的な誘因も仕事満足度や生産性の向上にとって重要である点が示されている（Clark and Oswald 1994, Warr 1999, 参鍋・齋藤 二〇〇八、Pouliakas 2010, Fahr 2011, Pouliakas and Theodossiou 2012）。

ケイパビリティと労働

さらに、Leßmann and Bonvin (2011), Suppa (2012) は、アマルティア・センが提唱したケイパビリティ・アプローチ（第2節で詳述）に基づき、人々の「仕事に対するケイパビリティ」（Capability for Work）の水準を評価することが、彼ら（彼女ら）の主観的厚生や社会全体の福祉を考察するうえで重要であるとしている。

ここでの「仕事に対するケイパビリティ」とは、人々が「価値のある仕事」（Valuable Work）を行うための機会や自由の程度を表現した概念であり、本人が持っている元々の能力などの個人要因や生まれ育った環境などの社会環境要因によってケイパビリティの水準は影響を受けるとされる。また、ケイパビリティは、仕事が持つ特性によっても変化するとし、仕事に裁量性や多様性があることは、労働をするうえで必要となる能力を人々が達成しやすくなるので、結果として「仕事に対するケイパビリティ」の向上に結び付く可能性が高い点が述べられている（Leßmann and Bonvin 2011, Suppa 2012）。

先行研究

　日本では、労働と主観的厚生（幸福感や仕事満足度）との関係を取り上げた研究として富岡（二〇〇六）、岡部（二〇〇七）、佐野・大竹（二〇〇七）、野崎（二〇一〇）などが挙げられる。野崎（二〇一〇）は、仕事満足度の要因とその男女差についての検証を行っており、佐野・大竹（二〇〇七）は、就業形態別や職種別の幸福度を検証している。主な結果として、女性の就業率が男性に比べて低いが、仕事満足度は男性と比べて高くなる点、幸福度については管理職や専門職が高く、パートなどの非正規雇用が低い点などが他の重要変数を制御した計量分析によって示されている。

　これらの研究成果は、多様な働き方の格差が労働者の主観的な感じ方・捉え方とどのように関連しているかを日本の労働市場の実情と照らし合わせながら検証している点で意義がある。しかしながら、「価値の高い仕事」（Valuable Work）を行うための機会が実際にどの程度与えられてきたかというセンのケイパビリティ・アプローチの視点を分析の枠組みに据えながら仕事満足度の要因を検証した分析事例は、わが国では未だ少ない。数少ない先行研究として正社員と非正社員の仕事満足度の差の要因を検証した奥西（二〇〇八）が挙げられるが、就労者本人のパーソナリティ属性や学歴、子ども時代の社会階層などの重要変数を考慮した検証はなされていない。

本章の分析内容

　そこで本章では、Leßmann and Bonvin（2011）やSuppa（2012）の問題意識に基づき、ケイパビリティが人々の主観的厚生や社会全体の福祉と関わりを持つとするセンの理論モデルの妥当性について、主に労働者の仕事満足度との関係に焦点を当てながら検証を行う。また、(1)仕事に対するケイパビリティの生成要因や(2)ケイパビリティと仕事満足度との関わりを分析するにあたり、人々の主観的な考え方・感じ方を尋ねる調査項目を豊富に含んでいる「地域の生活環境と幸福感に関するアンケート」の個票データ（第3節で詳述）を使用する。

　本章の構成は以下の通りである。まず第2節では、センのケイパビリティ・アプローチの概要について述べ、本章の分析課題との関係について論じる。続いて第3節では、使用するデータと分析に使用する変数の概要を述べる。第4節では、計量分析から得られた分析結果の概要を述べる。最後に第5節では、結論と今後の展望についてまとめる。

2　ケイパビリティ・アプローチ

ケイパビリティ・アプローチの概要

　まず、本章の計量分析の具体的な内容について述べる前に、センのケイパビリティ・アプローチの主な理論的枠組みを概観する。センは、人々が「財」と「財が持つ様々な特性」を用いてどのような状態・行為を達成できるかが人間の福祉にとって重要であるとし、財とその特性を用いて実行可能な行為、なりうる状態を機能（Functioning）と定義した。そして、個人が実現しようと思えば達成しうる機能の束（Functionings）の組み合わせ・集合としてケイパビリティの概念を導入している（Sen 1984）。

Robeyns（2000）は、Sen（1984）の理論を発展させ、人々が自身の所有する財のベクトルの特性をどのように利用し、様々な機能（Functionings）を達成するのかについて、以下の(1)式のような利用関数 $f_i(\cdot)$ を定義している。

$$b_i = f_i(c(x_i;z_i)) \qquad \cdots(1)$$

ここで x_i は、個人 i が所有する財のベクトル（$x_i=(x_{1i}, x_{2i}, \cdots, x_{ni})$）を表しており、関数 $c(\cdot)$ は、財のベクトル x_i をそれらが持つ様々な特性 $c=(c_1, c_2, \cdots, c_l)$ に変換する関数を表している。また z_i は、個人 i が財の特性から必要な機能を取り出すために、周囲から活用できる環境要因（社会的な制度、公共財、地域のインフラなど）を表している。そして関数 $f_i(\cdot)$ は、個人 i が財の特性についてのベクトルを利用し、どのような機能を生み出すかを示す関数となる。

Sen（1984）は、個人が享受する幸福や健康は、利用関数 $f_i(\cdot)$ と密接に結びついているという理論を展開している。すなわち、個人の主観的厚生の指標である幸福感を示す関数を u_i とすると、関数 u_i は、以下の(2)式のように表される。

$$u_i = h_i(f_i(c(x_i;z_i))) \qquad \cdots(2)$$

ベクトル $b_i(=f_i(c(x_i;z_i)))$ は、人が達成した機能（例えば、栄養が行き届いている、服装がきちんとしている、移動能力がある、など）を表しているので、達成しえた機能の組み合わせが個人の主観的な厚生（幸福感・健康感・仕事満足度など）に影響を与えることになる（なお、セン（Sen 1984）は、望ましい生き方に対する評価と個人の幸福が、たとえ同じ利用関数 $f_i(c(x_i))$ のもとであっても一致する保証はないとしている。ただし、その一方で、当人が「幸福であること」は重要な機能の一部であり、生き方の評価を行う際に必要な指標の一つとして位置づけている）。

また、センの理論の支柱であるケイパビリティの概念は、Robeyns（2000）では以下の(3)式のような集合の概念で定式化されている。

$$Q_i(X_i) = \{b_i \mid \text{ある } f_i(\cdot) \in F_i \text{ とある } x_i \in X_i \text{ に対して } b_i = f_i(c(x_i;z_i))\} \qquad \cdots(3)$$

ここで F_i は個人 i が利用できる利用関数 $f_i(\cdot)$ の集合であり、個人的特徴として捉えられる概念である。そして、X_i は個人 i が利用できる財のベクトル x_i の集合を表す。したがって、集合 $Q_i(X_i)$ は、財の特性を機能に変換することを可能にする個人的特徴 F_i と、財に対する所有権（支配権）X_i が与えられたもとで、個人 i が達成する諸機能の選択に関して持つ自由度を表しているといえる。この事から、ケイパビリティは日本語で主に「潜在能力」や「生き方の幅」と表現されている（岡本・増田 2001）。

図5-1は、上記のケイパビリティ・アプローチの概要を示したものである。このアプローチでは、幸福感や健康感などの主観的厚生に対して、実際に達成された様々な機能（Functionings）の特性・性質が重要な役割を果たしている。ケイパビリティと機能の束の関係は一方的なものでなく、質の高い機能の

獲得がケイパビリティを向上させ、ケイパビリティの拡大が新たな別の機能の達成に影響を与えるという双方向の関係にある。また、利用できる利用関数 $f_i(\cdot)$ の集合は、個人 i ごとに異なり F_i で表される。これは、生まれながらの身体的特徴や対処能力に個人差があることを示すものである。さらに、z_i は、住んでいる地域や勤務先の仕事場などの社会経済環境要因を表しており、仕事の特性（賃金、労働時間、裁量性や責任の程度など）も広い意味で z に含まれる（Leßmann and Bonvin 2011）。仕事がどのような特徴を持っているかは、労働者が自身の能力を向上させる機会がどの程度あるかという点とも密接に関わるため、センのアプローチでは、労働の質とケイパビリティとの関連性が強調されてきた（Suppa 2012）。

　後の節では、このようなセンの理論体系を視野に入れながら、仕事に対するケイパビリティの生成要因やケイパビリティと仕事満足度との関わりについて、個票データを用いた計量分析を行うものとする。

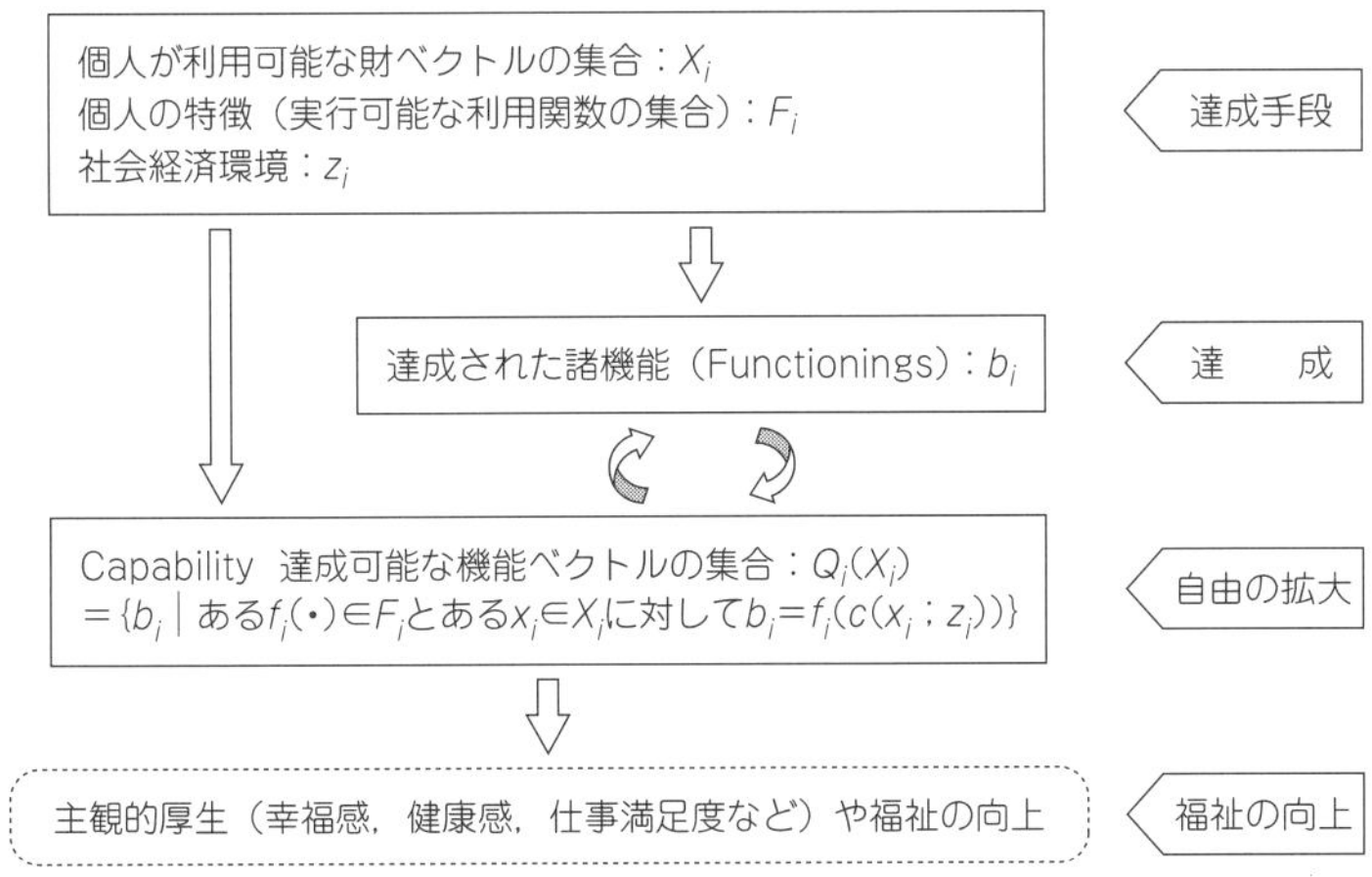

図5-1　ケイパビリティ・アプローチの概要

注：Sen（1984），Robeyns（2000）に基づいて作成。

3　使用データと分析手法

データの概要

本章の実証分析で用いるデータは、文部科学省科学研究費助成事業「幸福感分析に基づく格差社会是正政策と社会保障改革」（二〇一〇～一二年度・研究代表者＝橋木俊詔）によって二〇一一年に実施されたインターネット調査「地域の生活環境と幸福感に関するアンケート」（二〇一一年二月実施）の個票データである（サンプルサイズは、一万一五五六人、回収率は六八・三％）。

　同アンケートでは回答者に対して、個人の主観的厚生（幸福感、健康感、仕事満足度など）や所得・学歴・職業などの社会経済的属性、居住地域の環境に対する評価、仕事の特性などについて詳細に尋ねている。また、本人の性格を分析するための設問が設けられている点も特徴である。

　このアンケート調査を開始するにあたっては、日本の実際の人口構成・属性に関する代表性をできるだけ確保するため、あらかじめ対象となる回答者を五つの年齢階層（二十代、三十代、四十代、五十代、六十代）と三つの世帯所得階層（年収三〇〇万円以下、三〇〇～六〇〇万円、六〇〇万円以上）に基づき一五のグループに分けた。そして、それぞれのグループの人口構成比を、二〇〇五年の「国勢調査」と二〇〇九年の「国民生活基礎調査」に基づいて計算し、実際の人口構成比に見合ったサンプルを、調査会社（Goo Research）のモニターから無作為に抽出する作業を行っている。

　インターネット調査という性格上、ここでのサンプルにはいくつかの点でバイアスがあり注意が必要である。第一に、元のサンプルでは、男性の比率が五五・四％と高めになっている。第二に学歴が高めであり、大卒以上が全体の約五〇・二％となっている（二〇〇七年の「就業構造基本統計調査」によると、二〇～六九歳の大卒以上比率は二三・八％）。第三に、首都圏の居住者の比率が三五・六％とかなり高い（二〇〇七年の「国民生活基礎調査」では二六・八％）。したがって、本章の推計結果の解釈に際しては、このようなバイアスの存在に留意する必要がある。

　本章では、「二〇一一年段階で就業しており、二〇一二年に実施された継続調査にも回答しているサンプル」を主な分析対象とする。また、分析を行ううえで重要な設問に無回答であった者は分析から除外する。結果として、最終的なサンプル・サイズは四六〇四人（男性三一六一人、女性一四四三人）となる。

ケイパビリティ指標

　本章の主な分析目的は、主観的な厚生指標である仕事満足度と冒頭で論じた「仕事に対するケイパビリティ」との関わりを他の主要な社会経済変数（賃金、学歴、職業など）を制御しながら検証することにある。そのため、分析においては、まずケイパビリティをどのように推定するかを定める必要がある。この特定化の作業は、Leßmann and Bonvin (2011) や Suppa (2012) でも述べられているように、ケイパビリティ・アプローチの実証分析を行ううえで最も重要かつ困難な作業といえる。その大きな理由の一つは、ケイパビリティの測定の際に考慮すべき機能の束 (Functionings) を定めることが難しいという点にある。これは、センが考察の対象とする機能には、観測可能なものだけでなく観測不可能なものが含まれていることがその一因となっている。例えば、「高い学歴を持つ」などの観測可能な機能は測定が可能であるが、「主体性がある」などの観測不可能な機能は、明確な指標での測定が困難である。このことから、「すでに達成された様々な機能の束」がもたらす効果と「達成しようと思えば機能の束を達成できる機会・自由を示すケイパビリティ」がもたらす効果を識別することも困難となる。それゆえ、センも最低限度の価値ある機能やケイパビリティが何であるかといった具体的なリストを明確に提示することはしていないのである。

　このような事情から、ケイパビリティ・アプローチを仕事満足度の分析に適用したこれまでの先行研究では、仕事の特性のうち、新たな機能の生成やケイパビリティの変化に影響をもたらすような要素を研究者が抽出し、それらをケイパビリティの代理変数とみなした分析が行われている。具体的には、奥西（二〇〇八）では、ケイパビリティの指標として、「正社員と非正社員の就業実態、意識に関する調査」における「仕事を通じた能力発揮・伸長の実現程度」の設問項目を用いている。また、Suppa（2012）では、仕事の特徴についての一五の設問項目（二〇〇一年調査と二〇〇五年調査）の回答結果を用いて因子分析を行い、「裁量性」、「高ストレス」、「安定性」、「スキルアップ」の四つの因子を抽出することで、これらをケイパビリティの程度を測る代理変数（それぞれダミー変数を作成）として用いている。

本章の分析においても、これらの論点を踏まえ、「仕事に対するケイパビリティ」の水準を測る上で、アンケート調査で就労者に尋ねられた(1)「仕事における裁量性」、(2)「仕事で能力や強みを発揮する機会」、(3)「仕事の多様性」の三つの設問についての回答結果を使用することとする。

具体的には、「あなたの仕事には以下のような特徴がありますか」と尋ねた設問において、「自分自身に仕事の裁量がある」、「自分の能力や強みを生かせる」、「多様性がある」の三項目の回答結果に基づき、「大いにあてはまる」の5から「あてはまらない」の1までの五段階の順序変数を作成する。そして、これらの変数に対して主成分分析をして得られた第一主成分の得点をケイパビリティの代理変数とみなすこととする。そして、計量分析においては、ここで得られた変数の値が中央値以上であるサンプルに1、中央値未満であるサンプルに0を割り当てるダミー変数を被説明変数として用いる。さらに、仕事満足度の要因を検証するモデルでは、ケイパビリティの四分位階級ダミーを作成して説明変数に用いる（リファレンス・グループは第Ⅰ四分位に属するサンプルとする）。

表5－1ではケイパビリティの代理変数の作成に用いた設問の回答結果を男女別に示している。一般的には、いずれの項目においても男性の方が女性と比べて「あてはまる」もしくは「どちらかといえばあてはまる」と答えた回答者が多いことがわかる。

なお、過去の先行研究では、雇用の安定性に関する指標もケイパビリティの代理変数と

表5－1　仕事のケイパビリティに関する記述統計量

	仕事の裁量がある		能力や強みを生かせる		多様性がある	
	男　性	女　性	男　性	女　性	男　性	女　性
あてはまらない	7.37	12.47	5.85	8.94	6.71	9.63
どちらかといえばあてはまらない	12.43	18.23	13.13	17.67	17.34	20.37
どちらでもない	21.42	21.90	27.71	28.00	33.31	31.74
どちらかといえばあてはまる	43.56	38.25	41.66	35.41	34.55	30.91
あてはまる	15.22	9.15	11.64	9.98	8.10	7.35

注1：単位は％。男性，女性のサンプルサイズはそれぞれ3161，1443。
注2：独立性の検定（カイ2乗検定）によると，全ての項目で有意水準5％で有意な性差がある。

して用いているケースがある（Suppa 2012）。

確かに、雇用の安定性の確保は、仕事に関連する多様な能力を高め、就労者の生き方の幅を広げる重要なファクターと考えられる。しかしながら、雇用が安定していることそのものの主観的厚生への効果と、ケイパビリティの拡大を通じた効果とを分けて検証することは難しい側面があるため、本章では、雇用の安定性に関する変数はケイパビリティの変数とは別に作成することとする。具体的には、「あなたの今の仕事について、以下の点でどの程度満足していますか」という設問の「あなたの雇用の保障」という項目で、「大いに満足している」あるいは「やや満足している」を選んだサンプル1、そうでないサンプルに0を割り当てるダミー変数を作成して分析に用いる。

ケイパビリティと主観的厚生

ここで、これまでに述べた方法で作成した「仕事に対するケイパビリティ」と様々な主観的厚生（幸福感、健康感、仕事満足度）との関係を図5－2で示す。

「仕事満足度」は「あなたは今の自分の仕事についてどのように思っていますか」という設問の中の「今の仕事が楽しい」という項目に対して「そう思う」または「どちらかといえばそう思う」と回答したサンプルに1、そうでないサンプルに0を割り当てるダミー変数を作成して評価するものとする。「健康感」は、「あなたの現在の健康状態はいかがですか」という設問に対して、「健康である」もしくは「どちらかといえば健康である」と回答したサンプルの割合であり、「幸福感」は、「全体として、あなたはどの程度幸福だと感じていますか。番号（0～10）から最も近いものを選んでください」という設問に対して、「8～10」までの番号を回答したサンプルの割合を示している（0が非常に不幸、10が非常に幸福を表す）。さらに、「仕事に対するケイパビリティ」は、その水準に応じて四つの分位に分ける。

この図からも明らかなように、「仕事に対するケイパビリティ」と主観的厚生に関連する三つの変数との間には、密接な正の相関があることが読み取れ、センのケイパビリティ・アプローチの有効性が示唆される結果となっている。

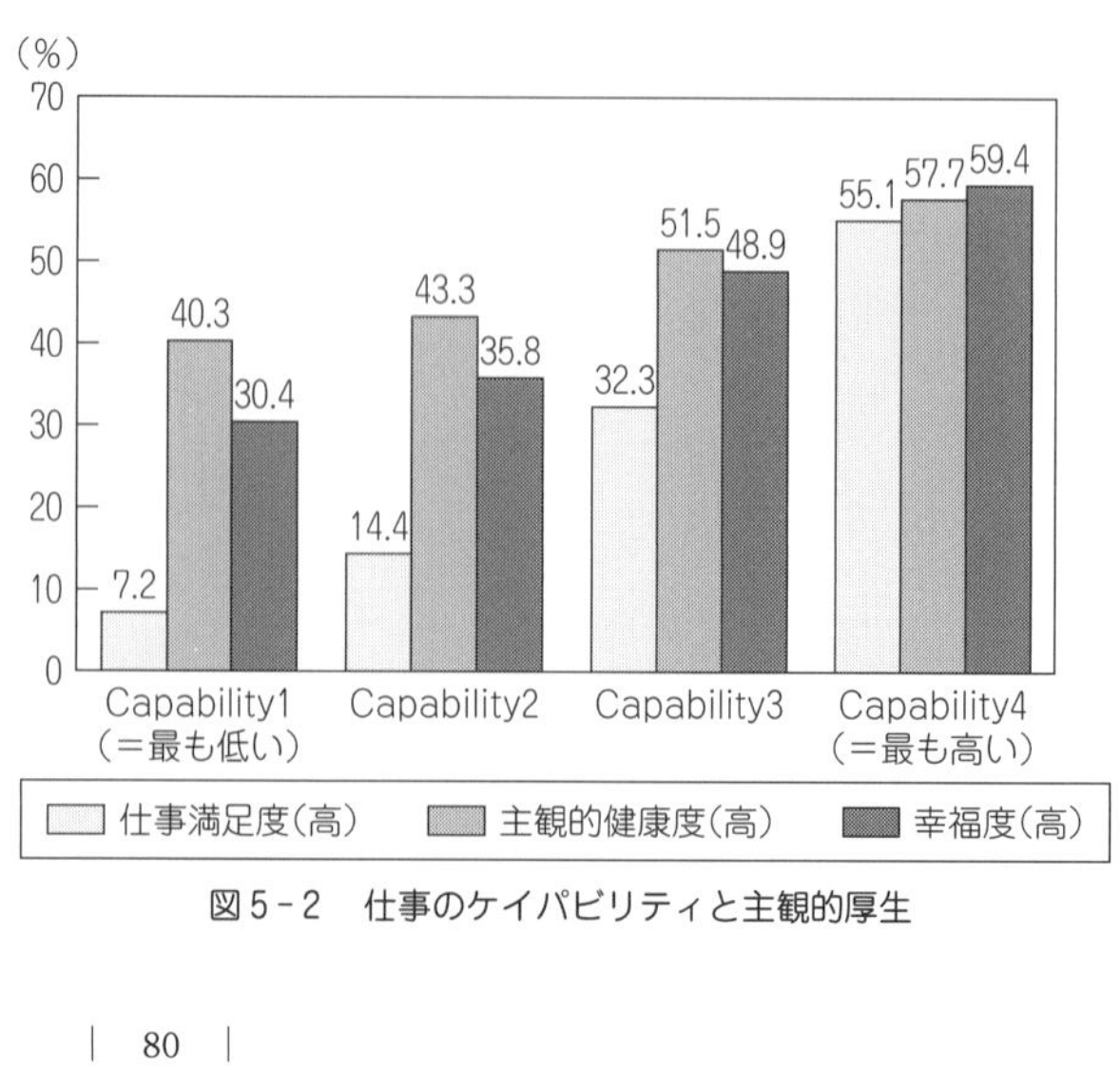

図5－2　仕事のケイパビリティと主観的厚生

個人の社会経済的属性

本章では、図5－2で示されるようなケイ

表5-2　諸変数（ダミー変数）の記述統計量

	男性（n=3161）		女性（n=1443）	
	平均（%）	標準偏差	平均（%）	標準偏差
20代ダミー	6.5	0.247	19.8	0.399
30代ダミー	24.2	0.429	25.8	0.438
40代ダミー	24.2	0.429	23.7	0.425
50代ダミー	28.0	0.449	24.6	0.431
60代ダミー	17.0	0.375	6.1	0.239
有配偶ダミー	69.3	0.461	48.9	0.500
大都市居住ダミー	34.4	0.475	37.7	0.485
経営者ダミー	6.5	0.246	1.4	0.117
大企業ダミー	20.5	0.40	8.0	0.27
中小企業ダミー	38.7	0.487	28.9	0.453
官公庁ダミー	5.5	0.228	2.4	0.152
非正規雇用ダミー	13.9	0.346	49.8	0.500
自営業ダミー	14.6	0.353	7.1	0.258
その他の就業地位ダミー	0.4	0.062	2.4	0.154
農林漁業ダミー	1.1	0.105	0.3	0.053
現業職ダミー	6.3	0.242	2.3	0.150
販売職ダミー	8.5	0.279	7.2	0.259
サービス職ダミー	13.8	0.345	17.7	0.382
事務職ダミー	17.7	0.381	43.0	0.495
専門・技術職ダミー	30.2	0.459	17.8	0.383
管理職ダミー	13.2	0.339	0.7	0.083
その他の職業ダミー	9.3	0.290	11.0	0.313
雇用保障（高）ダミー	33.0	0.470	29.4	0.456
仕事満足度（高）ダミー	24.5	0.430	25.8	0.438
中卒ダミー	1.4	0.118	1.0	0.101
高卒ダミー	13.0	0.336	36.0	0.480
短大・高専・専門卒ダミー	22.6	0.418	25.1	0.434
大卒・院卒（下位）ダミー	43.7	0.496	29.2	0.455
大卒・院卒（上位）ダミー	19.3	0.394	8.7	0.282
社会階層（高）ダミー	24.1	0.428	27.4	0.446
社会階層（中）ダミー	40.9	0.492	43.9	0.496
社会階層（低）ダミー	34.9	0.477	28.7	0.452
トラウマ経験（1回）ダミー	27.3	0.446	30.6	0.461
トラウマ経験（2回以上）ダミー	11.2	0.315	14.8	0.355

パビリティと仕事満足度の相関関係が、他の重要な変数を制御しても残るかという問題に関心があり、後の節の計量分析では個人の様々な社会経済的属性を考慮する。

表5－2は、分析で用いる諸変数のうち、ダミー変数の記述統計量を男女別に示したものである。ケイパビリティの水準や仕事満足度を説明する計量モデルで用いる制御変数として、性別、年齢階級、婚姻状態、就業上の地位、職種、居住地域に関するダミー変数を作成している。また、学歴については、中卒ダミー、高卒ダミー、短大・高専卒ダミー、大卒・院卒（下位）ダミー、大卒・院卒（上位）ダミーのそれぞれのダミー変数を作成している。ここでの上位大学とは、代々木ゼミナールの二〇〇九年度入試データにおける上位三〇大学（法・経済・経営・商・人文・社会・教育・理・工・農の各学部のいずれかの偏差値が六三以上）の大卒あるいは院卒者に対して1、そうでない者に0をあてるダミー変数である。

また、Robeyns（2000）で示唆されるように、機能の達成やケイパビリティの向上には、人々が生来的に保有している個人的な属性に加え、もともと生まれ育った地域社会や家庭環境が大きな影響を与えていると考えられるため、本章の分析では、一五歳時点の社会経済状況を尋ねた設問の回答結果に基づき、「社会階層（高）」、「社会階層（中）」、「社会階層（低）」の三つのダミー変数を作成した。

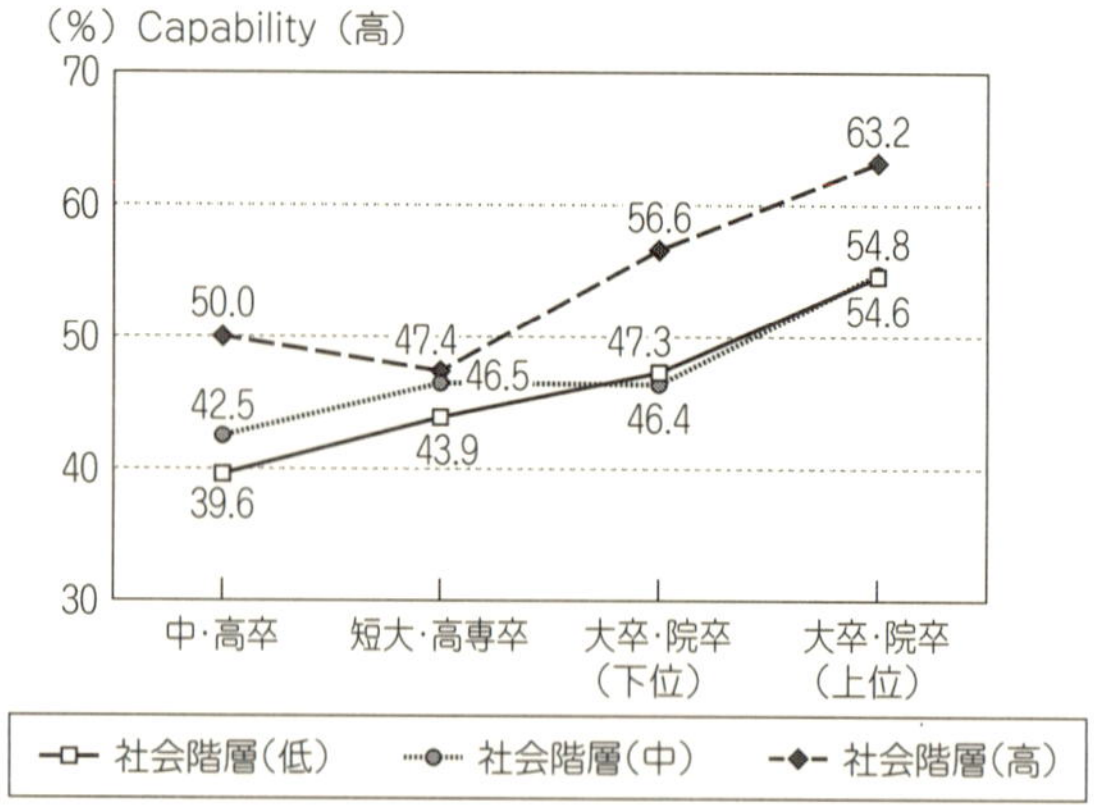

図5－3　仕事のケイパビリティと学歴・社会階層

これは、本調査において、「一五歳の時の、あなたの家庭の生活の程度は、世間一般からみて、どうですか」という設問において、「上」または「上の中」と答えた回答者を「社会階層（高）」、「中の中」と答えた回答者を「社会階層（中）」、「中の下」または「下」と答えた回答者を「社会階層（低）」と設定するものである。

ここで学歴や社会階層と仕事に対するケイパビリティがどのように関連しているかを図5－3で示す。図5－3を参照すると、基本的に学歴が高くなるほど、また社会階層が高くなるほどケイパビリティの水準が高くなっていることがわかる。特に、社会階層（高）のグループの場合、社会階層（低）や社会階層（中）のグループと比べて多くの学歴でケイパビリティの水準が高い傾向が見られ、階層間の格差が確認できる点が興味深い。後の計量モデルでは、社会階層と仕事満足度との関連についても検討するが、その際、ケイパビリティの変数を制御した場合に社会階層の効果がどの程度変化するかにも注目する。

パーソナリティ属性

また、ここで強調すべき点として、本章では分析に用いる調査が一時点のデータであり、回答者個人に特有の属性と主観的厚生との関連性を抽出することが困難であるという問題に対処するため、回答者本人の性格の特徴を示すパーソナリティ属性を制御することとする。具体的には、分析で用いる「地域の生活環境と幸福感に関するアンケート」においてBenet-Martinez and John（1998）で使用されたパーソナリティに関する四四の設問項目を含んでいるため、これらの設問の回答結果に基づいて、「外向性」（Extroversion）、「調和性」（Agreeableness）、「誠実性」（Conscientiousness）、「感受性」（Neuroticism）、「開放性」（Openness）のいわゆる「ビッグ・ファイブ」の指標を作成する。ここでは、Benet-Martinez and John（1998）と同様のアプローチに従い、それぞれの「ビッグ・ファイブ」の指標の程度で四分位に分けて、最も低い段階を基準カテゴリーとして残りの三つのカテゴリーにそれぞれ対応するダミー変数を説明変数に加えることとした。例えば「開放性」が高い人は、好奇心が旺盛で様々な価値観に対して開かれた性格であると言える。一方、「感受性」は「情緒不安定性」とも呼ばれ、この指標が高い人は、不安を感じやすく衝動的な行動をとりやすい性格であるといえる。

さらに、性格変数に関連する制御変数に加え、過去三年間でのトラウマ経験に関するダミー変数（過去三年間における心に傷を受けるような大きなできごとの有無から作成）を分析に用いる。

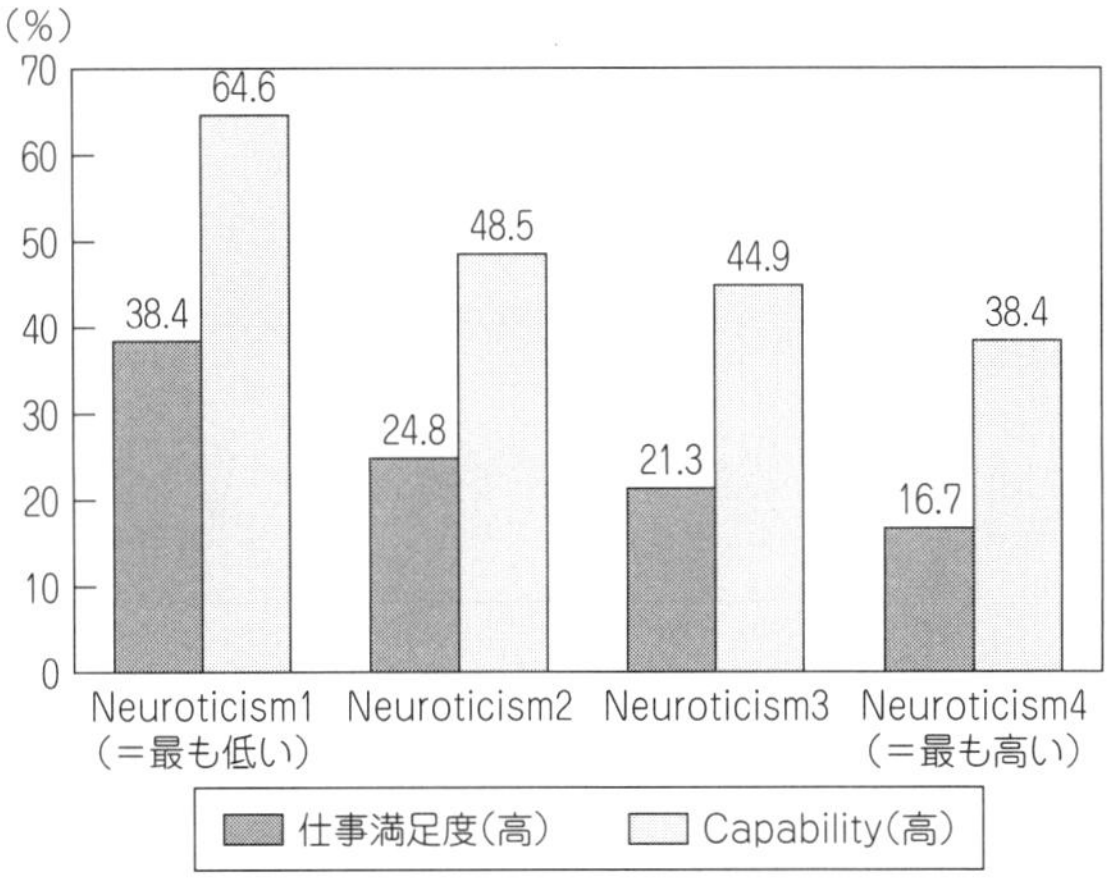

図5－4　感受性（Neuroticism）と仕事満足度，ケイパビリティ

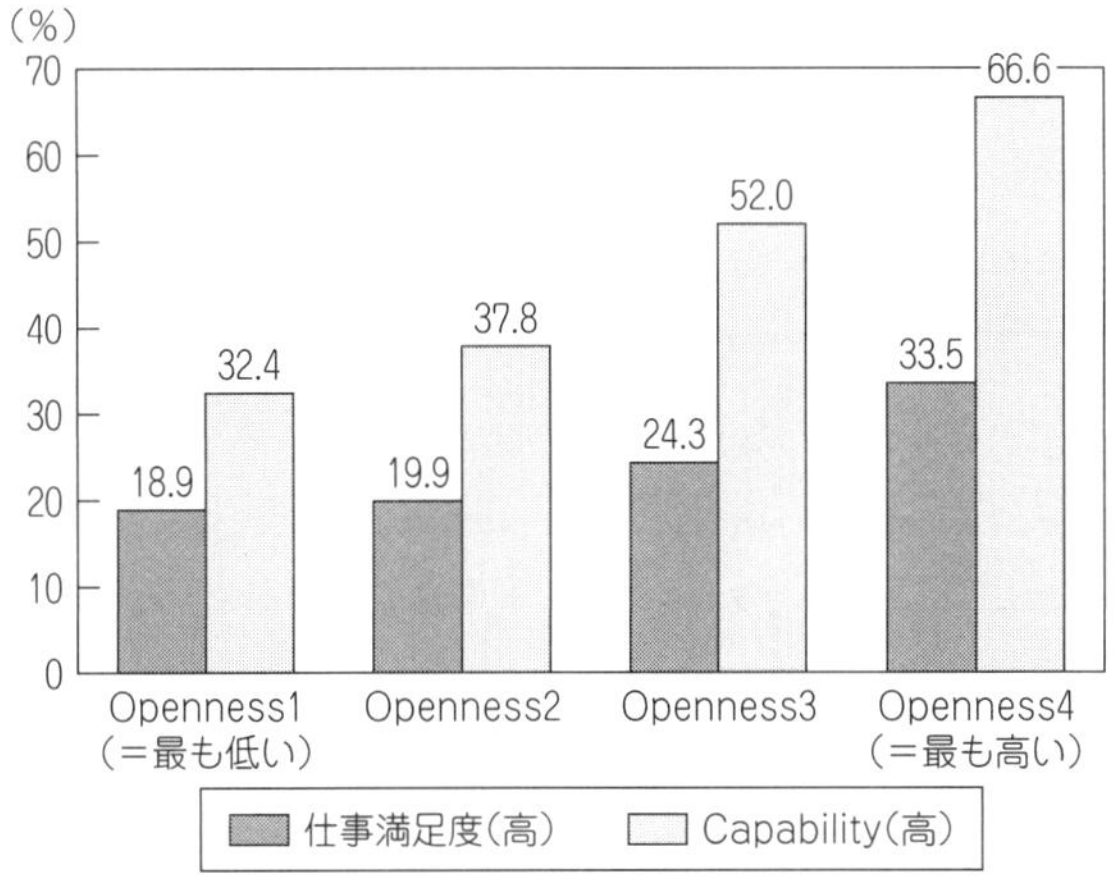

図5－5　開放性（Openness）と仕事満足度，ケイパビリティ

図5－4と図5－5は、人々の性格が仕事に対するケイパビリティや仕事満足度とどのように関連しているかを分かりやすく示したものである。図5－4は、「開放性」の程度で回答者を四つのグループに分けた場合にケイパビリティや仕事満足度が高い割合がどの程度いるかを示したものであり、図5－5は、「感受性」の程度で四つのグループに分けた場合を表している。二つの図から読み取れるように、「開放性」の程度が高いほどケイパビリティと仕事満足度が高い傾向にあり、反対に「感受性」の程度が高いほどケイパビリティや仕事満足度は低い傾向にある。すなわち、個人の性格は人々の主観的な感じ方・捉え方と非常に相関していることが分かる。したがって、個人の性格をビッグ・ファイブに関連する変数を用いて制御したうえで、ケイパビリティと仕事満足度の関係や、ケイパビリティと他の重要な変数（所得、学歴・職業）との関係が統計的に有意な形で残るかどうかを計量分析の手法によって次節で検証する。

分析手法

これまでに説明した変数を分析に使用することで、本章では「仕事に関するケイパビリティ」の水準から作成されたダミー変数を被説明変数とする計量モデルと、「仕事満足度」の水準から作成されたダミー変数を被説明変数とする計量モデルの双方のパラメータを推定する。ここでの推定モデルとしては、代表的な離散選択モデルの一つであるロジット・モデルを用いる。

4 推定結果

ケイパビリティと社会経済的属性

まず、仕事関連のケイパビリティの要因分析をロジット・モデル推定によって行った結果は表5－3で示される。

表5－3は、「Capability（高）」のダミー変数を被説明変数とし、本人の社会経済属性とどの程度関連しているのかを四つの計量モデルによって調べたものである。この変数は、前節で説明した「仕事に対するケイパビリティ」の中央値を上回る者に1、そうでない者に0を割り当てたものである。

ここでモデル1－1とモデル2－1はともに男性サンプルを用いており、モデル1－1がパーソナリティ関連の諸変数と親の社会階層に関するダミー変数を含めていないケース、モデル2－1が含めたケースを扱っている。モデル1－2とモデル2－2は、女性サンプルを扱っている。

表では、それぞれの説明変数の「Capability（高）ダミー」についてのオッズ比とその九五％信頼区間を比較している点が特徴である。ここでオッズ比（OR: odds ratio）とは、二つの異なる条件の下で、問題にしている事象が生じる度合いであるオッズ（＝確率／（1マイナス確率））を計算し、その比を求めたものである。例えば、「専門・技術職のケイパビリティの水準が高いという事象に対するオッズ」と、「（リファレンス・グループである）事務職のケイパビリティの水準が高いという事象に対するオッズ」をそれぞれ求め、前者が後者の何倍あるかを計算したものである。こうして計算されるオッズ比が1を上回れば、「専門・技術職は、他の制御変数を一定とすると事務職と比べてケイパビリティの水準が高く、仕事を通じて様々な機能（Functionings）を生成しやすい傾向にある」と評価する。ここでは、オッズ比の九五％信頼区間を計算し、その信頼区間に1が含まれるかどうかで、結果の統計的な有意性を判断することとした。

ここでは、個人のパーソナリティ属性と出身階層のダミー変数を制御したモデル2－1、モデル2－2の推定結果に基づいて結果を見ていくこととする。推定結果によると、男性女性ともに、「専門・技術職ダミー」が、有意水準五％で有意に正の相関を持つことが確認できる。そして、「非正規雇用ダミー」は、男性女性ともに有意な負の相関を持つ。また、男女別に見ていくと、男性では「有配偶ダミー」、「経営者ダミー」、「自営業ダミー」、「管理職ダミー」、「大卒・院卒（上位）ダミー」、「社会階層（高）ダミー」が有意に正であり、「トラウマ経験（二回以上）ダミー」が有意に負であった。すなわち経営者や自営業の者は、被雇用者と比べて、仕事面の裁量性が大きく、多様であり、能力を発揮・向上できる機会も多いと考えられる。また職種で

表5-3　仕事のケイパビリティの要因についてのロジット分析

［被説明変数：Capability(高)］	Model 1-1 男性（n=3161）		Model 1-2 女性（n=1443）		Model 2-1 男性（n=3161）		Model 2-2 女性（n=1443）	
	OR	95%CI	OR	95%CI	OR	95%CI	OR	95%CI
有配偶ダミー	1.47	(1.19−1.82)	0.96	(0.73−1.26)	1.39	(1.11−1.73)	0.92	(0.69−1.23)
大都市居住ダミー	0.90	(0.77−1.06)	0.80	(0.63−1.01)	0.86	(0.73−1.02)	0.69	(0.54−0.89)
勤務年数(Q2)ダミー	1.13	(0.90−1.41)	1.30	(0.99−1.70)	1.12	(0.88−1.42)	1.28	(0.96−1.72)
勤務年数(Q3)ダミー	1.04	(0.82−1.31)	1.22	(0.86−1.72)	1.12	(0.87−1.43)	1.22	(0.84−1.76)
勤務年数(Q4)ダミー	1.01	(0.79−1.29)	2.10	(1.29−3.44)	1.13	(0.87−1.47)	2.16	(1.28−3.64)
経営者ダミー	3.24	(2.13−4.93)	1.32	(0.47−3.75)	3.12	(2.02−4.82)	0.88	(0.28−2.74)
大企業ダミー	0.94	(0.76−1.16)	0.93	(0.60−1.45)	0.87	(0.70−1.08)	0.84	(0.53−1.34)
官公庁ダミー	0.86	(0.61−1.21)	0.62	(0.29−1.34)	0.84	(0.59−1.20)	0.52	(0.23−1.19)
非正規雇用ダミー	0.74	(0.57−0.97)	0.72	(0.54−0.97)	0.72	(0.54−0.95)	0.66	(0.48−0.90)
自営業ダミー	2.70	(2.09−3.49)	1.89	(1.14−3.13)	2.48	(1.89−3.24)	1.67	(0.97−2.87)
その他の就業地位ダミー	3.08	(0.89−10.6)	1.39	(0.65−2.96)	3.45	(0.92−12.8)	1.53	(0.68−3.44)
農林漁業ダミー	1.07	(0.50−2.30)	1.22	(0.16−9.40)	1.14	(0.51−2.52)	1.02	(0.11−9.33)
現業職ダミー	0.65	(0.45−0.95)	0.54	(0.23−1.27)	0.75	(0.51−1.10)	0.82	(0.33−2.02)
販売職ダミー	1.24	(0.90−1.69)	1.32	(0.84−2.08)	1.26	(0.91−1.76)	1.61	(0.99−2.61)
サービス職ダミー	0.98	(0.74−1.30)	1.53	(1.11−2.11)	1.05	(0.78−1.40)	1.69	(1.20−2.37)
専門・技術職ダミー	1.79	(1.44−2.24)	2.59	(1.89−3.55)	1.88	(1.50−2.37)	2.98	(2.12−4.18)
管理職ダミー	2.99	(2.19−4.08)	1.43	(0.30−6.84)	2.62	(1.90−3.62)	1.89	(0.37−9.62)
その他の職業ダミー	0.92	(0.67−1.27)	1.15	(0.78−1.71)	0.99	(0.71−1.38)	1.09	(0.71−1.67)
中卒ダミー	0.74	(0.38−1.44)	1.30	(0.43−3.98)	0.73	(0.36−1.45)	1.51	(0.46−4.90)
短大・高専・専門卒ダミー	1.09	(0.83−1.42)	1.19	(0.88−1.59)	1.06	(0.80−1.40)	1.08	(0.79−1.49)
大卒・院卒(下位)ダミー	1.08	(0.89−1.33)	1.47	(1.07−2.03)	1.02	(0.82−1.26)	1.32	(0.93−1.87)
大卒・院卒(上位)ダミー	1.44	(1.12−1.85)	1.71	(1.09−2.68)	1.35	(1.04−1.75)	1.41	(0.86−2.31)
Trauma 経験(1回)ダミー					0.92	(0.76−1.10)	0.80	(0.61−1.04)
Trauma 経験(2回以上)ダミー					0.76	(0.58−0.99)	1.05	(0.74−1.49)
社会階層(高)ダミー					1.32	(1.07−1.61)	0.97	(0.73−1.30)
社会階層(低)ダミー					1.02	(0.85−1.22)	0.84	(0.63−1.12)
Prob ＞ Chi2	0.00		0.00		0.00		0.00	

注1：全てのModelは，年齢階級ダミー，子ども人数，対数賃金（×100円）を含む。また，Model2-1，Model2-2では，Big 5の性格属性の変数（それぞれの四分位階級ダミー）を含む。

注2：「就業上の地位」，「職種」，「学歴」に関する各々のリファレンス・グループは「中小企業（正規雇用）」，「事務職」，「高卒」である。

みると、専門・技術職の者のケイパビリティが高い傾向にある。ここでは、上位大学・大学院出身の者、高階層出身の者が、「職種」や「就業上の地位」を制御しても、仕事に対するケイパビリティとの有意な正の相関を持つ点が興味深い。

一方で、女性は先述の「専門・技術職ダミー」の他に、「勤務年数（Q4）ダミー」、「サービス職」が有意に正となっている。ここでは特に、「大卒・院卒（上位）ダミー」や「社会階層（高）ダミー」が、男性においては有意であるが女性では有意ではないという男女差が生じている点が注目される。上位大学・高階層出身の男性は、仕事でケイパビリティを向上させる機会に恵まれているといえるが、女性の場合はそのような明確な傾向はみられていない。もっとも、二十代以上の女性の約半数は無業であり、今回の分析対象から多くのサンプルが除外されている点に留意が必要である。女性の場合は、仕事よりも結婚や家庭生活において、高学歴や出身時の階層が機能の形成やケイパビリティの向上に

表５-４　仕事満足度の要因についてのロジット分析

［被説明変数：仕事満足度［高］］	Model 3-1 男性（n=3161）		Model 3-2 女性（n=1443）		Model 4-1 男性（n=3161）		Model 4-2 女性（n=1443）	
	OR	95%CI	OR	95%CI	OR	95%CI	OR	95%CI
有配偶ダミー	1.04	(0.80−1.35)	1.46	(1.07−1.99)	0.79	(0.58−1.08)	1.44	(1.00−2.06)
大都市居住ダミー	0.79	(0.66−0.96)	1.06	(0.81−1.38)	0.85	(0.67−1.06)	1.22	(0.89−1.66)
勤務年数(Q2)ダミー	1.27	(0.96−1.68)	1.22	(0.89−1.68)	1.17	(0.84−1.62)	1.14	(0.79−1.66)
勤務年数(Q3)ダミー	1.36	(1.02−1.82)	1.36	(0.91−2.03)	1.25	(0.89−1.75)	1.03	(0.64−1.64)
勤務年数(Q4)ダミー	1.29	(0.96−1.73)	1.31	(0.77−2.24)	1.18	(0.83−1.68)	0.82	(0.45−1.53)
経営者ダミー	2.71	(1.88−3.91)	1.10	(0.35−3.42)	3.22	(2.07−5.02)	1.63	(0.46−5.80)
大企業ダミー	1.56	(1.22−2.00)	1.91	(1.17−3.12)	1.26	(0.94−1.69)	1.73	(0.97−3.08)
官公庁ダミー	1.71	(1.17−2.52)	1.35	(0.58−3.13)	0.85	(0.54−1.33)	0.92	(0.35−2.43)
非正規雇用ダミー	1.10	(0.78−1.56)	1.47	(1.03−2.09)	2.05	(1.35−3.12)	3.02	(1.95−4.65)
自営業ダミー	1.75	(1.30−2.36)	1.77	(1.03−3.05)	2.07	(1.43−2.98)	2.95	(1.55−5.62)
その他の就業地位ダミー	1.47	(0.31−7.10)	0.94	(0.37−2.41)	1.76	(0.34−9.2)	1.59	(0.54−4.66)
農林漁業ダミー	0.81	(0.35−1.91)	2.04	(0.24−17.55)	0.69	(0.26−1.84)	2.66	(0.19−36.37)
現業職ダミー	0.42	(0.25−0.72)	0.74	(0.27−2.04)	0.58	(0.32−1.06)	0.95	(0.30−2.99)
販売職ダミー	0.50	(0.33−0.76)	0.99	(0.59−1.67)	0.50	(0.30−0.80)	0.66	(0.35−1.24)
サービス職ダミー	0.69	(0.49−0.97)	0.75	(0.51−1.10)	0.78	(0.52−1.18)	0.63	(0.40−0.98)
専門・技術職ダミー	0.91	(0.70−1.18)	1.71	(1.21−2.41)	0.84	(0.62−1.16)	1.35	(0.90−2.03)
管理職ダミー	1.49	(1.08−2.06)	28.50	(2.80−289.68)	1.11	(0.75−1.64)	19.68	(1.05−369.64)
その他の職業ダミー	0.84	(0.58−1.22)	0.75	(0.48−1.19)	1.07	(0.69−1.67)	0.88	(0.52−1.47)
社会階層(高)ダミー	1.34	(1.08−1.66)	1.30	(0.96−1.77)	1.13	(0.87−1.46)	1.19	(0.83−1.69)
社会階層(低)ダミー	0.83	(0.67−1.03)	0.95	(0.69−1.31)	0.78	(0.61−1.01)	0.99	(0.69−1.44)
中卒ダミー	0.46	(0.16−1.35)	1.33	(0.35−5.08)	0.75	(0.22−2.50)	1.41	(0.33−6.07)
短大·高専·専門卒ダミー	1.17	(0.85−1.61)	0.88	(0.63−1.24)	1.36	(0.95−1.93)	0.85	(0.58−1.23)
大卒・院卒(下位)ダミー	0.95	(0.74−1.22)	0.88	(0.61−1.29)	1.11	(0.87−1.42)	0.84	(0.56−1.26)
大卒・院卒(上位)ダミー	1.34	(1.00−1.78)	0.80	(0.47−1.35)	1.42	(1.09−1.86)	0.81	(0.46−1.42)
雇用の保障(高)ダミー					11.44	(9.01−14.53)	11.50	(8.18−16.17)
Capability(Q2)ダミー					1.91	(1.25−2.91)	2.46	(1.56−3.88)
Capability(Q3)ダミー					5.03	(3.41−7.42)	4.44	(2.87−6.89)
Capability(Q4)ダミー					13.35	(8.62−20.67)	11.66	(6.68−20.36)
Prob ＞ Chi2	0.00		0.00		0.00		0.00	

注１：全てのModelは，年齢階級ダミー，子ども人数，対数賃金（×100円），Big 5の性格属性の変数（それぞれの四分位階級ダミー）トラウマ経験ダミーを含む。
注２：「就業上の地位」，「職種」，「学歴」に関する各々のリファレンス・グループは「中小企業（正規雇用）」，「事務職」，「高卒」である。

貢献しているかもしれず、この点については今後の検討課題である。

仕事満足度の要因

次に、仕事満足度の決定要因について分析したロジット・モデルの推定結果を表５－４で示す。

モデル３－１とモデル４－１が男性サンプルを用いた分析結果であり、モデル３－１では、ケイパビリティの水準に関する四分位階級ダミーと「雇用の保障（高）ダミー」をコントロールしていないケースを扱い、モデル４－１がコントロールしているケースを扱っている。モデル３－２とモデル４－２は、女性サンプルを扱っている。また、すべてのモデルにおいて、年齢階級、パーソナリティ属性、トラウマ経験に関するダミー変数を制御している（紙幅の都合上、具体的な推定結果は割愛している）。また、表５－３のケースと同様、表５－４では、それぞれの説明変数の「仕事満足度（高）ダミー」についてのイ（リファレンス・グループとの）オッズ比とその九五％信頼区間を示している。

ここでの推定結果から分かった点を以下に示すこととする。第一に、表中では割愛している変数の結果をみると、男女ともに賃金の対数値が、プラスに有意であり、報酬の大きさが仕事満足度に結び付いていることがわかった。これは、Furnham（1997）などの先行研究とも整合的である。

第二に、就業上の地位についてみると、男性の場合、大企業勤務（正規雇用）である場合にリファレンス・グループである中小企業勤務（正規雇用）と比べて仕事満足度が有意に高くなっている。ここでの大企業勤務とは、企業の従業員規模（本社・支社などをすべて含む）が一〇〇〇人以上の会社に勤めている者を指している。モデル4－1では、「賃金（対数値）」に加えて、「雇用の保障（高）ダミー」も説明変数に含まれているが、それらを制御しても、大企業勤務の者は中小企業と比べて仕事満足度が高い。この背景には、これらの変数で考慮されていない福祉厚生の水準や昇進の機会といった要素が影響を与えていると考えられる。また、男女ともに「非正規雇用ダミー」が有意にプラスとなっており、「正規雇用の方が、非正規雇用と比べて仕事満足度が高い」とする佐野・大竹（二〇〇七）の分析と対照的な結果を得ている。Frey and Stutzer（2001）で論じられているように、正規雇用の就労者の方が仕事の裁量に対する願望（Aspiration）が高く、実際の仕事の内容と希望するものに乖離があるために仕事満足度が低くなることが考えられる。ただし、「非正規雇用」を「アルバイト・パートタイマー」と「派遣社員、請負社員」に分類して同様の分析を行った結果、「アルバイト・パートタイマー」は正規雇用に比べて仕事満足度が正に有意であったが、「派遣社員、請負社員」は有意な結果は得られていない。

第三に、自営業である場合、そして男性に限ると経営者である場合に、中小企業勤務（正規雇用）と比べて仕事満足度が高くなっている。Karasek and Theorell（1990）で示されたように、仕事に対する裁量の大きさが一定の影響を与えていると考えられるが、仕事の裁量性が考慮されたケイパビリティの四分位ダミー変数を加えたモデル4－1、モデル4－2においても自営業ダミーは有意水準五％でプラスに有意である。被雇用者のケースと比べて従業員が家族であるケースが多いので、職場の人間関係にさほど大きなストレスを感じないことや従事する仕事の範囲が把握しやすい点などが影響を与えている可能性がある。

第四に、男性の場合、上位の大学または大学院を卒業した者の仕事満足度が、リファレンス・グループの高卒と比べて統計的に有意に高くなっている。表5－3の推定結果や図5－3から明らかなように、高い学歴はケイパビリティの高さと密接に相関している。しかし、ケイパビリティの四分位ダミーを説明変数に加えても、「大卒・院卒（上位）ダミー」の有意性は残っており、高い人的資本や多様な人的ネットワークが仕事満足度と関連していることが示唆される。また、仕事の分野に限らずより幅広い分野での機能の束の達成、さらにはケイパビリティの向上と高い学歴が関係しており、そのことが高学歴と仕事満足度のプラスの相関に結び付いている可能性がある。

第五に、モデル3－1の男性のケースでは、「社会階層（高）ダミー」が仕事満足度と有意な相関を持つことから、子どもの頃の親の社会階層が、現在の仕事満足度にも一定の影響を与えている可能性が示唆される。ただし、ケイパビリティの四分位ダミーや「雇用の保障（高）ダミー」を加えたモデル4－1のケースでは、親の高い階層と仕事満足度との間に有意な相関はみられない。したがって、男性の場合は、親の社会階層が高く、子どもの頃の生活環境が良い場合、そのことが仕事と関連した能力の拡大や自分に合った適切な仕事の選択を通じて仕事満足度に間接的にプラスの影響をもたらしている可能性が示唆される。興味深いことに、女性の場合では、親の社会階層にダミー変数は、ケイパビリティの四分位ダミーと「雇用の保障（高）ダミー」を加える前のモデル3－2のケースでも仕事満足度に対して有意でない。ただし、追加的な分析によると、被説明変数を主観的幸福度とする推定においては、女性の場合も親の社会階層の高さが他の諸変数を制御しても幸福感と有意な相関を持つことが分かっている。したがって、結婚や家庭生活の経路を通じて、親の社会階層の効果があると考えられる。

また、本章では紙幅の都合上分析結果を割愛しているが、年齢階級の効果については、女性の「六十代以上ダミー」がリファレンス・グループの「三十代ダミー」と比べてプラスに有意である点を除いて、特に明確な傾向はみられなかった。また、パーソナリティ属性に関しては、男性で「感受性」が強い者の仕事満足度が低い傾向がみられた。これは、パーソナリティ属性と主観的厚生との関係を考察したButkovic et al.（2012）などの先行研究と整合的な結果となっている。

5 考察と結論

本章では、アマルティア・センが提唱したケイパビリティの概念に注目し、仕事に対するケイパビリティの水準と就労者の社会経済的属性がどのように関連しているかについて計量分析の手法を用いて実証分析を行った。また、学歴、一五歳時点の社会階層と仕事満足度の関係が、ケイパビリティを制御することでどのように変化するかについても考察した。

ケイパビリティが高水準の者を1、そうでない者に0を割り当てるダミー変数を被説明変数とするロジット・モデル推定の結果からは、男性については、子ども時代の環境や高い学歴がケイパビリティの水準に影響を与えるという結果が得られた。また、非正規雇用の場合は、ケイパビリティの水準が低くなり、能力向上の機会にマイナスのインパクトをもたらす可能性が男女ともに示された。現在の日本では、非正規雇用が増加し、不安定雇用に付随する問題が広がっているが、奥西（二〇〇八）で述べられているように、雇用形態にかかわらず労働者の能力が発揮される体制を企業・政府の双方が働きかけることが重要といえる。

また、仕事満足度が高水準の者を1、そうでない者に0を割り当てるダミー変数を被説明変数とするロジット・モデル推定の結果からは、「就業上の地位」や「職種」、「賃金」と仕事満足度の間に一定の相関が見られ、男性の場合は「高水準の学歴」や「親の社会階層」などとの相関も確認されている。さらに、ケイパビリティの各四分位ダミーを説明変数に加えたモデルでは、「社会階層（高）ダミー」が非有意となるため、子どもの頃の社会経済状況は、ケイパビリティの向上を通じて間接的に仕事満足度に影響を与えていた可能性が示唆される。

わが国のいくつかの先行研究では、親の階層（所得・学歴・職業など）と子どもの階層の相関が高く、子どもの教育、就業、結婚などにおいて機会の不平等が生じている点が指摘されており、世代を通じた格差の移転を緩和するうえでも、労働者の能力の向上に向けた諸政策の充実が重要な論点となっている（佐藤 二〇〇〇、浦川 二〇一〇、橘木・八木 二〇一〇）。センのケイパビリティ・アプローチは、このような諸政策の効果を評価するうえでも重要な視点を提供するものといえる。

最後に、本章の課題について述べたい。第一に、本章の分析では、労働者にのみ焦点を当てた分析を行っているが、当然ながら「労働をするかしないか」の選択について多様な要因が考えられるため、無業者もサンプルに加えてサンプル・セレクション・バイアスの問題を考慮した検証を行い、ここでの推定結果における諸要因の効果の頑健性を検証する必要がある。第二に、仕事満足度と幸福感・健康感などの他の主観的厚生指標との関連について検証し、仕事における多様な機会の向上によるケイパビリティの改善の効果をより多面的な視点から分析することが望まれる。第三に、Nussbaum（2000）は、善き生にとって最低限必要だと考えられるケイパビリティとして、「生命」「身体的健康」「身体的保全」「感覚・想像力・思考」「感情」「実践理性」「連帯」「自然との共生」「遊び」「環境の制御」からなる一〇項目をリスト化しており、ここでの項目と主観的厚生との関連についての検証も興味深い分析課題である。これらの点については、著者の今後の研究課題としたい。

【参考文献】

浦川邦夫（二〇一〇）「所得格差と学歴格差」『季刊個人金融』第五巻第一号、一一〜二一頁。
浦川邦夫（二〇一一）「幸福度研究の現状――将来不安への処方箋」『日本労働研究雑誌』第六一二号、一四〜一五頁。
大竹文雄・白石小百合・筒井義郎（二〇一〇）『日本の幸福度――格差・労働・家族』日本評論社。
岡部悟志（二〇〇七）「仕事満足にみる若年非正規雇用の現代的諸相――非正規・男性・未婚に着目して」『理論と方法』二二号、一六九〜一八七頁。
岡本裕豪・増田圭（二〇〇一）「平等をめぐる議論と社会資本整備に関する一考察」『国土

交通政策研究』第六号。
奥西好夫（二〇〇八）「正社員および非正社員の賃金と仕事に関する意識」『日本労働研究雑誌』第五七六号、五四〜六九頁。
小塩隆士・浦川邦夫（二〇一一）「主観的厚生に関する相対所得仮説の検証――幸福感・健康感・信頼感」『日本労働研究雑誌』六三巻一号、七三〜一〇二号。
佐藤俊樹（二〇〇〇）『不平等社会日本』中公新書。
佐野晋平・大竹文雄（二〇〇七）「労働と幸福度」『日本労働研究雑誌』第五五八号、四〜一八頁。
参鍋篤司・齋藤隆志（二〇〇八）「企業内賃金分散・仕事満足度・企業業績」『日本経済研究』第五八号、三八〜五五頁。
橘木俊詔・八木匡（二〇一〇）『教育と格差――なぜ人はブランド校を目指すのか』日本評論社。
富岡淳（二〇〇六）「労働経済学における主観的データの活用」『日本労働研究雑誌』第五五一号、一七〜三一頁。
野崎華世（二〇一〇）「日本における仕事満足度と性差」『生活経済学研究』第三二号、三三〜四九頁。
Alkire, S. (2005) "Why the Capability Approach?" *Journal of Human Development*, Vol. 6, No. 1, pp. 115-133.
Benet-Martinez and John (1998) "*Los Cinco Grandes* Across Cultures and Ethnic Groups: Multitrait Multimethod Analyses of the Big Five in Spanish and English," *Journal of Personality and Social Psychology*, Vol. 75, No. 3, pp. 729-750
Bernard, M. S., Van Praag and Ferrer-i-Carbonell (2008) *Happiness Quantified: A Satisfaction Calculus Approach, revised edition*, Oxford University Press.
Bruni, L. and Porta, P. L. (eds.) (2005) *Economics and Happiness: Framing the analysis*, Oxford University Press, Oxford.
Butkovic, A., Brkovic, I., & Bratko, D. (2012), "Predicting Well-being from Personality in Adolescents and Older Adults," *Journal of Happiness Studies*, 13(3), pp. 455-467.
Clark, A. E. and Oswald, A. J. (1994) "Unhappiness and Unemployment," *Economic Journal*, Vol. 104, pp. 648-659.
Diener, E. and Lucas, R. E. (1999) "Personality and Subjective Well-being," D. Kahneman, E. Diener, and N. Schwarz (eds.), *Well-being: The foundations of hedonic psychology*, Russell Sage Foundation, New York, pp. 213-229.
Diener, E. and Seligman, M. E. P. (2004) "Beyond Money: Toward an Economy of Well-Being," *Psychological Science in the Public Interest*, Vol. 5, No. 1, pp. 1-31.
Diener, E., Suh, E. M.; Lucas, R. E., and Smith, H. L. (1999) "Subjective Well-being: Three Decades of Progress," *Psychological Bulletin*, Vol. 125, No. 2, pp. 276-302.
Easterlin, R. (1974) "Does Economic Growth Improve Human Lot? Some Empirical Evidence," Davis, P. A. and Reder, M. W. (eds.), *Nation and Households in Economic growth: Essays in Hornor of Moses Abromowitz*, Academic Press, London.
Easterlin, R. (2005) "Building a Better Theory of Well-Being," Bruni, Luigino and Peir L. Porta (eds), *Economics and Happiness: Framing the analysis*, Oxford University Press. 29-64.
Fabra, M. E. and Camisón, C. (2009) "Direct and Indirect Effects of Education on Job Satisfaction: A Structural Equation Model for the Spanish Case," *Economics of Education Review*, Vol. 28, pp. 600-619.
Fahr, R. (2011) "Job Design and Job Satisfaction-Empirical Evidence for Germany? *Management Revue*, Vol. 22, No. 1, pp. 28-46.
Frank, R. (2005) "Does Absolute Income Matter?," in Bruni, Luigino and Peir L.

Porta (eds), *Economics and Happiness: Framing the analysis*, Oxford UP : Oxford. pp. 65–89.

Frey, B. and Stutzer, A. (2001) Happiness and Economics: How the Economy and Institutions Affect Human Well-being, Princeton Paperbacks.（＝佐和隆光監訳〔二〇〇五〕『幸福の政治経済学――人々の幸せを促進するものは何か』ダイヤモンド社）

Frey, B. and Stutzer, A. (2002) "What Can Economists Learn from Happiness Research?" *Journal of Economic Literature*, Vol. XL, pp. 402–435.

Furnham, A. (1997) *The Psychology of Behavior at Work. The Individual in the Organization*, Hove East Sussex: Psychology Press.

Gazioglu, S. and Tansel, A. (2006) "Job Satisfaction in Britain: Individual and Job Related Factors," *Applied Economics*, Vol. 38, pp. 1163–1171.

Graham, C. (2011) *The Pursuit of Happiness: An Economy of Well-being*, The Brookings Institution.（＝多田洋介訳〔二〇一三〕『幸福の経済学――人々を豊かにするものは何か』日本経済新聞出版社）

Judge, T.A., Thoresen, C.J., Bono, J.E. et al. (2001) "The Job Satisfaction-Job Performance Relationship: A Qualitative and Quantitative Review," *Psychological Bulletin*, Vol. 127, No. 3, pp. 376–407.

Justina A., Fischer, V. and Alfonso Sousa-Poza, A. (2009) "Does Job Satisfaction Improve the Health of Workers? New Evidence Using Panel Data and Objective Measures of Health," *Health Economics*, Vol. 18, pp. 71–89.

Karasek, R. and Theorell, T. (1990) *Healthy Work: Stress, Productivity and the Reconstruction of Working Life*, Basic Books, New York.

Leßmann, O. and Bonvin, J.M. (2011) "Job Satisfaction in the Broader Framework of the Capability Approach," *Management Revue*, Vol. 23, No. 2, pp. 98–118.

Nussbaum, M. C. (2000) *Women and Human Development: The Capabilities Approach*, Cambridge University Press.（＝池本幸生・田口さつき・坪井ひろみ訳〔二〇〇五〕『女性と人間開発』岩波書店）

Ootegen, L. V. and Verhofstadt, E. (2008) "What is a 'Good' First Job? A Capabilities Analysis of Job Satisfaction," mimeo.

Origo, F. and Pagani, L. (2009) "Flexicurity and Job Satisfaction in Europe: The Importance of Perceived and Actual Job Stability for Well-being at Work," *Labour Economics*, Vol. 16, pp. 547–555.

Pouliakas, K. (2010) "Pay Enough, Don't Pay too Much or Don't pay at all? The Impact of Bonus Intensity on Job Satisfaction," *Kyklos*, Vol. 63, No. 4, pp. 597–626.

Pouliakas, K. and Theodossiou, I. (2012) "Rewarding Carrots and Crippling sticks: Eliciting Employee Preferences for the Optimal Incentive Design," *Journal of Economic Psychology*, Vol. 33, No. 6, pp. 1247–1265.

Robeyns, I. (2000) "An Unworkable Idea or a Promising Alternative? Sen's Capability Approach Re-examined," *Center for Economic Studies Discussion Paper Series (DPS)*.

Sen, A. (1984) "*Commodities and Capabilities*," Elservier Science Publishers B.V.（＝鈴村興太郎訳〔一九八八〕『福祉の経済学――財と潜在能力』岩波書店、二〇一〇年、第一四版）

Sen, A. (1993) "Capability and Well-Being," In Nussbaum, M. C. and Sen, A. (eds.), *The Quality of Life*, Oxford University Press.

Shokkaert, E. (2007) "Capabilities and Satisfaction with Life," *Journal of Human Development*, Vol. 8, No. 3, pp. 415–430.

Skalli, A., Theodossiou, I. and Vasileitou, E. (2008) "Jobs as Lancaster Goods: Facets of Job Satisfaction and Overall Job Satisfaction," *Journal of Socio-Economics*, Vol. 37, pp. 1906–1920.

Suppa, N. (2012) "Job Characteristics and Subjective Well-Being in Australia: A Capability Approach Perspective," *Ruhr Economic Papers*, No. 388, pp. 1–27.

Veenstra, G. (2000) "Social Capital, SES and Health: an individual level analysis," *Social Science and Medicine*, No. 50, pp. 619–629.

Warr, P. (1999) "Well-being and the Workplace," Kahneman, D., Diener, E and Schwarz, N. (eds.), *Well-being: The Foundations of Hedonic Psychology*, New York: Russell, pp.392–412.

第6章 異なる公的年金制度への加入と幸福感度

伊多波良雄

公的年金の一元化の必要性が指摘されている中で、被用者年金である厚生年金と共済年金の一元化が決められている。しかし、国民年金を含む年金の一元化は先送りされている。本章は、アンケート調査を基に、異なる公的年金制度への加入が主観的幸福感度に及ぼす影響を検証することによって、公的年金制度間の格差をあぶり出す。これまでの研究結果を基に、ビッグ・ファイブ尺度と言われる個人のパーソナリティと幸福感度を構成する幸福感度要因を考慮しながら分析を行う点が新たな視角である。

1 問題の所在と公的年金制度の加入状況

公的年金制度は、被用者年金である厚生年金と共済年金、自営業者などが加入する国民年金に大きく分けられる。厚生年金と共済年金の間には、保険料率は厚生年金でより高く、給付額では職域部分があるため共済年金がより高いなど格差が見られる。このようなことを背景に、二〇一四年八月に被用者年金の一元化を図る法案が可決された。これによると、二〇一五年一〇月に共済年金の名称はなくなり、厚生年金に一元化されることになっている。しかし、職域部分が残されたり、積立金の取扱が不十分だったりして、完全な一元化は引き延ばされている。さらには、国民年金との一元化は行われていない。

異なる年金制度加入の問題として、第三号被保険者の問題もある。第三号被保険者とは厚生年金・共済年金に加入している人（第二号被保険者）の被扶養配偶者を指している。いわゆる専業主婦（主夫）である。第三号被保険者の保険料は第二号被保険者全体で負担する仕組みになっており、優遇されていると言われている。

年金の一元化に向けて、公的年金制度の格差を検証することは重要な作業である。具体的な制度を見て格差を検証する方法も考えられるが、本章では、独自のアンケート調査を用いて人々が主観的に感じる幸福感度に基づいて年金制度間の格差を検証する。こういったアプローチに基づく研究は、十分行われておらず、佐々木（二〇一二）と伊多波・塩津（二〇一三）で行われているのみである。そこでは所得や年齢などの社会経済的要因をコントロールしたうえで、被用者年金である厚生年金と共済年金の加入者の幸福感度が国民年金加入者の幸福感度より高いことや、国民年金加入者の中でも保険料免除・猶予者や未納者の幸福感度がより低いことなどが指摘されている。

本章はこれらの先行研究を基礎に分析を試みる。特徴は二つある。第一に、これまで考慮されてこなかった個人のパーソナリティをコントロール変数として取り上げる。このことによって、年金制度の格差を正確に検証することが可能になる。第二に、幸福感度を構成する要因を抽出し、異なる年金制度への加入がどのような経路を通じて幸福感度に影響を及ぼすのかを検証する。分析を通じて、年金制度間の格差と社会保障制度としての年金の持つ意味が明らかにされる。

データは、科学研究費補助金

表6-1　本調査とH22加入状況調査の比較

公的年金制度	加入者分類	本調査			H22加入状況調査
		加入者人数（人）	全体に占める比率（%）	第1号，2号，3号および未加入者を100とするときの比率（%）	構成比率（%）
第1号被保険者	国民年金保険料納付者	1,154	17.8	31.4	29.1
	国民年金保険料免除・猶予者	319	4.9		
	国民年金未納者	149	2.3		
第2号被保険者	厚生年金加入者	2,169	33.4	50	54.1
	共済年金加入者	411	6.3		
第3号被保険者	第3号被保険者	830	12.8	16.1	15.4
未加入者	公的年金未加入者	130	2	2.5	1.4
その他	わからない	164	2.5		
	年金受給者	1,165	18		
	合計	6,491	100	100	100

注：四捨五入しているため合計欄の数字は各項目を足し合わせた数字と一致しない。
出所：「地域の生活環境と幸福感度に関するアンケート」による個票データと厚生労働省「平成二二年公的年金加入状況等調査の概要について」。

「幸福感分析に基づく格差社会是正政策と社会保障改革」（研究代表橘木俊詔、基盤研究（A）、二〇一〇〜二〇一二年度）で行われた調査「地域の生活環境と幸福感度に関するアンケート」による個票データを用いる。インターネット調査（Goo Research に依頼）によるもので、二〇一二年一〇月四〜一〇日の期間に行われた。

日本における公的年金制度の加入状況とデータのそれを比較すると、表6-1に示されているようになる。本調査の回答者は六四九一名であり、このうち「分からない」は一六四名、年金受給者は一一六五名である。厚生労働省の「平成二二年公的年金加入状況等調査の概要について」によると、公的年金加入者は表6-1の一番右の行にあるようになっている。本調査では公的年金未加入者がやや高い値になっているが、構成比率はほぼ同じと言ってよいであろう。

2　用いるデータの説明

年金制度加入と幸福感度の関係を分析した佐々木（二〇一二）と伊多波・塩津（二〇一三）で、性別、年齢、学歴、婚姻状況、年収、ソーシャル・キャピタルなどが幸福感度に影響を及ぼすことが明らかにされている。最近の幸福の経済分析では、雇用形態、金融資産なども幸福感度に影響を及ぼすと考えられているのでこれらも説明変数として取り上げる。後の分析で取り上げる変数の記述統計量は表6-2の通りである。

公的年金加入者は次のように区別している。国民年金加入者については、国民年金保険料納付者、国民年金保険料免除・猶予者、国民年金未納者と分類している。そのほかの公的年金加入者として、厚生年金加入者、共済年金加入者、厚生年金（共済年金等を含む）に第三号（配偶者）として加入している第三号被保険者を考えている。さらに、公的年金に加入していない公的年金未加入者も取り上げる。年金の意義を見るため、加入しているかどうか分からない回答者と年金受給者も取り上げる。加入しているかどうか分からない回答者は、これ以降通常の文章と紛らわしいときは「わからない」とカギ括弧で囲むことにする。

公的年金加入者別の幸福感度

幸福感度は一一段階で示されている。アンケート調査では「全体として、あなたは普段どの程度幸福だと感じていますか。番号（〇〜一〇）から最も近いものを一つ選んでください」という質問によって一一段階の回答を得ている。

図6-1に、加入者別の幸福感度が全体と男女別に描かれている。最初に全体の傾向を見てみる。年金受給者と「分からない」を除くと、第三号被保険者の幸福感度が一番高い。これに、共済年金加入者、厚生年金加入者、国民年金保険料納付者、国民年金保険料免除・猶予者、国民年金未納者と続く。加入者別の幸福感度のこの順位は、先に挙げた二つの先行研究と同じである。未加入者の幸福感

表6-2　記述統計量

（%）

		人数	幸福感											合計
			0（非常に不幸）	1	2	3	4	5	6	7	8	9	10（非常に幸福）	
性　別	男　性	3934	1.3	1.4	2.9	7.1	8.6	15.7	18.2	21.3	16.7	4.8	2.0	100.0
	女　性	2557	0.8	1.1	2.2	5.6	7.0	15.5	15.1	21.5	20.6	7.9	2.7	100.0
年　代	20　代	597	2.2	1.2	3.0	8.4	9.0	17.4	18.6	19.4	13.9	4.4	2.5	100.0
	30　代	1248	1.8	1.4	2.8	7.8	9.3	16.3	17.9	19.2	16.2	5.5	1.8	100.0
	40　代	1362	1.6	1.6	4.0	7.9	9.3	16.7	15.9	20.5	15.3	5.6	1.6	100.0
	50　代	1633	0.7	1.5	2.6	6.2	7.4	15.5	17.3	22.5	18.0	5.8	2.6	100.0
	60　代	1192	0.2	0.6	1.6	4.4	6.5	14.5	16.2	22.6	23.4	7.4	2.8	100.0
	70　代	459	0.4	0.7	0.4	3.1	4.8	12.0	16.8	25.7	25.7	8.1	2.4	100.0
婚姻状況	未　婚	1633	3.0	2.3	5.0	11.2	12.5	18.9	17.1	15.9	10.3	2.5	1.3	100.0
	既　婚	4382	0.4	0.7	1.6	4.5	6.1	14.1	17.1	23.9	21.5	7.5	2.6	100.0
	離　婚	354	1.7	3.1	4.8	10.2	10.7	18.4	16.4	16.1	13.8	3.1	1.7	100.0
	死　別	122	1.6	0.8	1.6	4.9	7.4	18.0	13.9	21.3	19.7	6.6	4.1	100.0
年　収	な　い	738	2.2	1.1	2.7	5.4	7.2	16.8	13.7	21.5	18.6	8.4	2.4	100.0
	400万円未満	3318	1.4	1.7	3.4	8.4	9.0	16.2	16.8	19.1	16.7	5.3	2.0	100.0
	400万円以上	2265	0.5	0.5	1.6	4.2	6.7	14.3	18.2	24.6	20.4	6.4	2.4	100.0
	わからない・答えたくない	170		1.8	1.8	5.3	8.8	16.5	18.2	21.2	19.4	4.1	2.9	100.0
学　歴	中学校	130	3.8	0.8	8.5	11.5	9.2	24.6	14.6	13.1	8.5	2.3	3.1	100.0
	高　校	1682	1.2	1.4	2.4	7.3	8.5	17.5	16.1	19.2	18.0	6.2	2.1	100.0
	専修学校・高専・短大	1339	1.2	1.8	3.0	6.7	8.4	15.6	17.1	20.6	17.3	6.3	2.0	100.0
	大　学	2896	1.0	0.9	2.4	5.9	7.4	14.5	18.1	23.0	19.1	5.7	2.2	100.0
	大学院	416	0.2	1.4	2.4	5.5	8.2	13.0	13.2	24.5	20.2	7.7	3.6	100.0
	その他	28	7.1	3.6		7.1	7.1	17.9	21.4	17.9	10.7	3.6	3.6	100.0
ソーシャル・キャピタル：自治会・町内会活動への参加	したことがない	2000	2.6	2.3	4.0	8.8	9.4	18.0	16.4	18.0	14.4	4.3	2.0	100.0
	めったにしない	1903	0.4	1.1	2.8	6.6	8.3	16.6	17.6	22.8	17.7	5.0	1.2	100.0
	ときどきしている	1630	0.6	0.6	1.0	4.7	7.7	13.4	17.9	23.1	21.2	7.2	2.7	100.0
	よくしている	623	0.2	0.2	1.9	4.8	5.5	12.2	15.9	22.3	23.6	10.1	3.4	100.0
	いつもしている	335	0.9	0.9	2.7	4.2	4.2	13.7	15.2	23.9	20.6	8.4	5.4	100.0
雇用形態	経営者・役員	239	0.8	0.4	0.4	2.5	6.7	13.0	12.6	29.7	22.2	7.9	3.8	100.0
	正規雇用	2054	1.0	1.1	2.5	6.5	9.4	15.8	19.4	22.1	15.6	4.4	2.3	100.0
	公務員	295	0.7	0.3	1.7	7.5	3.4	18.0	19.0	20.7	21.4	6.1	1.4	100.0
	非正規雇用	1227	1.5	2.1	4.6	9.0	9.2	15.9	15.5	19.6	15.2	5.5	1.7	100.0
	自営・家業・内職	621	1.0	1.9	1.9	7.4	7.7	16.4	16.7	20.9	18.2	6.3	1.4	100.0
	無業（専業主婦・主夫を含む）	1836	1.1	0.9	2.0	5.0	6.6	15.4	15.5	21.2	22.1	7.6	2.6	100.0
	学生・その他	219	1.4	1.4	3.7	5.5	6.4	12.3	18.3	19.6	19.6	7.8	4.1	100.0
年　収	な　い	738	2.2	1.1	2.7	5.4	7.2	16.8	13.7	21.5	18.6	8.4	2.4	100.0
	400万円未満	3318	1.4	1.7	3.4	8.4	9.0	16.2	16.8	19.1	16.7	5.3	2.0	100.0
	400万円以上	2265	0.5	0.5	1.6	4.2	6.7	14.3	18.2	24.6	20.4	6.4	2.4	100.0
	わからない・答えたくない	170		1.8	1.8	5.3	8.8	16.5	18.2	21.2	19.4	4.1	2.9	100.0
金融資産	な　い	635	4.4	4.3	6.1	11.8	12.0	20.0	14.5	14.3	9.0	2.2	1.4	100.0
	750万円未満	2861	0.9	1.3	2.9	8.0	8.8	16.6	18.4	20.2	15.8	5.1	1.8	100.0
	750万円以上	2037	0.6	0.4	1.4	3.5	5.6	11.5	16.3	24.8	24.3	8.5	2.9	100.0
	わからない・答えたくない	958	0.8	0.8	2.0	4.9	7.7	18.5	16.0	22.1	18.7	5.7	2.7	100.0
世帯の負債（借金）	あ　る	1123	1.2	1.8	4.5	8.0	11.0	18.6	16.7	17.4	14.1	4.6	2.0	100.0
	な　い	5252	1.0	1.1	2.2	6.1	7.2	14.8	17.2	22.4	19.3	6.4	2.3	100.0
	わからない	116	4.3	1.7	6.0	11.2	11.2	24.1	12.1	15.5	12.1	1.7		100.0
公的年金加入状況	国民年金保険料納付者	1154	1.7	2.0	3.5	7.3	10.3	16.4	17.2	18.9	15.1	5.0	2.7	100.0
	国民年金保険料免除・猶予者	319	2.8	2.5	6.9	11.6	8.8	14.7	17.6	15.4	13.8	3.8	2.2	100.0
	国民年金未納者	149	2.7	4.0	5.4	10.1	16.1	21.5	12.1	12.8	11.4	2.7	1.3	100.0
	厚生年金加入者	2169	0.9	1.0	2.6	7.1	8.6	14.9	18.5	23.3	16.0	4.7	2.2	100.0
	共済年金加入者	411	0.2		1.9	5.1	5.1	17.5	20.2	21.2	20.0	7.8	1.0	100.0
	第3号被保険者	830		0.6	1.3	4.1	6.1	13.6	14.2	24.8	23.4	9.3	2.5	100.0
	公的年金未加入者	130	4.6	3.1	6.2	11.5	6.2	22.3	13.1	14.6	13.1	3.8	1.5	100.0
	わからない	164	6.1	2.4	4.3	8.5	11.6	25.0	9.8	15.9	9.1	7.3		100.0
	年金受給者	1165	0.3	0.8	0.9	4.0	5.2	14.4	16.8	22.1	25.2	7.5	2.7	100.0

出所：「地域の生活環境と幸福感度に関するアンケート」による個票データ。

度と国民年金未納者の幸福感度を比べると、本論文では未加入者の方が少し高く、伊多波・塩津（二〇一三）と同じ結果である。佐々木（二〇一二）では、国民年金未納者の幸福感度がより高く、本論文と異なっている。「わからない」と年金受給者を見ると、「わからない」の幸福感度はかなり低く、国民年金未納者よりはやや高い。年金受給者の幸福感度は、第三号被保険者の幸福感度とほぼ同じであり、幸福感度は高い。

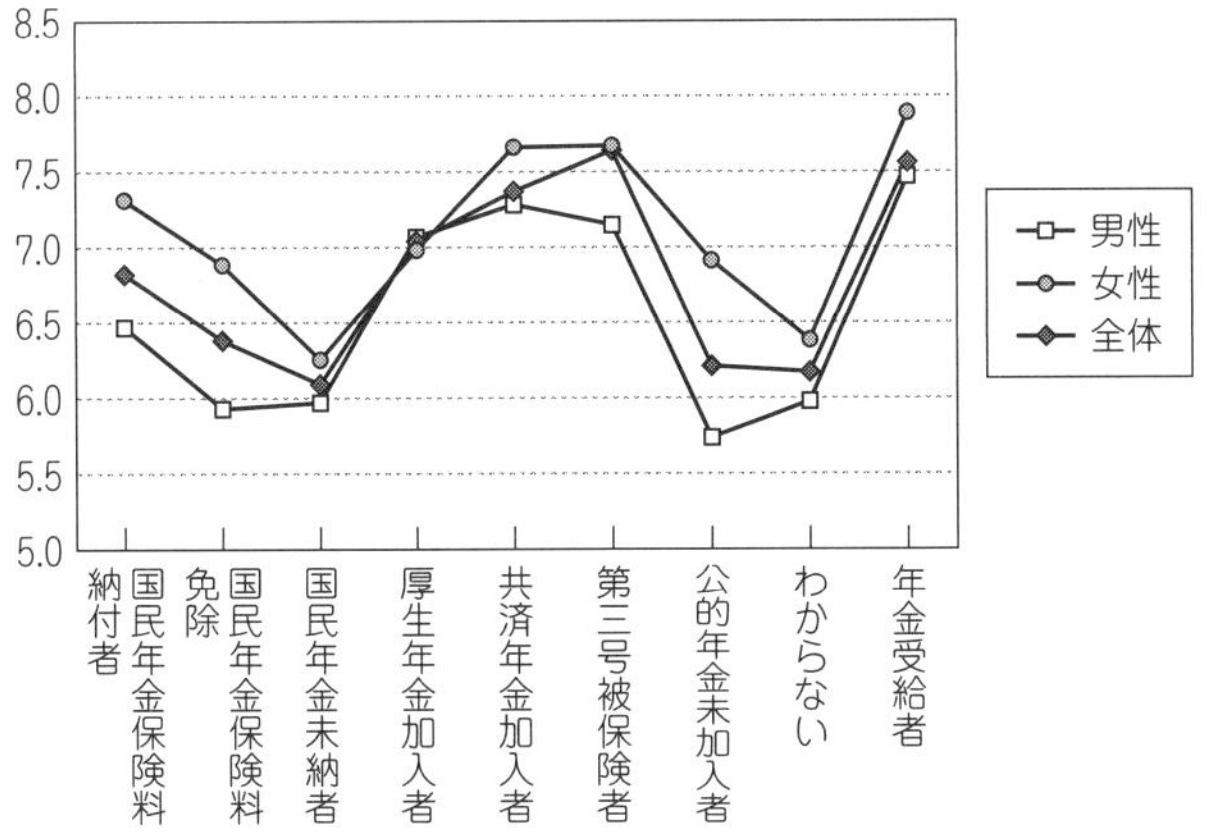

図6-1　年金加入者別幸福感度

男女別に見ると、全体的傾向とほぼ同じ動きを示しているが、男女間の差が目立つ。女性の幸福感度が男性の幸福感度より大きいという点である。特に、国民年金保険料納付者、国民年金保険料免除・猶予者および公的年金未加入者では女性の幸福感度がかなり高い。これらほどではないが、第三号被保険者の場合も女性の幸福感度がやや高い。

個人のパーソナリティとしてのビッグ・ファイブ尺度

本調査では、回答者の心理的性格を抽出するための質問をしている。これは、例えば「話し好きですか」、「他人のあら探しをする」、「完璧に仕事をする」などの性格に関する四四の質問を六件法で回答を求め、因子分析で共通の因子を抽出しようとするものである(Benet-Martinez and John 1988)。通常は、この作業によってビッグ・ファイブ尺度（Big Five Scales）と呼ばれる五つのパーソナリティが抽出される。後で、幸福感度への影響を見るため幸福感度からビッグ・ファイブ尺度への回帰分析を行うので、ビッグ・ファイブ尺度間での相関をできるだけ減少させ、多重共線性を避けるため因子分析で主因子法を用いる際バリマックス回転を用いた。回転後の因子行列は表6-3で示されている。四四の質問項目があるので細かな説明は省くが、第一因子は誠実性、第二因子は情緒不安定性、第三因子は創造性、第四因子は非協調性、第五因子は内向性と解釈できる。ビッグ・ファイブ尺度の記述統計量は表6-4のとおりであり、各因子は平均がゼロとなる正規分布を描く。

幸福感度とビッグ・ファイブ尺度との相関係数を求めると、表6-5のとおりになる。これより誠実性と開放性は幸福感度と正の関係が、情緒不安定性、非協調性および内向性のそれぞれと幸福感度との間にはマイナスの関係が有意水準一％で有意であることが確認できる。

表6-3　回転後の因子行列

質問項目	5つの主要因子				
	1 誠実性	2 情緒不安定性	3 開放性	4 非協調性	5 内向性
1．話し好きだ	.312	.143	.067	.115	-.557
2．他人のあら探しをする	-.021	.165	-.069	.502	-.121
3．完璧に仕事をする	.576	-.374	.134	.120	-.024
4．元気がない	-.256	.176	-.105	.121	.419
5．新しいアイデアを生みだす	.339	-.101	.691	.099	-.072
6．控え目だ	.064	.175	-.108	-.150	.675
7．他人に親切だ	.627	.129	.096	-.258	-.005
8．やや不注意だ	-.116	.619	-.004	.084	-.091
9．落ち着いている	.430	-.213	.057	-.056	.406
10．多くの物事に興味を持つ	.384	.099	.380	.031	-.120
11．元気いっぱいだ	.389	-.019	.187	.048	-.387
12．他人と口論する	.024	.028	.128	.576	-.164
13．信頼できる労働者だ	.675	-.132	.050	-.035	-.037
14．緊張しやすい	.103	.384	-.156	.034	.253
15．頭がよい	.477	-.245	.242	.180	.029
16．熱意にあふれている	.549	-.126	.314	.112	-.218
17．忘れやすい	-.109	.542	-.008	.040	.018
18．情緒が不安定になりやすい	-.135	.349	-.058	.252	.025
19．あれこれ心配する	.079	.323	-.078	.114	.111
20．想像力が豊かだ	.380	.063	.524	.079	-.043
21．静かだ	.169	.042	-.010	-.093	.751
22．信用できる	.740	-.102	.106	-.127	.066
23．怠けがちだ	-.294	.532	-.055	.244	.136
24．情緒が安定している	.403	-.123	.105	-.101	.083
25．独創的だ	.277	-.028	.656	.167	-.007
26．攻撃的だ	.017	.014	.179	.704	-.154
27．お高くとまっている	-.086	.056	.034	.649	.057
28．仕事は最後までやり遂げる	.655	-.231	.116	-.099	-.031
29．気分屋だ	-.122	.385	.035	.432	-.007
30．芸術的，美的な経験に価値をおく	.198	.066	.214	.105	.024
31．恥ずかしがり屋だ	.079	.335	-.097	.058	.456
32．思慮深く親切だ	.673	.025	.140	-.132	.182
33．効率的に物事に対処する	.607	-.234	.260	.022	.033
34．緊張する場面でも平静だ	.312	-.218	.223	.124	-.052
35．単純な労働を好む	-.048	.294	-.267	.046	.155
36．社交的だ	.396	.070	.096	.067	-.484
37．他人に失礼だ	-.297	.230	.047	.550	.033
38．計画をたてててやりとおす	.519	-.288	.221	.022	-.015
39．神経質だ	.159	.045	.036	.269	.140
40．好んでアイデアを出す	.354	-.062	.735	.103	-.098
41．芸術への関心が低い	.032	.136	-.052	.117	.071
42．好んで協力する	.556	.086	.186	-.170	-.122
43．気が散りやすい	-.140	.554	.031	.264	.048
44．美術のセンスがある	.173	-.030	.273	.112	.001

注：因子抽出法：主因子法，バリマックス回転。

パーソナリティを年金加入の幸福感度分析で用いる意義は、次のように考えることができる。先に述べたように、未加入者の幸福感度と国民年金未納者の幸福感度の大きさについては異なる研究結果が得られている。本調査では未納者の幸福感度がより低くなっている。これは、給料が低いため年金保険料を払うことができず、情緒不安定になっているからかもしれない。したがって、年金制度の加入の違いが幸福感度に及ぼす影響を見るとき、正確な影響を得るためにはパーソナリティをコントロールして分析する必要がある。

表6-4　ビッグ・ファイブ尺度の記述統計量

	度数	最小値	最大値	平均値	標準偏差
誠実性	6491	-4.858	3.890	0.000	0.939
情緒不安定性	6491	-3.301	3.731	0.000	0.879
開放性	6491	-3.862	3.330	0.000	0.872
非協調性	6491	-2.834	4.594	0.000	0.888
内向性	6491	-3.417	3.686	0.000	0.908

表6-5　幸福感度とビッグ・ファイブの相関

	誠実性	情緒不安定性	開放性	非協調性	内向性
幸福度	0.247	-0.057	0.08	-0.19	-0.166

注：いずれも１％有意水準で有意である。

3　分析と考察

推定は順序ロジット分析を用いる。男女別と男女をプールしたものについて分析しており、推定結果は表6-6に示されている。被説明変数は幸福感度である。説明変数は、性別、年齢、婚姻状況、学歴、ソーシャル・キャピタル、雇用形態、年収、金融資産、世帯の負債、公的年金加入状況および五つのパーソナリティである。男女別に、これまでの年金加入と幸福感度との関係を分析した先行研究で用いられたコントロール変数を含む推定がモデル一とモデル三である。モデル二とモデル四は、これらの推定式にビッグ・ファイブ尺度と呼ばれる五つのパーソナリティを加えたものである。モデル五はビッグ・ファイブ尺度を考慮しながら、男女をプールして推定するケースである。年金加入の及ぼす影響を説明する前に、社会経済的要因の幸福感度に及ぼす影響を見てみる。

社会経済的要因の影響

性別では、男性より女性の幸福感度が大きい(モデル五)。この傾向は、大竹・白石・筒井(二〇一〇)などの幸福の経済分析に関する多くの先行研究で見られる傾向である。ここで興味深いのは、パーソナリティをコントロール変数として加えても男女差が見られる点である。

年齢は、男女とも年齢自体はマイナス、年齢の二乗はプラスであり、すべてのモデルで有意水準一%で有意である。係数の符号から、若いときには年齢とともに幸福感度が低下し、ある年代(男性は四十代前半、女性は四〇歳頃)で低下がとまり、その後反転し、幸福感度が増大していく。このように、幸福感度と年齢の間にはU字型の関係が見られる。この関係も、幸福の経済分析ではよく見られる結果で

表6-6　順序ロジット分析の推定結果

説明変数	被説明変数	幸福感度：0＝非常に不幸～10＝非常に幸福				
		男子	男子	女子	女子	男女同時
		モデル1	モデル2	モデル3	モデル4	モデル5
性　別	男性[レファレンス]					
	女　性					0.6143 [9.99]***
年　齢	年　齢	-1.149 [-5.96]***	-1.0644 [-5.48]***	-0.572 [-2.62]***	-0.5256 [-2.40]**	-0.763 [-5.51]***
	年齢の二乗	0.1322 [5.60]***	0.1133 [4.78]***	0.0727 [2.53]**	0.0597 [2.07]**	0.0826 [4.73]***
婚姻状況	未婚[レファレンス]					
	既　婚	0.9414 [11.10]***	0.9006 [10.54]***	0.6851 [6.32]***	0.5309 [4.81]***	0.7913 [12.10]***
	離　別	0.1592 [1.03]	0.1046 [0.67]	0.0351 [0.22]	-0.1398 [-0.87]	0.0232 [0.21]
	死　別	0.4965 [1.83]*	0.5607 [2.07]**	0.1631 [0.67]	0.0427 [0.17]	0.3464 [1.94]*
学　歴	中学校	-0.3287 [-1.64]	-0.3107 [-1.55]	-0.6325 [-2.29]**	-0.5443 [-1.98]**	-0.4111 [-2.56]**
	高校[レファレンス]					
	専修学校・高専・短大	-0.1185 [-1.14]	-0.1618 [-1.55]	0.0325 [0.36]	-0.0252 [-0.28]	-0.0904 [-1.34]
	大　学	0.0108 [0.15]	-0.0236 [-0.33]	0.149 [1.56]	0.1302 [1.35]	0.0257 [0.45]
	大学院	0.2432 [2.06]**	0.1126 [0.95]	0.5524 [2.58]***	0.4076 [1.89]*	0.1938 [1.90]*
	その他	-0.7223 [-1.61]	-0.9834 [-2.17]**	-0.1114 [-0.20]	-0.1818 [-0.32]	-0.6529 [-1.86]*
ソーシャル・キャピタル	自治会・町内会活動への参加	0.1482 [5.52]***	0.0874 [3.21]***	0.1134 [3.23]***	0.0409 [1.15]	0.0707 [3.28]***
雇用形態	経営者・役員	0.4059 [3.11]***	0.2582 [1.95]*	1.0062 [2.28]**	1.0288 [2.43]**	0.29 [2.35]**
	正規雇用[レファレンス]					
	公務員	0.1157 [0.63]	0.1332 [0.73]	-0.1081 [-0.36]	-0.1892 [-0.64]	0.0193 [0.13]
	非正規雇用	-0.0821 [-0.74]	-0.1327 [-1.18]	-0.1515 [-1.21]	-0.1029 [-0.82]	-0.1246 [-1.55]
	自営・家業・内職	0.3473 [2.94]***	0.2955 [2.48]**	0.1674 [0.89]	0.2226 [1.18]	0.2295 [2.33]**
	無業(専業主婦・主夫を含む)	0.1879 [1.50]	0.2162 [1.71]*	-0.0058 [-0.04]	0.1233 [0.77]	0.1716 [1.76]*
	学生・その他	0.6458 [3.73]***	0.5986 [3.45]***	0.3981 [1.51]	0.2879 [1.09]	0.5124 [3.59]***
年　収	な　い	-0.4298 [-1.99]**	-0.3503 [-1.62]	-0.0116 [-0.09]	0.0186 [0.15]	-0.0748 [-0.76]
	400万円未満[レファレンス]					
	400万円以上	0.5378 [6.98]***	0.468 [6.02]***	0.4007 [2.94]***	0.3542 [2.58]***	0.4491 [6.87]***
	わからない・答えたくない	0.3973 [2.16]**	0.2979 [1.62]	0.2487 [0.97]	0.1944 [0.75]	0.2491 [1.68]*

金融資産	ない[レファレンス]					
	750万円未満	0.4434	0.4361	0.6142	0.514	0.4927
		[4.01]***	[3.91]***	[4.88]***	[4.06]***	[5.91]***
	750万円以上	0.9346	0.9023	0.9546	0.8384	0.9051
		[7 75]***	[7 44]***	[6 60]***	[5 76]***	[9 80]***
	わからない・答えたくない	0.572	0.5427	0.7654	0.641	0.6016
		[4.21]***	[3.97]***	[5.31]***	[4.42]***	[6.08]***
世帯の負債（借金）	ある[レファレンス]					
	な　い	0.4002	0.3987	0.1987	0.2017	0.329
		[5.15]***	[5.11]***	[1.94]*	[1.97]**	[5.34]***
	わからない	-0.1972	-0.0876	-0.0754	-0.0561	-0.0392
		[-0.77]	[-0.34]	[-0.30]	[-0.22]	[-0.22]
公的年金加入状況	国民年金保険料納付者	-0.2712	-0.3096	0.227	0.1352	-0.1459
		[-2.81]***	[-3.18]***	[1.84]*	[1.09]	[-1.93]*
	国民年金保険料免除・猶予者	-0.3391	-0.4918	0.0469	-0.0001	-0.2962
		[-1.98]**	[-2.85]***	[0.26]	[-0.00]	[-2.42]**
	国民年金未納者	-0.2454	-0.2226	-0.5321	-0.5356	-0.3949
		[-1.14]	[-1.04]	[-2.17]**	[-2.15]**	[-2.44]**
	厚生年金加入者[レファレンス]					
	共済年金加入者	-0.0594	-0.0505	0.3388	0.3519	0.0842
		[-0.36]	[-0.31]	[1.50]	[1.56]	[0.64]
	第三号被保険者	-0.0225	-0.0459	0.3442	0.2562	0.0518
		[-0.10]	[-0.21]	[2.63]***	[1.96]*	[0.54]
	公的年金未加入者	-0.574	-0.5379	0.3132	0.342	-0.2077
		[-2.62]***	[-2.46]**	[1.17]	[1.27]	[-1.23]
	わからない	-0.3526	-0.2172	-0.3566	-0.2444	-0.2837
		[-1.59]	[-0.97]	[-1.59]	[-1.09]	[-1.81]*
	金受給者	0.0315	0.0188	0.4642	0.4203	0.1418
		[0.26]	[0.15]	[2.34]**	[2.11]**	[1.38]
ビッグ・ファイブ尺度	誠実性		0.4287		0.3903	0.4167
			[12.95]***		[9.25]***	[16.12]***
	情緒不安定性		-0.072		0.0109	-0.0306
			[-2.10]**		[0.26]	[-1.16]
	開放性		0.1741		0.1352	0.1545
			[4.81]***		[3.19]***	[5.63]***
	非協調性		-0.2194		-0.2703	-0.246
			[-6.34]***		[-6.41]***	[-9.27]***
	内向性		-0.2016		-0.3428	-0.2648
			[-5.71]***		[-8.56]***	[-10.04]***
サンプル数		3934	3934	2557	2557	6491
対数尤度		-7699.7343	-7572.7197	-5066.3566	-4961.1605	-12574.392
疑似決定係数		0.0546	0.0702	0.0318	0.0519	0.0624
自由度		33	38	33	38	39
Lr Test	chi^2	888.7344	1142.7638	333.051	543.443	1673.9314
	chi^2を超える確率	0	0	0	0	0

注：* p <0.1，** p <0.05，*** p <0.01. [ ]内は t 値である。繁雑さを避けるため cut point は省略している。

ある。

婚姻状況は、すべてのモデルで既婚が統計的に有意である。レファレンスは未婚なので、未婚より既婚の幸福感度が高い。離別は統計的に有意ではない。死別の場合、男女間で違いがある。男性は有意水準五％でプラスで統計的に有意である。女性では統計的に有意でない。

学歴でも男性と女性では少し異なる。女性では中学校卒の係数がマイナスで、統計的に有意である。その他を除くと、男女とも大学院卒ではプラスとなり統計的に有意である。ただし、パーソナリティを説明変数として加えた場合、男性では有意ではなくなる。中学校卒では符号はマイナス、大学院卒では符号がプラスでそれぞれ統計的に有意となっている。一般的に中学校は高校卒を基準にすると幸福感度は低下し、大学院卒は増加する。専修学校・高専・短大、大学は統計的に有意でないので、高校卒と幸福感度は同じである。

ソーシャル・キャピタルである自治会・町内会活動への参加は、アンケートでは参加の程度を五件法で回答を求めている。一＝したことがない、から、五＝いつもしている、と参加の程度が強いほど数が大きくなっており、推定ではスカラーとして扱った。パーソナリティを説明変数として加えたモデル四を除いて符号がプラス、統計的に有意であるので、参加の程度が高いほど幸福感度が増大している。

雇用形態では、男女とも、経営者・役員では符号がプラスで統計的に有意である。男性の場合、「自営・家業・内職」と「学生・その他」がパーソナリティの如何にかかわらず統計的に有意である。男性の場合、パーソナリティを説明変数として加えると、無業（専業主婦・主夫を含む）は統計的に有意となる。公務員と非正規雇用は統計的に有意ではないので、正規雇用と幸福感度は同じである。

年収では、「わからない・答えたくない」を除くと男女とも四〇〇万円以上の符号がプラスで有意である。「ない」は統計的で有意でない。パーソナリティを考慮しないとき、所得が「ない」男性の幸福感度が統計的に有意に低下する。一般的に言えば、四〇〇万円以上で幸福感度が高まる。

金融資産では、「わからない・答えたくない」を除くと七五〇万円未満と七五〇万円以上の符号がプラスで統計的に有意である。係数から、金融資産が高くなるほど幸福感度が増大していることが確認できる。世帯の負債（借金）では男女とも、「ない」で係数がプラス、統計的に有意である。借金はないときの幸福感度が高くなる傾向がある。

年金加入状況の影響

年金加入状況について見てみる。男性の場合、パーソナリティが考慮されていないとき（モデル一）、国民年金保険料納付者、国民年金保険料免除・猶予者および公的年金未加入者で幸福感度が統計的に有意に低下している。この点は先に見た図6-1から確認される。図6-1からは国民年金未納者の幸福感度は厚生年金加入者より低かったが、統計的には有意ではない。幸福感度が高い年金受給者の場合も統計的に有意でない。男性の場合、パーソナリティを考慮しても（モデル二）、係数の有意性に変化はない。

女性の場合、パーソナリティが考慮されていないとき（モデル三）、統計的に有意なケースは国民年金保険料納付者、国民年金未納者、第三号被保険者および年金受給者である。優遇されているとしばしば指摘される第三号被保険者は、統計的に有意である。つまり、第三号被保険者は、厚生年金加入者より幸福感度が高くなる可能性が高くなる。年金受給者の幸福感度も高く、しかも第三号被保険者よりも幸福感度が高くなる傾向が見られる。パーソナリティを考慮すると（モデル四）、統計的に有意だった国民年金保険料納付者は有意でなくなる。

男女をプールして推定するモデル五において、年金加入者のケースをみると、国民年金保険料納付者、国民年金保険料免除・猶予者および国民年金未納者は統計的に有意である。説明変数として性別を加えると、性別の幸福感度への影響が有意に現れるため、第三号被保険者の有意性はなくなっている。

パーソナリティをコントロール変数とし男女同時に推定するケース五のこのような結果は、伊多波・塩津（二〇一三）で示された結論とほぼ同じである。しかし、男女別に見ると、年金加入の違いによる幸福感度への影響は異なっている。この点が新たな知見である。

4　異なる年金制度加入が幸福感度に及ぼすメカニズム

本調査では、幸福感度の程度を二通りの方法で尋ねている。第一は、直接幸福感度を尋ねる方法で、これまでの説明で用いたものである。第二は、Hills and Argyle（2002）において用いられている方法である。これは二九の質問に対する五段階による回答を用いて主因子分析により幸福感度を構成する要因を抽出しようとするものである。

五つの幸福感度要因

二九の質問に対する五段階による回答を、主因子法を用いた因子分析によって得られたパターン行列は表6－7のとおりである。幸福感度の因子分析による主要因子への回帰分析をする際に主要因子間の相関を低めて多重共線性を避けるため、ここでも因子分析においてはバリマックス回転を用いている。

第一因子と強い相関を持つ質問項目は、(1)たいていの人に温かく接する、(2)ほとんどの事は楽しめる、(3)いつも熱心に取り組む、(4)よく笑う、(5)物事の中から美しい部分を見つける、(6)いつも他人を元気づける、(7)自分のやりたい事のために時間をつくれる、(8)何でも挑戦できると感じる、(9)精神的に機敏で注意を怠らない、(10)たびたび気分が高まり上機嫌になる、(11)決断をすることは難しいことではない、(12)大きな活力を持っている、(13)物事に良い影響を与えられる、である。これらは前向きで肯定的心理状態を表す因子であり、肯定的心理状態と呼ぶ。

第二因子と強い相関を持つ質問項目は、(1)現状には必ずしも満足していない、(2)睡眠で疲れがとれない、(3)将来に対して楽観はしていない、(4)自分が魅力的だとは思わない、(5)自分がしたい事と自分がしてきた事の間には

表6-7　回転後の因子行列[a]

	因子				
	1	2	3	4	5
項目1．現状に必ずしも満足していない	.024	.597	-.177	.027	.117
項目2．他人にとても関心がある	.269	.138	.082	-.108	.328
項目3．人生はとても実りがある	.460	-.185	.556	-.255	.182
項目4．たいていの人に温かく接する	.484	.174	.319	-.283	.027
項目5．睡眠で疲れがとれない	-.067	.381	-.096	.272	.305
項目6．将来に対して楽観はしていない	.001	.570	-.082	.116	.022
項目7．ほとんどの事は楽しめる	.522	-.095	.402	-.259	-.029
項目8．いつも熱心に取り組む	.649	.035	.208	-.248	.021
項目9．人生は素晴らしい	.453	-.186	.605	-.316	.102
項目10．この世界が素晴らしい場所だとは思わない	-.124	.388	-.317	.425	-.068
項目11．よく笑う	.435	-.021	.368	-.252	.039
項目12．自分の人生にとても満足している	.365	-.483	.616	-.088	-.019
項目13．自分が魅力的だとは思わない	-.315	.459	.007	.365	-.086
項目14．自分がしたい事と自分がしてきた事の間には差がある	-.055	.615	-.018	.169	-.024
項目15．自分はとても幸せだ	.316	-.303	.710	-.143	-.081
項目16．物事の中から美しい部分を見つける	.587	-.012	.376	-.164	-.053
項目17．いつも他人を元気づける	.645	-.025	.246	-.242	.057
項目18．自分のやりたい事のために時間をつくれる	.452	-.047	.296	-.093	-.269
項目19．あまり自分の人生を思うようにコントロールできていない	-.158	.621	-.097	.303	.058
項目20．何でも挑戦できると感じる	.673	-.159	.126	-.146	.066
項目21．精神的に機敏で注意を怠らない	.579	-.032	-.005	.036	-.008
項目22．たびたび気分が高まり上機嫌になる	.449	-.022	.158	.045	.160
項目23．決断をすることは難しいことではない	.564	-.150	.040	-.012	-.102
項目24．人生に特別な目的や意義を感じない	-.149	.321	-.188	.504	-.147
項目25．大きな活力を持っている	.686	-.277	.187	-.215	.114
項目26．物事に良い影響を与えられる	.758	-.191	.186	-.209	.096
項目27．他人と一緒に遊ばない	-.151	.190	-.073	.562	-.064
項目28．あまり健康的でない	-.132	.306	-.096	.465	.209
項目29．過去の幸せな記憶があまりない	-.112	.271	-.309	.530	.099

注：因子抽出法：主因子法，バリマックス回転。

差がある、(6)あまり自分の人生を思うようにコントロールできていない、である。これらは劣等意識、不満足感および否定的意識を表す因子あり、否定的心理状態と呼ぶ。

第三因子と強い相関を持つ質問項目は、(1)人生はとても実りがある、(2)人生は素晴らしい、(3)自分の人生にとても満足している、(4)自分はとても幸せだ、である。これらは肯定的楽観的人生観を表す因子であり、楽観的人生観と呼ぶ。

第四因子と強い相関を持つ質問項目は、(1)この世界がすばらしい場所とは思わない、(2)人生には特別な目的や意義を感じない、(3)他人と一緒に遊ばない、(4)あまり健康でない、(5)過去の幸せな記憶があまりない、である。この因子は否定的人生観と呼ぶ。

第五因子と強い相関を持つ質問項目は、(1)他人にとても関心がある、(2)睡眠で疲れがとれない、(3)あまり健康的でない、である。これらは他人に対して神経を使い、やや疲れている状態を示しており、他人に対する気疲れと呼ぶ。

異なる年金制度加入が五つの幸福感度要因を通ずる影響

年金加入、非加入および年金受給がどのような経路で幸福感度に影響を及ぼしているかを見るため、共分散構造分析（SEM）を利用して検討する。共分散構造分析は多変量解析分析の一つで、変数間の関係や変数全体の構造を捉えるのに便利な手法である。例えば、厚生年金に加入している回答者を見る場合、厚生年金に加入しているとき一、非加入をゼロとするダミー変数を用いて図6－2のようなパス図を想定する。つまり、厚生年金ダミーが幸福感度に直接影響を及ぼす経路と、厚生年金ダミーが幸福感度に影響を及ぼす五つの幸福感度要因を通じて幸福感度に影響を及ぼす経路の二つの経路を見ることによって、厚生年金ダミーが幸福感度にどのように影響を及ぼしているかを吟味しようとするものである。厚生年金ダミーの代わりに様々なダミーを入れ替えて分析を繰り返していく。年金ダミーを一度に全部独立変数として分析する方法もあるが、モデルの適合度が悪くなるので今回は一つずつダミーを入れて分析する。

年金加入ダミーとして、(1)国民年金支払ダミー、(2)国民年金免除ダミー、(3)国民年金未納ダミー、(4)厚生年金ダミー、(5)共済年金ダミー、(6)第三号被保険者ダミー、(7)年金未加入ダミーおよび(8)年金受給者ダミーの八つのケースについて推定する。適合度を示すCFI（比較適合度指標）とRMSEA（平均二乗誤差平方根）は、各モデルにおいてそれぞれ〇・九一前後と〇・五～〇・七である。

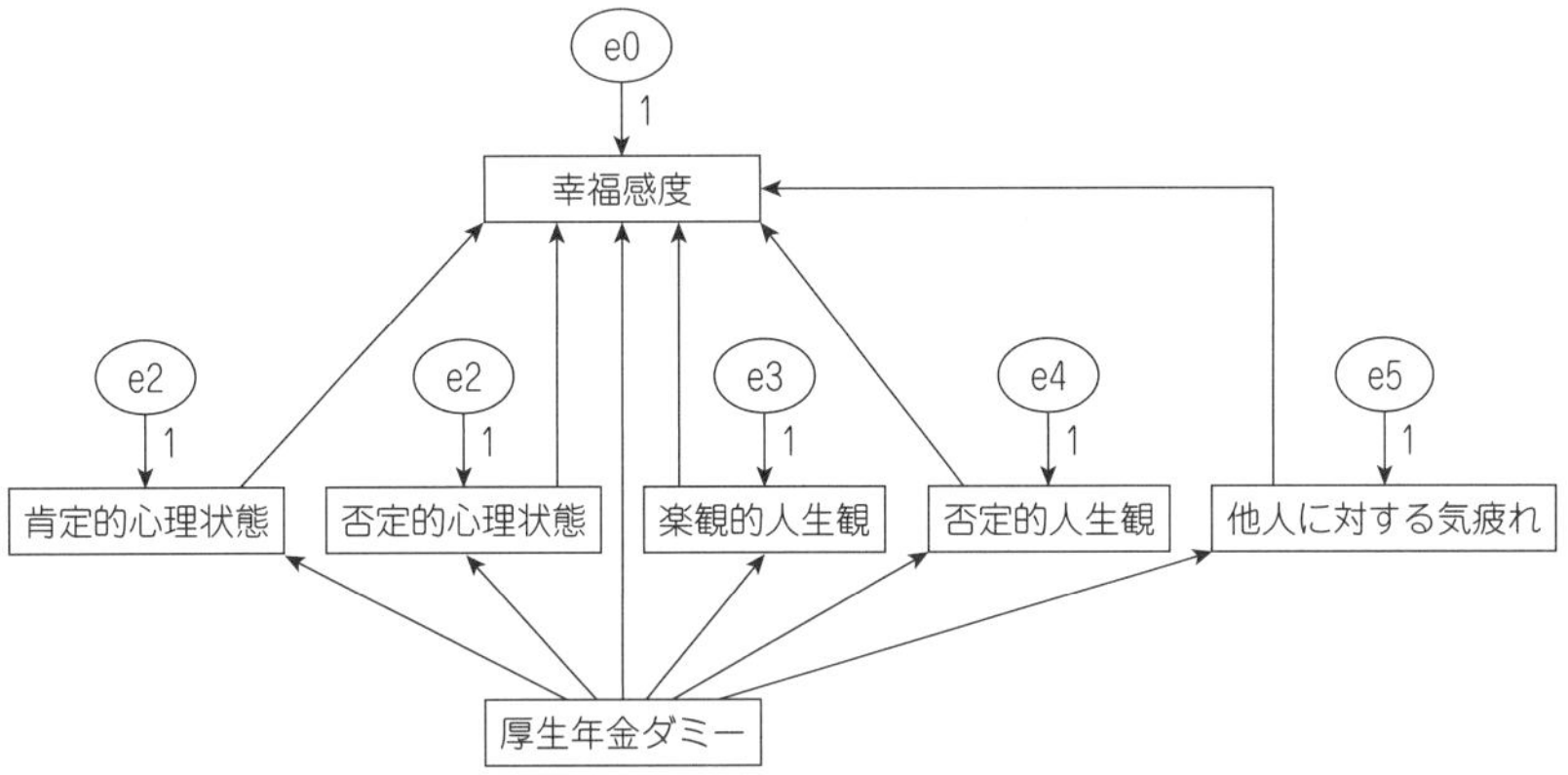

図6－2　年金加入の幸福感度に及ぼす分析パス図

全体の分析

最初に、男女をプールしたサンプル全体を対象にする。推定した標準化係数が表6－8に示されている。グレーでアミをかけた部分が有意水準五％で有意な係数である。それぞれの計算式における五つの幸福感度要因の幸福感度への影響は、①～⑤に示されている。五つの幸福感度要因は幸福感度に同じ影響を及ぼしており、統計的に有意である。肯定的心理状態と楽観的人生観は幸福感度にプラスの影響を与えており、楽観的人生観の方が幸福感度に及ぼす影響がより大きい。否定的心理状態、否定的人生観および他人に対する気疲れはマイナスの影響を与えている。否定的

表６－８　推定結果：標準化係数（全体）

	(1)国民年金支払ダミー	(2)国民年金免除ダミー	(3)国民年金未納ダミー	(5)共済年金ダミー	(4)厚生年金ダミー	(6)第３号被保険者ダミー	(7)年金未加入ダミー	(8)年金受給者ダミー
①肯定的心理状態　→　幸福感度	0.175	0.174	0.174	0.175	0.176	0.177	0.175	0.172
②否定的心理状態　→　幸福感度	-0.368	-0.367	-0.367	-0.369	-0.369	-0.37	-0.369	-0.366
③楽観的人生観　→　幸福感度	0.541	0.542	0.541	0.542	0.544	0.537	0.541	0.54
④否定的人生観　→　幸福感度	-0.132	-0.131	-0.132	-0.132	-0.132	-0.131	-0.132	-0.131
⑤他人に対する気疲れ　→　幸福感度	-0.119	-0.119	-0.119	-0.12	-0.121	-0.12	-0.12	-0.117
⑥年金加入ダミー　→　幸福感度	-0.04	-0.04	-0.029	0.008	0.028	0.046	-0.027	0.018
⑦年金加入ダミー　→　肯定的心理状態	0.001	-0.013	-0.019	0.009	-0.037	-0.035	0.005	0.111
⑧年金加入ダミー　→　否定的心理状態	0.031	0.067	0.082	-0.03	0.008	0.006	0.031	-0.103
⑨年金加入ダミー　→　楽観的人生観	-0.029	-0.021	-0.028	0.034	-0.058	0.12	-0.052	0.038
⑩年金加入ダミー　→　否定的人生観	-0.001	0.049	0.031	0.016	0.014	-0.029	0.029	-0.069
⑪年金加入ダミー　→　他人に対する気疲れ	0.018	0	0	0.025	0.061	0.005	-0.031	-0.12

注：グレーのアミをかけた部分が５％有意水準で有意であることを示す。

人生観が幸福感度を一番低下させている。次に、否定的人生観、他人に対する気疲れと続く。五つの幸福感度要因の符号は妥当な結果である。

加入者ダミーが直接幸福感度に影響を及ぼしている表６－８の⑥行目を見ると、共済年金ダミーを除く他のダミーは統計的に有意である。国民年金に加入している場合、表６－８の(1)、(2)、(3)および年金未加入の場合（表６－８の(7)）、加入者ダミーが直接幸福感度にマイナスの影響を与えているが、第三号被保険者、厚生年金および年金受給の場合、プラスになっている。これらはいずれも統計的に有意である。加入者ダミーの幸福感度への直接的影響が、年金加入状況により異なる点は重要であると言える。つまり、年金は本来人々の幸福感度を引き上げるために導入されていると考えられるにもかかわらず、幸福感度を引き上げたり、引き下げたりしているからである。

各年金ダミーの五つの幸福感度要因に及ぼす影響は、表６－８の下段（⑦～⑪）に示されている。統計的に有意な符号を見ると、それぞれの年金加入ダミーは、肯定的心理状態と楽観的人生観ではマイナス、否定的心理状態と否定的人生観ではプラスとなる傾向がある。他人に対する気疲れではプラスとマイナスが見られる。年金受給者の場合、符号を見ると、肯定的心理状態と楽観的人生観は高まり、否定的心理状態、否定的人生観および他人に対する気疲れは低下しており、妥当な結果が出ていると考えられる。しかし、年金に加入している現役世代では、今述べたように、肯定的心理状態と楽観的人生観ではマイナス、否定的心理状態と否定的人生観ではプラスとなる傾向があるため、年金加入により人々の心理状態や人生観をネガティブな方向に導いている。

各年金ダミーが五つの幸福感度要因に直接及ぼす影響は（表６－８の⑥）、直接効果と言われている。他方、年金加入ダミーが五つの幸福感度要因を経て幸福感度に影響を及ぼす影響は間接効果と言われている。例えば、(1)国民年金支払ダミーの場合、否定的心理状態

表6-9　直接効果と間接効果（全体）

	直接効果	間接効果	総合効果
(1)国民年金支払ダミー	-0.040	-0.027	-0.067
(2)国民年金免除ダミー	-0.040	-0.031	-0.071
(3)国民年金未納ダミー	-0.029	-0.049	-0.078
(4)厚生年金ダミー	0.028	-0.045	-0.017
(5)共済年金ダミー	0.000	0.026	0.026
(6)第3号被保険者ダミー	0.046	0.062	0.108
(7)年金未加入ダミー	-0.027	-0.040	-0.067
(8)年金受給者ダミー	0.018	0.100	0.118

と楽観的人生観が有意なので、それぞれに対応する幸福感度要因の係数に否定的心理状態と楽観的人生観の係数をそれぞれ掛けた値が間接効果になる。このようにして、各ダミーについて求められた間接効果が表6-9に示されている。表6-9には、直接効果とこれと間接効果を足した総合効果も示されている。国民年金加入者(1)、(2)および(3)、年金未加入者と厚生年金加入者は総合効果がマイナスになっている。特に、国民年金加入者(1)、(2)および(3)、年金未加入者は直接効果と間接効果の両方がマイナスになっている。第三号被保険者の場合、直接効果と間接効果の両方がプラスになっている。

男女別の分析

先の分析で年金加入別の幸福感度に及ぼす影響は、男女間で異なっていることが明らかにされた。そこで、同様の共散構造分析を男女別に試みてみる。男女別の標準化係数が表6-10と表6-11に示されている。グレーでアミをかけた部分が有意水準五%で有意な係数である。

五つの幸福感度要因の幸福感度へ及ぼす影響は、有意水準五%で有意である。及ぼす影響の符号は男女ともに同じである。これは全体を対象とする先のケースと同じである。男女間での違いは、他人に対する気疲れの大きさが絶対値で大きい点である（表6-10と表6-11における④と⑤）。男性

表6-10　推定結果：標準化係数（男子）

	(1)国民年金支払ダミー	(2)国民年金免除ダミー	(3)国民年金未納ダミー	(4)厚生年金ダミー	(5)共済年金ダミー	(6)第3号被保険者ダミー	(7)年金未加入ダミー	(8)年金受給者ダミー
①肯定的心理状態　→　幸福感度	0.168	0.168	0.168	0.173	0.169	0.169	0.169	0.164
②否定的心理状態　→　幸福感度	-0.381	-0.38	-0.381	-0.385	-0.384	-0.385	-0.382	-0.379
③楽観的人生観　→　幸福感度	0.515	0.517	0.52	0.519	0.519	0.519	0.517	0.515
④否定的人生観　→　幸福感度	-0.129	-0.127	-0.128	-0.129	-0.129	-0.129	-0.128	-0.126
⑤他人に対する気疲れ　→　幸福感度	-0.101	-0.103	-0.103	-0.108	-0.103	-0.103	-0.105	-0.098
⑥年金加入ダミー　→　幸福感度	-0.055	-0.051	-0.039	0.064	0.006	0.006	-0.036	0.03
⑦年金加入ダミー　→　肯定的心理状態	-0.015	-0.014	-0.025	-0.053	0.003	-0.005	-0.004	0.114
⑧年金加入ダミー　→　否定的心理状態	0.052	0.09	0.077	0.009	-0.039	0.01	0.059	-0.125
⑨年金加入ダミー　→　楽観的人生観	-0.066	-0.035	-0.001	0	0.06	0.021	-0.06	0.062
⑩年金加入ダミー　→　否定的人生観	0.017	0.047	0.044	-0.005	0.012	-0.006	0.043	-0.083
⑪年金加入ダミー　→　他人に対する気疲れ	0.032	0.003	-0.007	0.076	0.031	0.01	-0.061	-0.138

注：グレーのアミをかけた部分が5％有意水準で有意であることを示す。

表6－11　推定結果：標準化係数（女性）

	(1)国民年金支払ダミー	(2)国民年金免除ダミー	(3)国民年金未納ダミー	(4)厚生年金ダミー	(5)共済年金ダミー	(6)第3号被保険者ダミー	(7)年金未加入ダミー	(8)年金受給者ダミー
①肯定的心理状態　→　幸福感度	0.199	0.198	0.198	0.197	0.198	0.199	0.198	0.196
②否定的心理状態　→　幸福感度	-0.363	-0.362	-0.361	-0.362	-0.363	-0.36	-0.363	-0.362
③楽観的人生観　→　幸福感度	0.561	0.56	0.558	0.558	0.56	0.555	0.56	0.558
④否定的人生観　→　幸福感度	-0.129	-0.127	-0.128	-0.128	-0.129	-0.128	-0.128	-0.127
⑤他人に対する気疲れ　→　幸福感度	-0.144	-0.144	-0.144	-0.143	-0.144	-0.145	-0.144	-0.141
⑥年金加入ダミー　→　幸福感度	-0.023	-0.031	-0.016	-0.009	0.03	0.041	-0.013	0.21
⑦年金加入ダミー　→　肯定的心理状態	0.028	-0.007	-0.01	-0.036	0.009	-0.026	0.019	0.09
⑧年金加入ダミー　→　否定的心理状態	-0.007	0.031	0.088	0.05	0.013	-0.056	-0.011	-0.026
⑨年金加入ダミー　→　楽観的人生観	0.011	-0.017	-0.069	-0.1	0.019	0.118	-0.044	0.053
⑩年金加入ダミー　→　否定的人生観	-0.021	0.055	0.013	0.023	0.013	-0.015	0.01	-0.07
⑪年金加入ダミー　→　他人に対する気疲れ	0.001	-0.003	0.01	0.035	0.011	0.014	0.011	-0.101

注：グレーのアミをかけた部分が5％有意水準で有意であることを示す。

に比べて女性の方が他人に対する気疲れが幸福感度をより大きく低下させている。しかし、女性の場合、年金加入のダミーは他人に対する気疲れに影響を及ぼしていない（表6－11の⑪）。

年金加入ダミーが幸福感度に直接影響を及ぼす効果を見ると、男性の場合、全体のケースと比較すると、第三号被保険者ダミーで影響がなくなっている点を除くと同じである。女性では第三号被保険者ダミーが大きく効いている。ここでも、国民年金に加入している場合（表6－10、表6－11表の(1)、(2)、(3)および年金未加入の場合（表6－10、表6－11の(7)）に、加入者ダミーが直接幸福感度にマイナスの影響を与えて、第三号被保険者、厚生年金および年金受給の場合、プラスの影響を与える傾向が見られる。

年金加入ダミーの五つの幸福感度要因への影響を見ると、男性の場合、全体のケースと比較すると楽観的人生観への影響が国民年金未納ダミー、第三号被保険者ダミーおよび厚生年金ダミーで効かなくなっている点などを除くとほぼ同じである。女性の場合、年金ダミーは国民年金未納ダミー、第三号被保険者ダミーおよび厚生年金ダミーが否定的心理状態楽観的人生観に影響を及ぼしている。ほかに、国民年金免除ダミーと年金未加入ダミーでわずかに効いているのみである。

表6－12に、男女別の直接効果、間接効果および総合効果が示されている。全体と主な異なる点は、男性で厚生年金ダミーの総合効果がプラスになっている、男性で国民年金支払ダミーの総合効果が一番小さくなっている、男性で第三号被保険者ダミーの総合効果がゼロになっている、女性で国民年金支払ダミーの総合効果がゼロになっている、の四点である。国民年金支払ダミー、厚生年金ダミーおよび第三号被保険者ダミーにおいて男女間の差があるのが確認できる。

5　急がれる年金の一元化

最初に、本章の結論と先行研究の結論を比

表6-12　直接効果と間接効果：男女別

	男性			女性		
	直接効果	間接効果	総合効果	直接効果	間接効果	総合効果
(1)国民年金支払ダミー	-0.055	-0.057	-0.112	0.0	0.0	0.0
(2)国民年金免除ダミー	-0.051	-0.058	-0.109	-0.031	0.0	-0.031
(3)国民年金未納ダミー	-0.039	-0.035	-0.074	0.000	-0.070	-0.070
(4)厚生年金ダミー	0.064	-0.017	0.047	0.000	-0.074	-0.074
(5)共済年金ダミー	0.0	0.045	0.045	0.030	0.0	0.030
(6)第3号被保険者ダミー	0.0	0.0	0.0	0.041	0.086	0.127
(7)年金未加入ダミー	-0.036	-0.047	-0.083	0.0	-0.025	-0.025
(8)年金受給者ダミー	0.030	0.122	0.152	0.0	0.070	0.070

較してみよう。男女をプールする全体を対象とする分析では、性別や所得などの社会経済的属性を考慮しないとき、年金受給者と加入しているかどうか分からない回答者を除くと、第三号被保険者の幸福感度が一番高い。これに、共済年金加入者、厚生年金加入者、国民年金保険料納付者、国民年金保険料免除・猶予者、国民年金未納者と続く。社会経済的属性をコントロールして分析すると、第三号被保険者、共済年金加入者および厚生年金加入者の幸福感度は同じになる。この結論は先行研究と整合的である。また、先行研究では未加入者と国民年金未納者の幸福感度に及ぼす影響は、異なる結果が出ていた。本章は未加入者の幸福感度がやや高く、伊多波・塩津（二〇一三）と整合的であった。しかし、社会経済的属性をコントロールして分析すると、国民年金未納者の幸福感度が統計的により低いことが明らかにされた。

このように、男女をプールする全体的な傾向は、本章と先行研究ではやや異なる箇所もあるが、ほぼ同じである。本章では、個人のパーソナリティを新たなコントロール変数として分析を試みたが、結論は変わらなかった。

本章ではサンプル数が六四九一人と、先行研究が対象としたサンプル数を大幅に上回っている。このことにより、分析結果は頑健になっていると思われる。さらに、サンプル数が多くなったために、男女別に分析をすることが可能になった。この分析は次の新たな知見を生み出すのに役立っている。ここでは、重要と思われる点を三つ指摘する。

第一に、女性では第三号被保険者の幸福感度への影響がプラスで、統計的に有意である。この点は、第三号被保険者の問題に関するものである。第三号被保険者は年金保険料を負担しないので、他の年金加入者に比べて、将来、負担を上回る受益が期待できる。その意味で、第三号被保険者の幸福感度は高くなることが予想される。

ところで、本章では、異なる年金制度加入がどの要因を通じて影響を及ぼしているのかを分析するため、幸福感度を構成する幸福感度要因をアンケート調査結果から抽出している。幸福感度要因として、肯定的心理状態、楽観的人生観、否定的心理状態、否定的人生観および他人に対する気疲れの五つが抽出された。肯定的心理状態と楽観的人生観は幸福感度にプラスの影響を与え、否定的心理状態、否定的人生観および他人に対する気疲れはマイナスの影響を与えている。男女ともに同じ符号が得られており、直観的にも納得できる結果である。第三号被保険者の場合、第三号被保険者であるというだけで幸福感度が上がっていると同時に、否定的心理状態を弱め、楽観的人生観を高めて、幸福感度をより増大させている。しかし、男性が第三号被保険者の場合、幸福感度への影響は見られない。共分散構造分析から、第三号被保険者であること自体は幸福感に影響を及ぼしていないし、幸福感度要因にも影響を及ぼしていない。

第二に、男性では公的年金未加入者の幸福感度への影響がマイナスで、統計的に有意である。共分散構造分析から、公的年金未加入者であること自体が幸福感度を引き下げている。さらに、他人に対する気疲れが軽減しているものの、否定的心理状態が高く、楽観的人生観が低下しているため、幸福感度要因を通ずる効果はマイナスになっている。この二つの効果のため、幸福感度が低下している。公的年金未加入者は将来に対する見通しをどのように考えているのか気になるところである。将来を悲観して幸福感度が低下している可能性があるからである。アンケート調査では、これに関連する質問として、「日本の社会では、今後五年間で所得や収入の格差が拡大すると思いますか」という質問がある。この回答を考慮して、共分散構造分析を行っても、このルートを通ずる影響は見られない。したがって、将来に関する見通し要因よりは、心理的要因を通ずる影響が大きいと考えられる。

第三に、国民年金加入者でも、男性では国民年金未納者が統計的に非有意になり、女性では国民年金保険料納付者と国民年金保険料免除・猶予者が統計的に非有意になるなど、国民年金加入者でも男女間で異なる結果が出ている。この点は、国民年金加入の男女間での新たな格差として指摘することができる。

冒頭で述べたように、被用者年金の一元化はこれから行われることが決められている。しかし、国民年金を含めた一元化は先に延ばされている。国民年金を含めた一元化を先に延ばすことは、国民年金加入者と被用者年金加入者との間の不公平を残すだけでなく、国民年金に加入している男女間の不公平を残すことを意味している。さらに女性の場合、第三号被保険者の幸福感度が大きいことが明らかにされた。このように、女性の中でも異なる年金加入によって格差があることが知見として得られた。幸福感度に基づく本章の分析から、年金未加入者をなくすと同時に、国民年金を含めた年金の一元化が公平な社会を築くための一歩であると言うことができる。

最後に、異なる年金制度加入が、幸福感度要因を通じて影響を及ぼす経路を明示的に分析したことから得られるインプリケーションについて言及しておこう。共分散構造分析で見てきたように、異なる年金制度に加入することによって、直接的に幸福感度が引き下げたり、引き上げられたりする結果が新たに得られた。このことは、本来、安心・安全を保障する年金制度が十分目的を達成していないことを示唆している。この原因として年金制度間の格差から発生することも挙げられると思われるが、それだけではないようにも思われる。例えば、年金制度に関して十分な情報が国民に伝わっていないとか、年金制度の関する教育が行われていないなどの点も考えられる。年金一元化の実現はもちろんのこと、こういった点についても考慮すべきであろう。

【参考文献】

伊多波良雄・塩津ゆりか（二〇一三）「公的年金制度と幸福度に関する分析」『日本年金学会誌』三二号、二四－三一頁。

大竹文雄・白石小百合・筒井義郎（二〇一〇）『日本の幸福度』日本評論社。

厚生労働省「平成二二年公的年金加入状況等調査の概要について」http://www.mhlw.go.jp/stf/houdou/2r985200000028xqe.html

佐々木一郎（二〇一二）『年金未納問題と年金教育』日本評論社。

Hills, Peter and M. Argyle (2002) "The Oxford Happiness Questionnaire: A Compact Scale for the Measurement of Psychological Well-being," *Personality and Individual Differences*, Vol. 33, pp. 1073-1082.

Veronica, B.-M. and O. P. John (1998) "Los Cinco Grandes Across Cultures and Ethnic Groups: Multitrait Multimethod Analyses of the Big Five in Spanish and English," *Journal of Personality and Social Psychology*, Vol. 75, No. 3, pp. 729-750.

第7章 居住地域の評価と個人の健康

小塩隆士・浦川邦夫

自分が居住している地域が嫌だったり、不満だったりすると、健康面でもよくない影響が出てくるかもしれない。とりわけ治安面で不安があると、毎日が不安で精神的にもよくないということもあろう。本章では、「地域の生活環境と幸福感に関するアンケート」に基づき、居住地域の評価と個人の健康との間にどのような関係があるかを調べる。本章の分析によれば、居住地域に対する不満と、健康感や健康行動との間には負の相関関係がある。

1 研究の背景と目的

住んでいる所に影響される健康

どこに住んでいるかによって、人々の幸福感や健康感など主観的厚生（subjective well-being）が大きく左右される可能性がある。居住地域に不満や不安があると、毎日が楽しくないし、ストレスも高まる。ゴミが散らかり、落書きがあちこちで目につき、目つきのよくない者がたむろしている町に住んでいると、誰でも気が滅入る。体調が悪くなる人も出てくるだろう。

実際、居住地域に対する主観的な判断が個人の健康に及ぼす影響については、これまで多くの先行研究が蓄積されてきた（Burdette and Hill 2008, Echeverria et al. 2008, Gary et al. 2007, Hill et al. 2005, Hill et al. 2009, Kim 2008,

Latkin and Curry 2003, Ross and Mirowsky 2009）。これらの研究は、社会的な秩序や社会経済的な面で劣る地域に住んでいると、抑鬱やストレス、そして健康一般によくない影響が出てくることを明らかにしている。

しかも、居住地域に対する主観的評価は、その地域の客観的な状況や個人の社会経済的属性の影響をコントロールした後でも、健康面に有意な影響を与えることが知られている（Bowling and Stafford 2007, Weden et al. 2008）。なかには、居住地域に対する主観的評価の方が、居住地域の客観的な状況より個人の健康との相関が高いことを示す研究もある（Caughy et al. 2003, Christie-Mizell et al. 2003, Kawachi and Berkman 2003）。

しかし、居住地域に対する主観的評価と健康との間に見られる相関関係が、見せかけのものである可能性も否定できない。まず、いずれも同じ調査による回答に基づくことによるバイアス――それはしばしば「同一ソース・バイアス」（same source bias）と呼ばれる――が存在する（Diez-Roux 2007, Echeverria et al. 2008）。それ以上に重要なのは、健康を「自分がどれだけ健康か」という主観的健康感（self-rated health）の形で尋ねる場合、居住地域に対する主観的評価との間で観測される相関関係の解釈が難しくなるという点である。いずれも、主観的な変数だからである。例えば、もともと神経質な人は、居住地域と自分の健康のいずれにも否定的な評価をする可能性がある。その場合、両者の間に相関関係が見られても、それは両者の間の関係を示すとは言えないことになる。

首尾一貫性（ＳＯＣ）が果たす役割

居住地域の評価と健康との間の関係をより正確に把握するためには、そのいずれにも関係する可能性のある要因の影響をコントロールする必要がある。そこで、この小論で特に注目したいのは、イスラエルの心理学者Ａ・アントノフスキーが提唱した「首尾一貫性」（sense of coherence: SOC）という概念である。ＳＯＣは、人間が外的な葛藤に対処し、ストレスに耐える能力のことである（Antonovsky 1979, Antonovsky 1987）。

このＳＯＣは、⑴どんなに辛いことに対しても意味を見出せる感覚（意味を見出す力）、⑵どんなことも自分の行動と結果が関連しているという感覚（先を見通す力）、⑶自分がよかれと思う行動を最後まで成し遂げられるという感覚（何とかなると考える力）、という三つの要素から構成される。ＳＯＣが高いほど、ストレスが高くても健康を増進することができることがこれまでの実証研究で確認されている。実際の分析に際しては、後述するように、このＳＯＣは全部で二九の項目に対する回答に基づいて指標化される（Antonovsky 1993）。

このＳＯＣは、本章で問題にする、居住地域の評価と健康との関係においても、三つの点で重要な役割を果たすと考えられる。

第一に、Eriksson and Lindström（2005）が展望しているように、ＳＯＣは健康の増進・維持に重要な役割を果たすことがよく知られている。実際、多くの実証研究が示すように、ＳＯＣはストレスが健康に及ぼす影響を緩和するだけでなく、ＳＯＣそのものが健康の重要な決定要因となっている（Höge and Büssing 2004, Jorgensen et al. 1999, Richardson and Ratner 2005, Torsheim et al. 2001）。

第二に、ＳＯＣが高い個人ほど、居住地域が望ましくない状況であっても否定的に評価しない可能性がある。居住地域の評価は主観的なものであり、ＳＯＣの影響を受けることも十分考えられる。もしそうなら、居住地域に対する否定的な評価と健康との間に相関が見られても、それが因果関係を示すものとは必ずしも言えなくなる。

第三に、ＳＯＣは外生変数ではなく、居住環境をはじめとして個人を取り巻く様々な影響に左右される可能性がある。実際、先行研究を見ても社会経済要因やライフ・イベントがＳＯＣの形成に影響することを示すものが少なくない（Jorgensen et al. 1999, Krantz and Östergren 2004, Volanen et al. 2004）。

ＳＯＣが健康にプラスの影響を及ぼすという議論も併せて考えると、ＳＯＣは、居住地域の評価が健康に及ぼす影響に対して、緩衝要因としてだけではなく媒介要因として作用している可能性も否定できない。実際、社会経済要因が健康に及ぼす影響をＳＯＣが媒介していることを示す先行研究もいくつか存在する（Ing and Reutter 2003, Kivimäki et al. 2002, Suominen et al. 1999）。

本章の分析手法の特徴

このようなＳＯＣの特性に関する先行研究の結果やＳＯＣの本来の特徴を踏まえ、本章では、ＳＯＣが様々な経路で、居住地域の評価と健康との関係に関与していると想定する。具体的には、ＳＯＣは、居住地域の評価や健康に影響すると同時に、それらから影響も受けていると想定してみる。

このように、居住地域の評価と健康との関係においてＳＯＣが果たしている役割を分析した例は、筆者らの知る限り本章が初めてである。日本では最近、地域の所得格差や貧困、相対的剥奪と健康との相関を調べる実証分析が盛んに行われるようになっている（Ichida et al. 2009, Kondo et al. 2008, Oshio and Kobayashi 2009, Oshio and Kobayashi 2010）。しかし、こうした研究では、居住地域の評価と健康との関係は議論されていない。

分析手法面では、本論は三つの特徴を持っている。第一に、個人属性と地域属性をいずれも制御変数として説明変数に加え、その影響をコントロールしている。とりわけ、地域レベルでは、郵便番号の下三桁で居住地域を特定化し、その地域に住んでいる住民の評価を平均したものを当該地域の客観的な状況とみなす。もちろん、この方法には限界があるが、居住地域の客観的な情報を把握するための第一次接近として許容できるだろう。一方、個人レベルでは各種の人口動態要因や社会経済的要因を制御変数として採用する。

第二に、居住地域の評価と健康との関係におけるＳＯＣの役割を把握するため、「媒介分析」（mediation analysis）の枠組みを用いる（Baron and Kenny 1986, MacKinnon and Dwyer 1993, MacKinnon et al. 2007, 等参照）。媒介分析は本来、独立変数が従属変数に及ぼす影響において、媒介変数がどの程度媒介するかを検出する分析方法である。ところが、本章で用いるようなクロスセクション・データでは因果関係はもともと特定化できない。しかし、後述するように、この媒介分析は一定の因果関係を前提としなくても適用できる性格を持っており、本章の分析にも用いることができる。

第三に、本章では、居住地域に対する様々な評価と様々な健康変数との関係を比較検討する。居住地域の評価としては、居住地域に対する一般的な不満のほか、地域の治安、自然環境、文化環境、近隣住民に対する信頼感に注目する。このうち近隣住民に対する信頼感は、いわゆる社会関係資本（ソーシャル・キャピタル）の代理変数としてしばしば用いられる（Kim and Kawachi 2006, Subramanian et al. 2002）。健康については、主観的健康感のほか、運動、朝食、睡眠、喫煙という四種類の健康行動に注目する。

2 分析方法

「地域の生活環境と幸福感に関するアンケート」

本章の実証分析で用いるデータは、文部科学省科学研究費助成事業「幸福感分析に基づく格差社会是正政策と社会保障改革」（二〇一〇〜一二年度・研究代表者＝橘木俊詔）によって二〇一一年に実施されたインターネット調査「地域の生活環境と幸福感に関するアンケート」の個票データである。同アンケートでは回答者に対して、個人の主観的厚生やパーソナリティや社会経済的属性、居住地域の評価、主観的健康感や健康行動などを詳細に尋ねている。

このアンケートでは、日本の実際の人口構成・属性に関する代表性をできるだけ確保するため、対象となる回答者を五つの年齢階層（二十代、三十代、四十代、五十代、六十代）と三つの世帯所得階層（年収三〇〇万円以下、三〇〇〜六〇〇万円、六〇〇万円以上）に基づき一五のグループに分けた。次に、それぞれのグループの人口構成比を、二〇〇五年の「国勢調査」と二〇〇九年の「国民生活基礎調査」に基づいて計算した。その人口構成比に見合ったサンプルを、インターネット調査のモニターから無作為に抽出し、二〇一一年二月一六〜二二日に質問票を彼らに送付する。質問票は一万六九三〇人に送付し、一万一五五六人から回答を得た（回収率六八・三％）。

インターネット調査という性格上、このサンプルにはバイアスがあることに注意する必要がある。第一に、（後述する調整を行う前の）元のサンプルでは、男性の比率が五五・四％と高めになっている。第二に学歴が高めであり、大卒以上が全体の約五〇・二％となっている（二〇〇七年の「就業構造基本統計調査」によると、二〇〜六九歳の大卒以上比率は二三・八％）。第三に、首都圏の居住者の比率が三五・六％とかなり高い（二〇〇七年の「国民生活基礎調査」では二六・八％）。本章の推計結果の解釈に際しては、こうしたバイアスの存在に留意しなければならない。

回答者の居住地域は郵便番号で特定化できるが、ここで市町村や政令指定都市の区に対応する下三桁に注目する。この方法に基づいて元のデータで識別できるのは八八五地区（同一地区に居住する回答者数は一人から一〇〇人にわたり、平均二三・四人、標準偏差一七・一人）だが、居住地域の特性を正確に把握するため、分析に際しては一〇人以上の回答者が居住している地区に絞った。

以上の処理に加えて、分析に必要なデータが欠落しているサンプルを除くと、最終的なサンプル・サイズは八三四一人（男性四七四九人、女性三五九二人）となり、元のサンプルの七二・二％となる。居住地区の数は四一七となり、同じ地区に住む回答者数は平均二七・二人、標準偏差一六・四人となる。

分析に用いる変数

回帰分析における主要な従属変数（被説明変数）は、客観的な健康状態の代理変数としての信頼性も確認されている主観的健康感である（Idler and Benyamini 1997, Wilcox et al. 1996 参照）。アンケート調査では、「あなたの現在の健康状態はいかがですか」という質問に対する回答を「健康でない」「どちらかといえば健康でない」「普通」「どちらかといえば健康である」「健康である」という五段階で答えさせている。本章では、この回答のうち、「健康でない」「どちらかといえば健康でない」という答え（男女計の二一・四％）を1、それ以外をゼロとする二値変数「良好でない健康状態」を作成した。さらに、「運動せず」「朝食抜き」「寝不足」（睡眠時間が六時間以下）「喫煙」という四つの不健康な行動に注目した。それぞれの全体に占める比率（男女計）はそれぞれ、四五・八％、二三・七％、一七・六％、二一・七％である。

独立変数として第一に取り上げるのは、居住地域への一般的な不満である。アンケート調査では居住地域に対する満足度を「不満である」「どちらかといえば不満である」「どちらともいえない」「どちらかといえば満足である」「満足である」の五段階で答えさせており、このうち「不満である」「どちらかといえば不満である」という答え（全体の一四・三％）を居住地域に対する不満と定義した。

さらに、同調査では、居住地域の様々な面についての満足度も同じく五段階で尋ねており、ここでは治安、自然環境、文化環境、近隣住民に対する信頼感という四つの側面に注目する。いずれも、「不満である」「どちらかといえば不満である」という答えをそれぞれの側面に対する不満とした。

なお、居住地域の評価については、もともとの五段階の回答を、郵便番号の下三桁に対応する居住地ごとに平均し、当該地域の客観的な特徴とみなしている。ただし、五段階の回答は、5が「不満である」、1が「満足である」という形で値を与え、その平均を求めている。したがって、数字が高いほど不満の度合いが高くなる。

ＳＯＣについては、ＳＯＣの計測用に定められている、日常生活に関する合計二九の文（「現状に必ずしも満足していない」「他人にとても関心がある」等）に対して、「まったくそう思わない」「そうは思わない」「どちらかといえ

表7-1　サンプルの基本的属性（記述統計量）

比　率		男女計	男　性	女　性
主観的健康感	良好でない健康状態	0.214	0.232	0.190
健康行動	運動せず	0.458	0.397	0.539
	朝食抜き	0.237	0.231	0.246
	寝不足	0.176	0.182	0.168
	喫　煙	0.217	0.272	0.144
居住地域に対する不満	全　般	0.143	0.132	0.157
	治　安	0.074	0.066	0.084
	自然環境	0.187	0.192	0.179
	文化環境	0.268	0.266	0.271
	近隣住民に対する信頼	0.568	0.570	0.566
婚姻状態	既婚（配偶者あり）	0.634	0.654	0.607
	未　婚	0.300	0.293	0.311
	離　別	0.052	0.043	0.064
	死　別	0.013	0.010	0.018
学　歴	中　卒	0.021	0.022	0.020
	高　卒	0.244	0.229	0.264
	短大卒	0.215	0.117	0.344
	大卒以上	0.520	0.632	0.373
居住地域の規模	大都市	0.414	0.413	0.416
	中都市	0.152	0.135	0.174
	その他の都市	0.355	0.384	0.317
	市町村	0.057	0.056	0.058
	不　明	0.022	0.013	0.034
SOC	平　均	103.8	103.1	104.6
	標準偏差	16.9	16.7	17.2
世帯所得	平　均	3.33	3.51	3.10
（等価所得，100万円）	標準偏差	2.39	2.47	2.26
年　齢	平　均	44.9	47.8	41.1
	標準偏差	14.2	14.4	13.0
人　数		8341	4749	3592

ばそうは思わない」「どちらかといえばそう思う」「そう思う」「強くそう思う」という六段階の回答をさせている。それらに一から六の値を対応させ（必要に応じて値の順序を逆にする）、合計を計算してＳＯＣの値とする（範囲は二九から一〇八）。平均は一〇三・八、標準偏差は一六・九、内的整合性の度合いを示すクロンバックのαは〇・九一九である。

以上の主要変数のほか、様々な制御変数を用いる。具体的には、性別、年齢階級、婚姻状態、学歴のほか、世帯所得（＝夫婦の所得計。世帯人員数を考慮した等価所得ベース）に注目する。世帯所得は五階級に分ける。また、居住地域の規模の違いにも注目する。以上の変数の記述統計量は表7－1にまとめた通りである。

推計方法——ロジット回帰モデルと媒介分析

記述統計レベルの分析に加えて、本章では、四つのロジット回帰モデルを推計する。いずれも従属変数は健康に関する二値変数であり、違いは説明変数の選択である。

まず、モデル1は、（回答者の回答の地域別平均値による）居住地域に対する平均的な評価と個人レベルの制御変数だけを説明変数とするものである。

モデル2は、モデル1で用いた説明変数に、居住地域に対する個人レベルの評価を加える。モデル1と2を比較することにより、居住地域に対する主観的な評価が、当該地域の客観的な状況と独立して健康と相関するかをチェックする。

モデル3では、モデル2における居住地域に対する個人レベルの評価をＳＯＣに置き換え、健康がＳＯＣにどのように関係するかを調べる。

最後にモデル4では、居住地域に対する個人レベルの評価を説明変数に加える。モデル2と4を比較することにより、居住地域の評価と健康との関係にＳＯＣがどのように影響するかを調べることができる。また、モデル3と4を比較することにより、ＳＯＣと健康との関係に個人レベルの居住地域の評価がどのように影響するかを調べることができる。

さらに、居住地域の評価と健康との関係にＳＯＣがどのように影響するかを調べるために、媒介分析の手法を用いる。ここで、媒介分析のアプローチを簡単に説明しておこう。

独立変数、従属変数、媒介変数をそれぞれＩ、Ｄ、Ｍと表記しよう。次に、二本の回帰式を推計する。すなわち、第一の回帰式はＤをＩだけで説明する式であり、第二式はＤをＩとＭで説明する式である（いずれも共通の制御変数を説明変数に用いる）。この二本の回帰式の結果に基づき、ＩがＤに及ぼす影響を、⑴（Ｍによる媒介効果を経由しない）直接的な効果と、⑵Ｍによる媒介効果に二分する。この方法は、データがクロスセクションであり、ＩとＤとの因果関係が不明確であっても、なんら調整せずに適用できる。しかし、媒介効果は、因果関係の媒介効果ではなく、（方向性をあらかじめ特定できない）相関関係のそれと解釈する必要がある。

本章の分析に即して言えば、この媒介効果において、Ｉが居住地域の評価、Ｄが健康、ＭがＳＯＣとなる。そして、モデル2と4の結果に基づき、居住地域の評価と健康の相関関係のうち、どの程度がＳＯＣによって媒介されているかを計算する。同様の計算は、居住地域の評価と健康にいろいろな変数を採用して行うことができる。なお、説明変数に健康を、従属変数に居住地域の評価を用いても同様の媒介分析ができるが、結果にほとんど違いは出てこないので、本章ではその結果の報告は省略する。

3　分析結果

記述統計分析の結果

最初に、居住地域の評価や健康、あるいは両者の相関関係がＳＯＣとどのような関係にあるかを大まかに見ておこう。

図7-1は、ＳＯＣを四分位に分け、居住地域に不満を持つ者、自分の健康がよくないと答える者の比率がどのように違っているかをＳＯＣの水準別に調べたものである（性・年齢による調整済み）。この図からも明らかな

ように、SOCは、居住地域に対する満足度や主観的健康感とそれぞれ正の相関を持っていることが分かる。これは、居住地域の評価と主観的健康感との間の相関にみせかけの部分が含まれていることを示唆するものである。

図7-2は、居住地域に関する四つの評価がそれぞれSOCの水準によってどのように違っているかを、図7-1とまったく同じようにして調べたものである（性・年齢による調整済み）。居住地域に対して否定的な評価を下す者は、SOCが高いほど低くなる。図7-1の結果と併せて考えれば、居住地域の様々な側面に対する評価と主観的健康感との間にも、見せかけの相関が生じることが推察される。

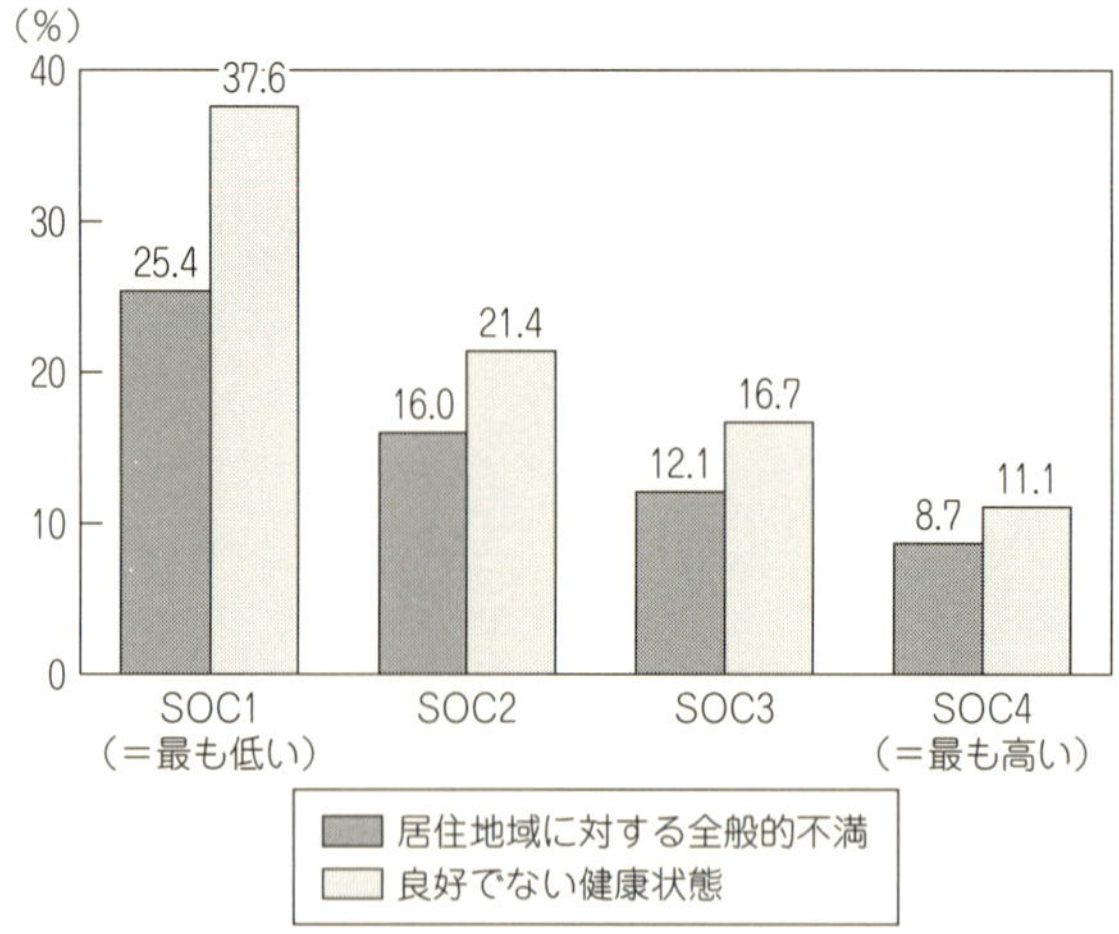

図7-1　SOCの水準別に見た居住地域の評価と主観的健康感

注：性・年齢調整済み。

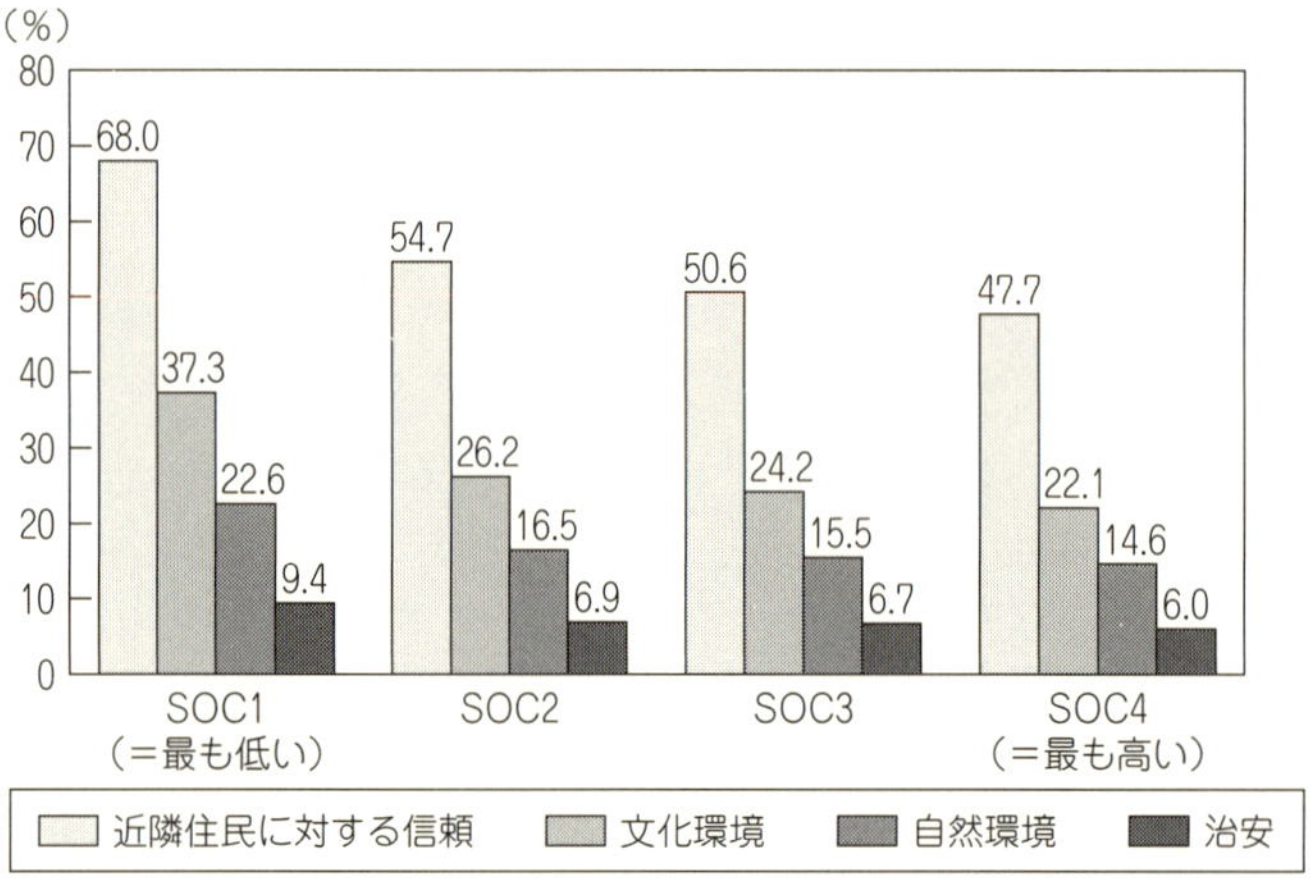

図7-2　SOCの水準別に見た居住地域の評価

注：性・年齢調整済み。

図7-3は、居住地域の評価（アンケート調査で回答させた元々の五段階。高いほど不満）を横軸に、主観的健康感が良好でない者の比率を縦軸にとり、両者の関係がSOCのそれぞれの水準でどのように違ってくるかを調べたものである（性・年齢による調整済み）。この図から、次の二つの点を指摘することができる。

第一に、SOCが低下するほど折れ線は上の方にシフトする（ただし、居住地域に対する不満が高いところではクロスする）。これは、図7-2で確認したように、SOCと主観的健康感とが正の相関を持っていることと整合的である。

第二に、SOCそれぞれの水準において、折れ線はプラスの傾きを明確には示さない。たしかに、SOCが第一、第三、第四分位のときは、居住地域の評価が4から5へと悪化する際に、自分が不健康と感じる者の比率は

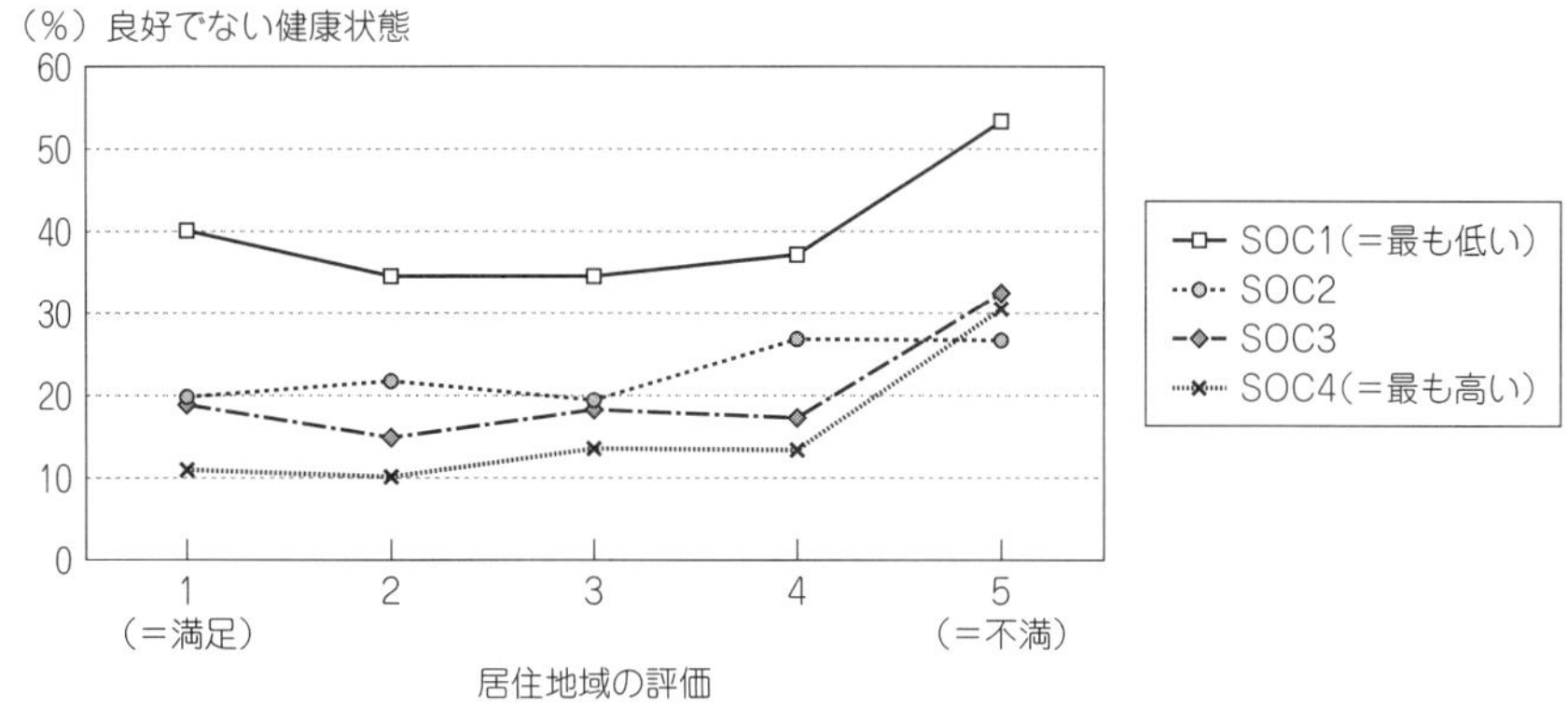

図7-3　ＳＯＣの水準別に見た居住地域の評価と主観的健康感

注：性・年齢調整済み。

高まる。しかし、それ以外の部分では、折れ線はほとんど横ばいか、右上がりであってもその程度は限定的である。これは、ＳＯＣの影響を制御すると、居住地域の評価と健康との関係が不鮮明になることを示唆するものである。

居住地の評価と主観的健康感

表7-2は、健康状態が良好でないとする主観的健康感が、居住地域に対する不満とどの程度関連しているのかを調べたロジット回帰モデルの結果をまとめたものである。ここで注目したいのは、個人レベル、地域レベルで把握した、居住地域に対する不満が、健康状態が良好でないとする判断にどこまでつながったかである。具体的には、前節で説明した四つのモデルに基づき、個人レベル・地域レベルでの居住地域に対する不満、そしてＳＯＣのオッズ比とその九五％信頼区間を比較している。

オッズ比（odds ratio: OR）とは、二つの異なる条件の下で、問題にしている事象が起こる度合い（オッズ＝確率／（1マイナス確率））を計算し、その比を求めたものである。例えば、「居住地域に不満のある場合、健康状態が良好でないと判断されるオッズ」と、「居住地域に不満のない場合、健康状態が良好でないと判断されるオッズ」をそれぞれ求め、前者が後者の何倍あるかを計算したものである。こうして計算されるオッズ比が1を上回れば（下回れば）、居住地域に不満のある場合ほど、健康状態が良好でない（良好だ）と判断されやすい」と評価するわけである。そして、そのオッズ比の九五％信頼区間を計算し、その信頼区間に1が含まれるかどうかで、結果の統計的な有意性を判断する。

このオッズ比を計算するために、本章では、居住地域に対する個人レベルの評価は、五段階評価（1＝満足～5＝不満）のうち、4と5を1、それ以外をゼロとした二値変数で表現する。不満か不満でないか、という二分法をとるわけである。

一方、居住地域に対する地域レベルの評価は、当該地域に居住する回答者による個人レ

表7-2　居住地域の評価（不満）と主観的健康感（良好でない健康状態）との関係

	モデル1		モデル2		モデル3		モデル4	
居住地域に対する不満	OR	95% CI	OR	95% CI	OR	95% CI	OR	95% CI
全　般								
個人レベル			1.66	(1.43, 1.92)			1.32	(1.13, 1.55)
地域レベル	1.06	(0.99, 1.14)	1.01	(0.94, 1.09)	1.02	(0.95, 1.10)	0.99	(0.92, 1.07)
SOC					0.54	(0.51, 0.58)	0.55	(0.52, 0.59)
治　安								
個人レベル			1.80	(1.49, 2.17)			1.69	(1.37, 2.08)
地域レベル	1.03	(0.97, 1.10)	0.99	(0.93, 1.05)	1.01	(0.95, 1.08)	0.98	(0.91, 1.04)
SOC					0.54	(0.51, 0.58)	0.55	(0.51, 0.58)
自然環境								
個人レベル			1.32	(1.15, 1.52)			1.15	(0.99, 1.33)
地域レベル	1.03	(0.96, 1.10)	0.98	(0.92, 1.06)	1.03	(0.96, 1.11)	1.01	(0.93, 1.09)
SOC					0.54	(0.51, 0.58)	0.55	(0.51, 0.58)
文化環境								
個人レベル			1.25	(1.12, 1.40)			1.07	(0.95, 1.20)
地域レベル	1.08	(1.01, 1.17)	1.05	(0.98, 1.13)	1.06	(0.98, 1.14)	1.05	(0.97, 1.13)
SOC					0.54	(0.51, 0.58)	0.55	(0.51, 0.58)
近隣住民に対する信頼感								
個人レベル			1.33	(1.19, 1.49)			1.10	(0.97, 1.24)
地域レベル	1.09	(1.01, 1.17)	1.05	(0.98, 1.14)	1.06	(0.98, 1.14)	1.04	(0.97, 1.13)
SOC					0.54	(0.51, 0.58)	0.55	(0.52, 0.58)

注：個人レベルの評価は，5段階評価（1＝満足～5＝不満）のうち，4と5を1，それ以外をゼロとした二値変数。地域レベルの評価は，当該地域に居住する回答者による個人レベルの評価（5段階）の平均値。地域レベルの評価及びSOCのオッズ比は，それぞれが1標準偏差だけ上昇した場合の値。すべてのモデルにおいて，個人の性，年齢，婚姻状態，学歴，居住値の規模の影響をコントロールしている。

ベルの評価（五段階）の平均値を用いる。ところが、こうして計算された、地域レベルの評価およびSOCは連続変数なので、オッズ比は右に説明したような方法では計算できない。そこで、これら連続変数のオッズ比は、その変数が1標準偏差だけ上昇した場合に、もとの場合とどこまでオッズが高まるかという形で計算している。

さらに、すべてのモデルにおいて、個人の性、年齢、婚姻状態、学歴、居住値の規模の影響をコントロールしている。これら制御変数に関する推計結果は紙面の制約上、掲載を省略してある。

最初に、表の最上段の結果に注目してみる。ここでは、居住地域に対する全般的な不満が、健康状態が良好でないという評価とどのように関係しているかを調べている。

まず、モデル1を見ると、居住地域に対する地域レベルの平均的な評価がよくないと、五％有意にはわずかに達しないものの、主観的健康感がよくない傾向を見せることが分かる（オッズ比＝一・〇六）。

そこに個人レベルにおける居住地域の評価を加えたモデル2では、居住地域に対する人レベルの不満と主観的健康感の低さとの間に、正でしかもかなり有意な相関関係があることが確認できる（オッズ比＝一・六六）。これは、居住地域の客観的な状況とは独立して、居住地域の主観的な評価が個人レベルの健康と相関することを示唆するものである。

モデル3では、居住地域の評価の代わりにSOCを説明変数に用いているが、SOCが高いほど健康がよくないと答える確率がかなり有意に低下することが分かる（オッズ比＝〇・五四）。この結果も、図7‐2と同様、居住地域の評価と主観的健康感との関係がSOCによってかなり説明できるという可能性を示唆している。

モデル4は、そうした見方の妥当性を調べるために、モデル3に個人レベルにおける居住地域の評価を説明変数に加えている。結果を見ると、居住地域に対する不満は主観的健康感の低さと有意な関係を維持しているものの、そのオッズ比（一・三二）はモデル2の一・六六からかなり低下していることが分かる。したがって、すでに図7‐1および図7‐3でも示唆されたように、居住地域の評価と主観的健康感との間に見られる相関は、SOCによって媒介されている可能性が考えられる。

さらに、モデル3からモデル4の間でSOCのオッズ比がほとんど変化していない点も注目してよい（〇・五四から〇・五五へ）。これは、居住地域の評価が、SOCと主観的健康感との相関に大きな影響を及ぼしていないことを意味する。ここには示していないものの、SOCと居住地域の評価との相関に、主観的健康感が大きな影響を及ぼしていないことも確認できる。

この表7‐2では、居住地域に対する一般的な不満のほかに、治安や自然環境、文化環境、近隣住民に対する信頼感という四つの側面に関する不満についても推計結果を報告している。いずれの側面についても、居住地域に対する一般的な不満と同じような結果が得られる。

すなわち、居住地域に対する平均的な評価が低いと、個人レベルの主観的健康感が低くなる傾向が緩やかながら確認できる（モデル1）。

次に、個人レベルにおける居住地域に対する不満は、居住地域に対する平均的な評価の影響を制御しても主観的健康感と有意な相関を持っている（モデル2）。そして、SOCは主観的健康感ときわめて有意に相関している（モデル3）。さらに、SOCを説明変数に加えると、居住地域に対する個人レベルの不満と主観的健康感との相関は大きく低下する（モデル2と4の比較）。

とりわけ、自然環境や文化環境、近隣住民に対する信頼感をめぐる不満と主観的健康感の相関は、モデル2では有意であるのに対して、モデル4では有意でなくなっていることが注目される。さらに、SOCのオッズ比は、居住環境に関するどの不満の場合でも、ほとんど変化せず、しかもかなり有意であることも分かる。これは、SOCと主観的健康感との相関が居住地域の評価に大きく左右されな

表７－３　居住地域の評価（不満）と主観的健康感・健康行動との関係

	良好でない健康状態（主観的健康感）	運動せず	朝食抜き	睡眠不足	喫　煙
居住地域に対する不満	OR　95% CI	OR　95% CI	OR　95% CI	OR　95% CI	OR　95% CI
全　般					
SOC コントロール前	1.66 (1.43, 1.92)	1.44 (1.26, 1.65)	1.49 (1.29, 1.73)	1.34 (1.15, 1.57)	1.15 (0.99, 1.32)
SOC コントロール後	1.32 (1.13, 1.55)	1.22 (1.06, 1.41)	1.41 (1.22, 1.63)	1.26 (1.08, 1.48)	1.13 (0.98, 1.31)
SOC による媒介効果	46.7	47.3	15.1	21.3	
治　安					
SOC コントロール前	1.80 (1.49, 2.17)	1.15 (0.96, 1.37)	1.52 (1.27, 1.82)	1.28 (1.04, 1.59)	1.26 (1.03, 1.54)
SOC コントロール後	1.69 (1.37, 2.08)	1.09 (0.91, 1.30)	1.49 (1.24, 1.78)	1.25 (1.01, 1.55)	1.25 (1.02, 1.53)
SOC による媒介効果	13.7		5.3	9.0	2.2
自然環境					
SOC コントロール前	1.32 (1.15, 1.52)	1.21 (1.07, 1.37)	1.09 (0.94, 1.26)	1.00 (0.84, 1.18)	1.23 (1.07, 1.41)
SOC コントロール後	1.15 (0.99, 1.33)	1.10 (0.96, 1.25)	1.05 (0.90, 1.22)	0.95 (0.81, 1.13)	1.22 (1.06, 1.40)
SOC による媒介効果	51.4	54.4			3.9
文化環境					
SOC コントロール前	1.25 (1.12, 1.40)	1.18 (1.06, 1.31)	1.30 (1.15, 1.47)	1.10 (0.97, 1.25)	1.20 (1.07, 1.34)
SOC コントロール後	1.07 (0.95, 1.20)	1.06 (0.96, 1.18)	1.25 (1.10, 1.42)	1.05 (0.93, 1.20)	1.19 (1.06, 1.33)
SOC による媒介効果	69.7	65.4	14.9		4.1
近隣住民に対する信頼					
SOC コントロール前	1.33 (1.19, 1.49)	1.32 (1.20, 1.45)	1.30 (1.16, 1.45)	1.22 (1.09, 1.36)	1.07 (0.96, 1.20)
SOC コントロール後	1.10 (0.97, 1.24)	1.16 (1.05, 1.28)	1.24 (1.10, 1.38)	1.16 (1.03, 1.30)	1.06 (0.95, 1.19)
SOC による媒介効果	66.2	47.8	17.6	24.7	

注：モデル２及び４の結果を比較したもの（主観的健康感については，表７－２の結果を再掲）。５％水準で統計的に有意な結果について媒介効果を示しているすべてのモデルにおいて，個人の性，年齢，婚姻状態，学歴，居住値の規模の影響をコントロールしている。

いことを示唆している。

居住地域の様々な側面の評価と健康

表７－３は、居住地域の様々な側面に対する個人レベルの評価と健康変数との関連を調べた分析結果をまとめたものである。ここで示されたオッズ比は、ＳＯＣの影響を制御する前（モデル２）と制御した後（モデル４）のものとなっている。さらに、この表では、ＳＯＣが居住環境の評価と健康変数との間の相関をどの程度媒介しているかを、媒介分析の手法を用いて計算した結果も併せて示している（ただし、その値は、居住環境の評価と健康変数との間の相関がＳＯＣによる影響を制御する前に有意でない場合は計算していない）。

この表の最上段・左端を見ると、居住環境に対する一般的な不満と主観的健康感との相関のうち、四六・七％がＳＯＣによって媒介されていることが分かる。この媒介効果の大きさをどう評価するかは判断に迷うところだが、居住環境に対する一般的な不満と主観的健康感との相関についてはかなり割り引いて受け取る必要があることは明らかだろう。

さらに、この表では、居住地域の様々な側面と健康の相関、そして、それに対するSOCの媒介効果が、両者の組み合わせによって大きく異なることも確認できる。より具体的に言うと、居住地域の評価の中では、治安に対する否定的な評価が健康と最も直接的に相関している。例えば、治安に対する評価と主観的健康感との相関に対して、SOCが媒介するのは一三・七%となっているが、この値は居住地域のその他の側面の場合におけるSOCの媒介効果の度合い（四六・七〜六九・七%）に比べて著しく小さい。

健康変数の間の結果の違いを比較すると、主観的健康感と健康行動との間で大きな違いがあることに気づく。幾つかの例外はあるものの、主観的健康感に比べると、健康行動の方が居住地域の評価との相関が低めになっている。実際、健康行動の中には、「喫煙」のようにSOCの影響を制御する前でも、居住地域の評価と有意な相関を見せていないものが存在する。一方、SOCの媒介効果は、主観的健康感や「運動せず」の場合でほぼ同じレベルの大きさとなっているが、「朝食抜き」「寝不足」「喫煙」ではかなり小さめとなっている。

4　考察と結論

分析結果のまとめ

本章では、居住地域の評価が個人の主観的健康感や健康行動とどのように関係しているかを、SOCという個人属性の媒介要因に注目しながら検討してきた。得られた主要な分析結果をまとめると、次のようになる。

第一に、居住地域に対する主観的な評価は、当該地域の客観的な状況や個人レベルの基本的な属性の影響を制御しても、個人レベルの主観的健康感や健康行動と有意に相関している。主観的健康感は、居住地域に対する一般的な不満が高いほど低下するし、同様の傾向は居住地域のその他の側面に関する主観的評価との間でも確認できる。こうした結果は、日本以外で行われてきた多くの先行研究の結果との整合的である。

第二に、そうした居住地域の評価と健康との間に見られる相関関係は、SOCによる媒介効果によって説明できる部分が大きい。SOCが高い個人ほど、居住地域や自分の健康に対して肯定的に評価する傾向がある。したがって、居住地域の評価と健康との相関関係には、見せかけの部分が少なからず含まれていることになる。実際、本章の回帰分析が明らかにしているように、SOCの影響を制御すると、両者の間の相関はかなり低下し、有意でなくなる場合もある。

居住地域の評価と主観的健康感、SOCという三変数はいずれも主観的なものであり、その関係は単純ではない。確かに、SOCが高いほど、居住地域の評価と主観的健康感はいずれも高くなる。その一方で、居住地域の評価が低く、主観的健康感がよくないほど、SOCが低下する可能性もある。つまり、SOCは、居住地域に対する不満が主観的健康感に及ぼす影響を緩和する効果を持つと考えられる一方で、SOCが居住地域に対する不満や主観的健康感の低さに影響される可能性も否定できない。

第三に、居住地域の側面や健康行動のタイプによって居住地域の評価と健康との関係は、大きく異なる。いずれも主観的変数である、居住地域に対する一般的な評価と主観的健康感の場合、その相関の半分程度はSOCによって媒介されている。それとは対照的に、居住地域の治安に対する不安は、居住地域の他の側面の評価と比べて、健康により直接的に影響し、SOCの媒介効果が限定的であることも明らかになった。本章の分析では因果関係を特定化できないものの、この結果は、居住地域の特性のなかでも、治安に対する評価が人々の健康に差し迫った影響を及ぼしていることを示唆するものである。

さらに、SOCの媒介効果の大きさが健康行動によって大きく異なることも明らかになった。SOCの媒介効果は、主観的健康感の低さや「運動なし」では、（治安への不満を除くと）五割弱から七割近くとかなり大きく、しかも同じようなレベルにある。それに比べると、その他の健康行動におけるSOCの媒介効果はかなり限定的である。

残された課題

本章の分析は、日本ではあまり研究が進んでこなかった、居住地域の評価と健康との関係について一定の新たな知見を得ている。また、両者の関係におけるSOCの媒介効果の重要性を検討したことも新たな試みと言える。しかし、分析の限界や今後の研究テーマとして残された課題は少なくない。

例えば、すでに、第2節でも説明したように、本章で用いているデータはインターネット調査によるものであり、そこに内在するバイアスの影響を受けているはずである。さらに、本章では、郵便番号下三桁によって居住地域を特定化し、そこに居住している回答者の平均的な評価を当該地域の客観的な状況の代理変数とした。しかし、これはあくまでも簡便法であり、本来であれば別の調査によって各地域の状況を客観的に把握する必要がある。

より重要な問題は、データがクロスセクションであるため、変数間の因果関係を正確に把握することができないことである。例えば、パネル・データを用いた Richardson and Ratner（2005）は、分析開始時点におけるSOCを外生変数として扱い、逆境的なライフ・イベントが健康に及ぼす影響を、SOCがどの程度緩和しているかという分析を行っている。これはそれなりに分析として完結しているが、SOCが外的な要因によって影響を受ける可能性も否定できない。理想的には、居住地域の評価、健康、SOCという三変数の動学的な関係を明示的に把握できる分析枠組みが必要となる。

さらに、Boone-Heinonen et al.（2011）の分析が示唆するように、居住地域に対する不満が高まれば、人々が居住地域を別のところに移す可能性もある。本章では、居住地域の選択は外生的に与えられたものと想定しているが、その選択を内生化したモデルによる分析も興味深いと言える。

【参考文献】

Antonovsky, A. (1979) "*Health, stress and coping: New perspectives on mental and physical well-being,*" San Francisco: Jossey-Bass.

Antonovsky, A. (1987) "*Unraveling the mystery of health: How people manage stress and stay well,*" San Francisco: Jossey-Bass.

Antonovsky, A. (1993) "The structure and properties of the sense of coherence scale," *Social Science and Medicine*, 36, pp. 725–733.

Baron, R. M., and Kenny, D. A. (1986) "The moderator–mediator variable distinction in social psychological research: Conceptual, strategic and statistical considerations," *Journal of Personality and Social Psychology*, 51, pp. 1173–1182.

Boone-Heinonen, J., Diez-Roux, A. V., Kiefe, C. I. , Lewis, C. E., Guilkey, D. K., and Gordon-Larsen, P. (2011) "Neighborhood socioeconomic status predictors of physical activity through young to middle adulthood: The CARDIA study," *Social Science and Medicine*, 72, pp. 641–649.

Bowling, A., and Stafford, M. (2007) "How do objective and subjective assessments of neighbourhood influence social and physical functioning in older age? Findings from a British survey of ageing," *Social Science and Medicine*, 64, pp. 2533–2549.

Burdette, A. M., and Hill, T. D. (2008) "An examination of processes linking perceived neighborhood disorder and obesity," *Social Science and Medicine*, 67, pp. 38–46.

Caughy, M. O. B., O' Campo, P. J., and Muntaner, C. (2003) "When being alone might be better: Neighborhood poverty, social capital, and child mental health," *Social Science and Medicine*, 57, pp. 227–237.

Christie-Mizell, C. A., Steelman, L. C., and Jennifer, S. (2003) "Seeing their surroundings: The effects of neighborhood setting and race on maternal distress," *Social Science Research*, 32, pp. 402–428.

Diez-Roux, A. V. (2007) "Neighborhoods and health: Where are we and where do we go from here?" *Revue d'Epidémiologie et de Santé Publique*, 55, pp. 13–31.

Echeverria, S., Diez-Roux, A. V., Shea, S., Borrell, L. N., and Jackson, S. (2008) "Associations of neighborhood problems and neighborhood social cohesion with mental health and health behaviors: the multi-ethnic study of atherosclerosis," *Health and Place*, 14, pp. 853–865.

Eriksson, M., and Lindström, B. (2005) "Antonovsky's sense of coherence scale and the relation with health: A systematic review," *Journal of Epidemiology and Community Health*, 60, pp. 376–381.

Gary, T. L., Stark, S. A., and La Veist, T. A. (2007) "Neighborhood characteristics and mental health among African Americans and Whites living in a racially integrated urban community," *Health and Place*, 13, pp. 569–575.

Hill, D. T., Burdette, A. M., and Hale, L. (2009) "Neighborhood disorder, sleep quality, and psychological distress: Testing a model of structural amplification," *Health and Place*, 15, pp. 1006–1013.

Hill, D. T., Ross, C. E., and Angel, R. J. (2005) "Neighborhood disorder, psychophysiological distress, and health," *Journal of Health and Social Behavior*, 46, pp. 170–186.

Höge, T., and Büssing, A. (2004) "The impact of sense of coherence and negative affectivity on the work stressor-strain relationship," *Journal of Occupational Health Psychology*, 9, pp. 195–205.

Ichida, Y., Kondo, K., Hirai, H., Hanibuchi, T., Yoshikawa, G., and Murata C. (2009) "Social capital, income inequality and self-rated health in Chita Peninsula, Japan: A multilevel analysis of older people in 25 communities," *Social Science and Medicine*, 69, pp. 489–499.

Idler, E. L., and Benyamini, Y. (1997) "Self-rated health and mortality: A review of twenty-seven community studies," *Journal of Health and Social Behavior*, 38, pp. 21–37.

Ing, J. D., and Reutter, L. (2003) "Socioeconomic status, sense of coherence and health in Canadian women," *Canadian Journal of Public Health*, 94, pp. 224–228.

Jorgensen, R. S., Frankowsky, J. J., and Carey, M. P. (1999) "Sense of coherence, negative life events and appraisal of physical health among university students," *Personality and Individual Differences*, 27, pp. 1079–1089.

Kawachi, I., and Berkman, L. F. (2003), "Introduction," I. Kawachi, and L. F. Berkman (eds.), *Neighborhoods and Health*, New York: University of Oxford Press, pp. 1–19.

Kim, D., (2008) "Blues from the neighborhood? Neighborhood characteristics and depression," *Epidemiologic Reviews*, 30, pp. 101–117.

Kim, D., and Kawachi, I. (2006) "A multilevel analysis of key forms of community- and individual-level social capital as predictors," *Journal of Urban Health*, 83, pp. 813–826.

Kivimäki, M., Elovainio, M., Vahtera, J., Nurmi, J. E., Feldt, T., Keltikangas-Järvinen, L. et al. (2002) "Sense of coherence as a mediator between hostility and health: Seven-year prospective study on female employees," *Journal of Psychosomatic Research*, 52, pp. 239–247.

Kondo N., Kawachi, I., Subramanian, S. V., Takeda, Y., and Yamagata, Z. (2008) "Do social comparisons explain the association between income inequality and health?: Relative deprivation and perceived health among male and female Japanese individuals," *Social Science and Medicine*, 67, pp. 982–987.

Krantz, G., and Östergren, P. (2004) "Does it make sense in a coherent way? Determinants of sense of coherence in Swedish women 40 to 50 years of age," *International Journal of Behavioral Medicine*, 11, pp. 18–26.

Latkin, C. A., and Curry, A. D. (2003) "Stressful neighborhoods and depression: a prospective study of the impact of neighborhood disorder," *Journal of Health and Social Behavior*, 44, pp. 34–44.

MacKinnon, D. P., and Dwyer, J. H. (1993) "Estimating mediated effects in prevention studies," *Evaluation Review*, 17, pp. 144–158.

MacKinnon, D. P., Fairchild, A. J., and Fritz, M. S. (2007) "Mediation analysis," *Annual Review of Psychology*, 58, pp. 593–614.

Oshio, T., and Kobayashi, M. (2009) "Income inequality, area-level poverty, perceived aversion to inequality, and self-rated health in Japan," *Social Science and Medicine*, 69, pp. 317–326.

Oshio, T., and Kobayashi, M. (2010) "Income inequality, perceived happiness, and self-rated health: Evidence from nationwide surveys in Japan," *Social Science and Medicine*, 70, pp. 1358–1366.

Richardson, C. G., and Ratner, P. A. (2005) "Sense of coherence as a moderator of the effects of stressful life events on health," *Journal of Epidemiology and Community Health*, 59, pp. 979–984.

Ross, C. E., and Mirowsky, J. (2009) "Neighborhood disorder, subjective alienation, and distress," *Journal of Health and Social Behavior*, 50, pp. 49–64.

Subramanian, S. V., Kim, D., and Kawachi, I. (2002) "Social trust and self-rated health in US communities: A multilevel analysis," *Journal of Urban Health*, 79, S21–S34.

Suominen, S., Blomberc, H., Helenius, H., and Koskenvuo, M. (1999) "Sense of coherence and health: Does the association depend on resistance resources? A study of 3115 adults in Finland," *Psychology and Health*, 14, pp. 937-948.

Torsheim, T., Aaroe, L. E., and Wold, B. (2001) "Sense of coherence and school-related stress as predictors of subjective health complaints in early adolescence: Interactive, indirect or direct relationships?" *Social Science and Medicine*, 53, pp. 603-614.

Volanen, S., Lahelma, E., Silventoinen, K., and Suominen, S. (2004) "Factors contributing to sense of coherence among men and women," *European Journal of Public Health*, 14, pp. 322-330.

Weden, M. M., Richard, M., Carpiano, R. M., and Robert, S. A. (2008) "Subjective and objective neighborhood characteristics and adult health," *Social Science and Medicine*, 66, pp. 1256-1270.

Wen, M., Hawkley, L. C., and Cacioppo, J. T. (2006) "Objective and perceived neighborhood environment, individual SES and psychosocial factors, and self-rated health: An analysis of older adults in Cook County, Illinois," *Social Science and Medicine*, 63, pp. 2575-2590.

Wilcox, V. L., Kasl, S. V., and Idler, E. L. (1996) "Self-rated health and physical disability in elderly survivors of a major medical event," *Journal of Gerontology: Social Sciences*, 51B, S96-S104.

第8章 文化は人を幸せにするのか
——社会包摂の文化政策——

河島伸子

文化を保護・育成・普及するための文化政策においては、「文化的に豊かな社会を形成することは、個人の幸福感増大に寄与する」と暗黙のうちに想定されてきているようである。しかし、このような相関関係を示すデータは十分にあるのか。社会包摂を目指す文化政策は、いかにもコミュニティ全体と各個人の幸せに貢献するようであるが、話はそれほど単純なのであろうか。本章は、これらの疑問点への分析を試みる。

1 文化的豊かさと個人の幸福感

文化的豊かさは幸福感につながるのか

経済的に豊かになったからといっても、各個人が感じる幸福度が増すわけではない、むしろかえって減ることすらある、ということが少しずつ明らかになってきている。このことが経済学にとっての重要な研究課題となっていることは、本書が示す通りである。

確かに「お金さえあればそれで幸せになれるわけではない」という言い方は日常的であり、経済的豊かさと幸福度との関係がそれほど単純ではないと感じる人は少なくないであろう。それでは「文化的豊かさ」が増すことにより、各個人が感じる幸福度は増すのであろうか。先に述べた経済的豊かさと幸せの関係への理解と比べて、文化的豊かさと幸福との関係については、どちらかといえば疑問を持たれることなく、当然のこととして想定されているように思われる。一九九〇年前後のバブル経済期においては「モノの豊かさから心の豊かさへ」というキャッチフレーズのもと、経済大国となった日本は文化的に豊かな社会、国際的に尊敬される国を目指すべきだ、というような言い方がよくされた。ここに見られたような、①文化に対して資金を投入し、文化的発展を目指すことにより、②「心の豊かさ」が達成され、③人々は幸せな気持ちで過ごすことができる、という論理（①→②→③）は、現在でも一般に特に問題なく通用している。

　しかし、この①から③までの流れの結果、文化的豊かさが個人の幸福感に貢献するという最終的効果について、文化政策の中で堂々と語られることは、実は意外に少ない。このロジックに疑問を呈してそれを実証しようという試みもほとんどなされてこなかった。そして「人々の幸せ」を文化政策の課題に据えず、文化政策の目標は、「優れた文化の創造」とその「普及」の二大柱を中心としてきた。この傾向は多くの国に共通したことであるが、わが国においても全く同様である。経済政策が国富の増大とその幅広い（あるいは公平な）分配という目標を掲げてきたものの、それが究極的に人々の幸福につながるのか、を問わないで発展してきたのと同様である。

文化政策における目標

　さて、「文化政策」という言葉になじみがない読者のために、この領域について簡単に説明したい。文化政策とは、各国や各地域における「文化」の保存、振興、発展、その伝播・普及に、国や地方自治体あるいは民間企業、NPOや個人が何らかの関与をしていくことを指す。「文化」という言葉の多義性により誤解が生じやすいが、人間の営みそのものである「文化人類学的な」文化（すなわち特定の集団に共有される価値観、習慣など）に対する国家の直接的介入を意味するわけではない。ここで言う文化とは、芸術・芸能、伝統文化、文化遺産、工芸や建築、美術館、あるいは映画や出版のような商業的文化活動も含めた、知的もしくは芸術的表現活動の所産、「表象された」文化を指す。これらが生産、流通、消費といった過程から構成される経済活動であることは明らかであり、外部性を持つことから「市場の失敗」が起きやすく、特に複製不可能なタイプの芸術・文化は、政府による支援の対象となっている。これらの表象文化よりもう少し広義に「文化」を考える場合には、言語、宗教、学問なども含まれ、これらに対する政策も指す。わが国においては、文部科学省内の一組織である文化庁が、一応国の文化政策の中心的存在であるが、他に、外務省や総務省、経済産業省などの事業の一部に、実質的に文化政策の一端を担っているものがある。また地方自治体レベルにおいても、公立美術館や博物館、文化センター、劇場などの施設建設とその運営、あるいはフェスティバル、その他継続的な文化事業の支援も行い、大きな役割を果たしている。

　しかし、先に述べたように、わが国の文化政策において、人々の幸福度向上をもって政策目標としている文言は通常見当たらない。わが国で文化政策を基礎づける法として平成一三年に施行された文化芸術振興基本法では、多少踏み込んで、文化的豊かさがもたらす便益に触れており、文化政策と人々の幸福との関係についてここから読み取れる部分があることはある。第一条において、文化は「人間に多くの恵沢をもたらすものであることにかんがみ…もって心豊かな国民生活…の実現に寄与」する、と述べる箇所がこれに該当する。しかしながら、「多くの恵沢」が何なのかは不明確であり、一方、同じ条の後半にある「心豊かな国民生活」は、意味が不鮮明な日本語である。「心豊かな」は個人の精神的状態を表すと思われるが、それが「国民生活」を修飾しているため、何となく意味は通るものの不正確さが残る。これをもって「多くの国民が精神的豊かさを感じながら生活をしている」社会を指しているのであれば、まさに文化政策は「幸福度の高い社会」を目指していると言えそうであるが、そう言い切ってしまってよいだろうか。文化政策としては、文化の振興が究極的には各個人の精神的豊かさ、幸福感に寄与する、と断言できれば落ち着きがよくなるのだが、実際のところ、そこまで踏み込んで宣言する文化政策の文書はほとんど存在しない。

文化的豊かさと個人の幸福

そもそも、文化的豊かさと個人の幸福における相関関係を示す証左には乏しい。「幸福」という言葉は、この手の研究においては、「個人のウェル・ビーイング」(Individual Well-Being)、「主観的ウェル・ビーイング」(Subjective Well-Being)、「生活の質」(Quality of Life: QOL) といった言葉の下位概念に置かれていたり、あるいは、これら複数の用語が同じ意味で使われていたり、という混乱があり、議論の土台すら弱いのが現状である。用語と概念の混乱は文化政策に限られないことであるが、社会政策の主流にある分野（例えば社会保障、社会福祉、医療・保健など）と比べ、特に文化政策のようなマイナーな分野では研究蓄積も相対的に少なく、新たな政策概念、研究課題が出現した場合には混乱が生じやすく、混乱の解消にも時間を要してしまうのである。

そうこうするうちに、QOLは学際的な研究分野として成立しつつあるようである。このことは、二〇一二年に *Handbook of Social Indicators and Quality of Life Research* という書籍が刊行されていることからも窺える。しかしながら、前述のように、文化とQOLとの関係については解明が遅れている。文化への参加と個人のQOLに関する英語文献レビューを行ったガロウェイ (Galloway 2006) によれば、一九九五年から調査時までの段階で、わずかに一七本の論文が見つかっただけであり、そのうちコミュニティのQOLを扱ったものではなく個人のQOLを扱ったものに絞ると八本となる。それぞれの文献では「文化」が「芸術」や「娯楽」以上に広い範囲を含んでいることもあり、また、文化だけを説明変数としているわけではない調査もここには含まれるため、これらをレビューしても何らかの傾向が読み取れるわけではない。

むしろ、定義と概念の混乱、その測定方法の不統一などの問題点が大きな課題として指摘されている。

特に文化活動への参加と個人のＱＯＬとの関係に焦点を絞り、数回にわたり大規模な調査を行ってきた研究としては、カナダの研究者ミコラス（Micholas）によるものが、おそらくきわめて希有なものとしてある（Micholas and Kahlke 2010: Micholas 2008: Micholas 2005）。彼による三つの論文はブリティッシュ・コロンビア州での調査がベースとなっているが、確たる結論には至っていないようである。これらの調査結果のごく一部を紹介すると、文化活動の中でも、凝った料理を作ること、刺繍などが「生活の満足感」につながっており、同様に凝った料理を作ることと美術作品を購入することが「幸福感」（生活の満足度とは別の概念となっている）につながっている、といった結果が出ている。しかし著者は、この結果をどのように解釈しどのような政策的含意を導いたらよいのかについては分からないと述べている。そして結局のところ、全般に文化的参加が個人のＱＯＬに及ぼす影響はきわめて限定的であると論じているのである（Micholas 2005: 19）。

2 文化政策の根拠づけ
——社会包摂に役立つ文化

「文化のための文化」を超えて

それでは、文化政策は、卓越した文化の創造とその普及という単純な目標、ある意味では「文化のための文化」を目指すのみで安穏としていられるのか。実際には、どの国においても全く逆であり、文化政策は、より市民の賛同を得るために、「文化のための文化」ではない理由づけを常に模索してきた。特に欧米諸国においては、一九八〇年代頃より、文化が経済に貢献できることが強く主張されるようになっている。実際に、文化を活用した都市再開発、経済活性化の事例は数え切れないほど存在している。例えばスコットランドの主要都市であるグラスゴーは、一九世紀には造船、鉄鋼業等で富を蓄えたが、二〇世紀には重工業、製造業が衰退し、貧富の格差が激しく、失業率、犯罪率が高い荒廃した街になっていた。こうした状況を打開するため一九八〇年代より始まった一連の文化投資計画により、市はミュージアム等の文化施設の整備を進め観光客やコンベンション等の誘致に成功し、サービス業への転換を図りながら都市の再生に務めてきた。オリンピック開催ともあいまって都市再生を図ったバルセロナ、同じくスペインのビルバオなどもよく知られる事例であるが、西欧および北米にはこのような事例、現在進行形のプロジェクトが数え切れないほどある（Bianchini and Parkinson [eds.] 1999, またリバプールについては地域創造（二〇一〇）の資料編に詳細がある）。わが国も例外ではなく、例えば横浜、金沢、他にも長浜市や瀬戸内海の直島など、小粒ながら成功を収めている事例に事欠かない。

しかしながら、「経済貢献をする文化」という話には、理論面から、また実証的にも、研究者からは多くの疑問と批判が寄せられてきた。例えば、美術館が一つ新たに建設されることで直接的雇用に加え、訪問客が周辺の飲食店や土産物店、宿泊施設等でより多くの消費をするという副次効果についても計測がされてきた。しかし、その多くは自治体等から依頼を受けたコンサルタントによる推測を積み上げた計算に過ぎず、その絶対数値は信頼性に乏しいといわれる。また副次効果の計算が仮に妥当だとしても、それならば、より集客力の高い、例えばスポーツ競技場を建設する方がよほど効率的であろうということになってしまう。本当に必要とされる経済効果調査とは、文化に投資した結果、どれだけ新たな付加価値が生まれたかを測定するものである。例えば、より創造性に富む国民がどれほどイノベーションを生み、経済発展に役立ったか、あるいは文化的に豊かな街・国に住む人々の生活の質がどれほど上がったか、という類のものである（Bille Hansen 1995）。こうした経済効果測定方法、その解釈をめぐる批判に加え、そもそも何か他の目的に役立つ手段としての文化であってはならない、文化はそれ自体が目的だという、文化の内在的価値に立つ主張もある（Belfiore 2002）。

　とはいうものの、財政緊縮が世界的に課題となっている今日にあって、経済成長には役立たないが文化に公的支援を与えることは大事だと言い続けることは難しい。また、実際に、経済がグローバル化し、高度な付加価値が競争力の源泉となりつつある中、そこに文化が大きな役割を果たし得るという話は的外れではない。従来、文化は「経済的豊かさ」の先にある贅沢と捉えられてきたが、そうではなく、文化は経済を活性化させる源泉であり、贅沢品ではない、むしろ今後のグローバル経済社会を生き延びるための必需品だというのである。これこそがこのところ勢いを増しつつある「クリエイティブ・エコノミー」の考え方である（文化産業と経済イノベーションについては、Potts 2009 参照）。

社会包摂に役立つ文化

とはいうものの、クリエイティブ・エコノミーの考え方もまだ揺籃期にあるため、文化支援政策の擁護には別の根拠づけも必要とされる。ここで浮上したのが「社会的包摂」に役立つ文化、という話である。社会的包摂とは、もともとEUなどで使われていたSocial Exclusionという用語のネガティブなニュアンスを消すために使われるようになった、反対のSocial Inclusionという言葉の日本語訳である。そもそもSocial Exclusionとは、貧困、失業、教育の機会の乏しさ、といった複数の要因の結果、健康状態も悪く、近隣との付き合い等もない人々が、コミュニティ、社会から疎外された状態を指す。これらの負の状態の全てが原因でも結果でもあることに特徴があり、社会にフルに参加できない人々がいることを指す。この問題を解消し、誰もが社会参加・参画できる社会を作ろうとする政策を社会的包摂政策という。

　こうした包括的な社会包摂政策を進めることは、今やヨーロッパを中心とした先進諸国に共通した課題であろう。日本においては、この用語が定着しているわけではないが、貧困・就労・教育などにおける差が原因でもあり結果としても相互に絡まって、階層・集団の固定化につながっているという見解、すなわち「格差社会」論と共通した問題意識が「社会的包摂」にはあるといえる。

この問題に先鞭をつけてきたイギリスでは、一九九〇年代後半に、個別の問題を取り扱う各省庁に対して、社会包摂政策に積極的に貢献するようにとの指令が出た。もともと文化政策に対してどちらかといえば消極的で、何か別の目的に役立つ限りにおいて文化を支援する傾向が強いイギリスでは、一九八〇年代後半から今日に至るまで「経済に貢献する文化」のロジックが強い勢いを持ってきたが、このような政策の流れを受け、「社会包摂に役立つ文化」という考え方が二〇〇〇年前後より大きな存在となった。他の政策分野と比べて財政支出の割合も小さく、ともすれば無駄だと切り捨てられかねない文化政策であるが、ここで、社会包摂に役立つことを証明できれば、文化政策の地位向上が期待できると思ったのか、文化政策を担当する文化・メディア・スポーツ省は「社会包摂に役立つ文化」の推進に熱心に取り組んできた。

この結果、従来の文化政策にはほとんど見られなかったことだが、今や、ミュージアムや劇団は、「社会的に阻害されているグループの就業を助ける」「社会的に阻害された地区にある学校の質の向上に役立つ」ような活動をしなければ、その存在意義が疑われかねない。このような動きはイギリスにとどまらず、フランスのように文化こそが国の威光、ブランドであるとして惜しげなく文化支援を行う国においても影響力を持ってきた。例えばルーブル博物館のように、人類の英知と文明史の集大成たるコレクションを誇るミュージアムにおいてすら、パリ市内の貧困地区の学校と連携し、社会包摂を目的としたプロジェクトを実施しているほどである。

冒頭で論じた幸福度の話とは若干のずれがあるように見えるかもしれないが、要するに「社会から疎外されている」人々を救うことは、その当該個人の幸福度に貢献するであろうし、それは文化政策が目指すところの「心豊かな」個人の集合たる文化的に豊かな社会につながると考えることができる。

実際のところ、今日の欧米諸国では、社会包摂を目的とした、あるいはそれを要素として含む文化活動が以前よりはるかに増えている。日本においては、これを含みつつさらに広義の「アウトリーチ」活動の重要性が近年浮上している。アウトリーチとは、専門の文化施設において観客が来ることを待っているだけ、という文化活動のそれまでの姿勢を改め、活動内容を地域の学校、病院、介護施設等にいわば「出張」させることを元来は指していた。その後わが国においてその重要性が理解されるに従い、意味がだんだんと拡大し、鑑賞者を新たに開発したり、体験型・教育型のプログラムをコンサートホールで主催し子どもたちを招待したり、といった動きまでも含めて総称するようになった（地域創造 二〇一〇）。財政緊縮の折から、文化の社会的有用性を示す活動が今までになく重要性を増しているのは、我が国においても当然のことであるといえよう。

3　文化は社会包摂に役立つのか

「社会包摂に役立つ文化」を問い直す

文化にこうした社会的役割を期待することは、確かに可能であるように思われる。文化は、人々を感動させ、一つにまとめる、人々のアイデンティティや自尊心を育てることにも貢献し、コミュニティの結束にも役立つ、また文化的創造活動から得られるスキルは将来の勉強や仕事に役立つ、という主張は、人々の理解・賛同を得やすいであろう。しかし、社会包摂的文化政策が人々の賛同を得、実際のプログラムとして拡大している今こそ、ここで立ち止まり、この論理は本当に妥当といえるのか、そして文化にとって、また私たちの幸福にとって有用なものなのだろうか、と問い直す必要がある。そして、こうした傾向が、どのような政策的課題を新たに生み出したのかを検討しなければならないのである。

これを論じるにあたり、社会包摂に役立つという文化のもつ効果について、これまでどのような説明がなされてきたのかを、まず概観したい。社会包摂を目的とした文化プロジェクトでは、一般に、自己尊厳、スキルの向上、ソーシャル・キャピタルの蓄積、といったものが具体的な効果として挙げられている。

ここで、一つの具体例として、ワークショップに参加して映像作品を創るという一連のプロセスを想定してみよう。まずは、何を表現したいのか、自分でテーマを決め、ストーリーをつくる。それに従って屋外で撮影したりパソコンで描いたり、音をつけて編集したり、といった作業が必要になる。俳優に出演依頼を交渉したり、撮影場所を確保し周辺住民や他の関係者への了解を得たりする必要もある。助手を雇ったり場所の移動を伴ったりする場合には、費用もかかってくるからそれが予算内に収まるよう、そして全ての仕事が期限までに完了するよう、時間も管理しなければならない。このような作業に携わることで、感受性、創造性や思考能力、分析能力の向上が期待できる。また、他者との交渉も必要になってくるから、コミュニケーション能力も向上するであろう。作品のテーマによっては、社会現象や地域社会に関する勉強も必要となるから、それらに対する理解を深める機会となろう。文化的な多様性に気づかされることもあるかもしれない。予算、時間の管理といった社会人に必要な基本スキルも身につく。こうして作品を完成させれば、自己に対する自信を持つことができることは明らかであり、その結果として社会的疎外感が減少する。また、仕事で役立つスキル、コミュニケーション能力を身につけているから、今後は仕事も見つけやすくなるはずである。作品そのものあるいは制作過程が、地域住民の間における問題意識を高めることにつながることもあろう。こうして、コミュニティ全体の社会包摂も可能となり、結束も強くなり、ソーシャル・キャピタルの蓄積ができ、コミュニティの生活の質の向上、防犯性の高さなどにもつながりやすい。究極的には、各個人およびコミュニティ全体の幸福度上昇に貢献するはずである。

評価の難しさ

上記は、一見、説得力を持つ説明ではあるが、研究者からはいくつもの問題点が指摘され、批判の対象となっている（例えば、Merli 2002）。第一の問題点は、このように一般的に言われているわりに、個々のプロジェクト評価の結果がそれをきちんと示しているとは言えない点にある。多くのプロジェクトでは、助成金の関係から何らかの評価を実施することが多いが、そのやり方について熟知している文化団体は少ない。評価作業に使える時間等に制約があることから、例えば参加者に対する簡単なアンケートやインタビュー調査をもって、「効果があがった」としていることが多い。この種のアンケートで、「あなたはこのプロジェクトに参加したことで自分に対する自信がつきましたか」「この作業により、思考能力が向上したと感じますか」と聞かれれば、多くの人はとりあえず肯定的に答えるであろう。しかし、そのことにどのような意味があるのであろうか。個人的能力の向上はそれなりの手法をもって計測されなければ、プロジェクトの効果があったのかどうかは分からない。また、社会への包摂という究極の目標は、時間をかけて徐々に起きるものであり、何をもってどの程度成功を収めたと言えるのか、その指標設定自体が難しい。そのうえ、どのアクションとどの結果とに因果関係が成立するのか分かりにくく、評価により次のアクション計画に結びつけにくい。

より根本的には、社会包摂的な文化プロジェクトに限らず、あらゆる文化活動について評価が難しいという問題がある。そもそも文化は、定性的な情報に依存する割合が高く、何をもって「優れた芸術」「素晴らしい文化的体験、感動」だと言えるのか一律に決めることはできない。個人により価値観や感じ方が大きく異なる中、ある種の客観性をもった指標で測ることが難しいことは、今日のように政策評価、事業評価が重要性を増している中、常に問題となる。なかでも社会包摂という目標は、その定義自体が示すように、貧困、健康、失業といった多岐にわたる領域の問題が絡まってできているだけに、これをした結果このような効果が出た、という因果関係を明確にかつ短期間のうちに示すことは不可能に近い。何をもって成功と言えるのか分からない中、社会包摂を目的とする文化プロジェクトは進行せざるを得ない。特に社会包摂に関する評価においては、対象者に対して何をどこまで立ち入って聞いてよいのか、センシティブな問題が存在することも、いっそう評価を難しくしている。

評価を行うことが全く無意味だとは言わないまでも、いくつかあり得る目標の中から、数値的にとりやすいものを最重要視し、それに引っ張られてしまう結果、本当に大事な領域に資源を投入しなくなるという危険があることにも注意しなければならない。個々の文化事業を実施した結果たる「アウトプット」指標（例えば美術館の入館者数）と、それを通じてどのような文化的進歩や、社会的便益をもたらそうとしているのか、という「アウトカム」の測定とを混同し、前者に傾倒しすぎることも同種の問題である。例えばわが国のミュージアムでは、本来、館のミッションとして抽象的に掲げていること（例えば展覧会により地域内における創造性を高めること）を達成するために個別の展覧会があるはずだが、評価が抱える問題として、入館者数を中心に評価が実施される傾向が強く、議会に対する報告などでもこの数字が独り歩きをしていく。その結果、マスコミからの持ち込み企画でメディアを通じて大々的に宣伝される特別展（例えば「大英博物館の至宝」といったネーミングの展覧会）は大量の動員を期待できるから年間入館者数の増大に貢献する。しかし、この手の展覧会企画に、館の専門職員たる学芸員が関与することは少なく、学芸員の研究成果を活かす機会、あるいは彼らが新たに学ぶ機会とはならない。地域特有の文化資源を活かした企画ではないため、本来のミュージアムのミッションを達成することにも貢献していない。また、数値で測りやすいタイプの事業に資源を投入することで「成績を上げる」ことに注力してしまい、より地味な、例えば収蔵品の修復といった領域の地位が下がるという現象もあり得る。短期間では効果が出にくいタイプの事業も同様に、成績を気にするマネージャーからは軽視されがちになるという弊害がある。

社会包摂を目的としたプロジェクトも評価対象となれば、これらの問題が同様に起きるであろう。

企画・実施に伴う問題

第二に、社会包摂を目的とした文化プロジェクトは、数こそ増えており様々なところで進められているが、その専門的人材は不足したままである。もともと、例えば障害者のためのアート活動や小学生のための文化活動を組織する団体などにおいては、それなりの経験の蓄積があり、一定のやり方やノウハウも確立しているであろう。しかし、これまでその経験がなかったが新たな政策的要請に応える形でこの種の活動に取り組み始めた団体においては、専門家がいないことが最大の問題としてよく挙げられている。我が国のミュージアムなど文化施設に対するアンケート調査においても、アウトリーチ活動を進める最大の障害として、一般的な資源不足と、特に専門的な人材の不足が挙げられている（地域創造二〇〇〇）。スタッフは元来、学芸や文化的な専門性によって雇われているが、社会から疎外されているコミュニティを巻き込んで何かプロジェクトを企画運営する技術を持っているわけでは必ずしもないからである。

他にも社会包摂プロジェクトの現場では、より切実な問題が生じている。一つには、文化団体側が興味を持つテーマと、ターゲットとなる側のコミュニティにとって重要なテーマとが必ずしも一致しないということである。例えば移民コミュニティの社会包摂を目的として、彼らの移民と定住を振り返り苦難の歴史をまとめた展覧会を、コミュニティの人々への聞き取り調査を通じて企画したとする。これ自体は意義深いように思えるが、移民コミュニティにとっては、辛く悲しかった体験を掘り起こし、それを社会に訴えるよりも、自分達の文化の素晴らしさを祝して欲しい、という思いがあったという事例がある（河島二〇〇一）。これは単にコミュニケーション不足、相互理解の不十分さに起因するわけではなかろう。むしろ、ミュージアム側とコミュニティ側で、展示により何を伝えたいのか、という目的が対立しているという、ある意味では典型的な「文化的政治」の例とみえる。

第二は、文化団体の側で考える「〇〇人コミュニティ」や、社会包摂プロジェクトの対象となる「〇〇地域コミュニティ」というものが、実は一つのコミュニティではなく、より複雑であるということである。例えばイギリスではインド亜大陸からの移民を「アジア人」あるいは「黒人」と呼ぶことが多いが、その中にはヒンドゥーとイスラムの対立があり、さらにインド内においても出身地方により人々の言語や習慣、イギリスにおける経験も全く異なる。文化団体の都合で「コミュニティ」が生まれるわけではないのである。地域を対象とした場合でも、その地域で何か文化プロジェクトを実施すればそれが社会包摂プロジェクトになるわけではない。わが国のアウトリーチ活動においては、活動の供給側が「対象者」として高齢者などの介護される人々を想定しているものの、実際は、彼らに限らず、介護する立場にある人々（介護士、家族など）も同様に文化活動によって癒しを求めていたりするという。これは利害の衝突ではないものの、想定以上に広がる受益者のニーズにどのように応えていったらよいのか、という課題を突き付けている点、示唆に富む。

さらに考えなければならないのは、ミュージアムなどの文化団体側においては、展示やプロジェクトを設計するための基本概念、学芸、文化企画のあり方が変化しなければならないことである。従来は、展示するモノの価値や公演の価値は、その歴史性・希少性や美的要素にあったが、社会包摂を目的とした企画においては、それを「人々との関係」「コミュニティにとっての意義」という視点から、そして描かれる対象の立場に立って新たに評価し直す必要がある。学芸員や文化団体のディレクターが持つ美術史、考古学の知識、音楽や演劇の世界における基本的価値観、権威、価値序列などとは違った評価機軸を団体・組織に導入するためには、従来とは異なる基準から人材を採用、育成していかなければならないのである。

4 「社会包摂を目指す／人を幸せにする文化政策」に内在する矛盾

第3節では、文化が社会包摂に役立つという論理の実証不足と、社会包摂を目的とした文化プロジェクトの企画・運営に必要な専門家と知識の不足という二つの問題点を指摘した。特に後者については時間をかければ解決できることかもしれず、どちらをとってもこれらの問題は、文化を使った社会包摂を全面的に否定することには直結しないかもしれない。より深刻な問題であるのは、文化政策の正当化理由あるいは大きな目標として、社会包摂を取り入れることにおいては、以下のような根本的対立、矛盾が生じ得るということである。以下の問題を突き詰めて考えていくと、社会包摂を目指す文化政策、また、人々の幸福度向上を目指す文化政策という考えそのものが、そもそも単純素朴にすぎないのではないかと思われてくるのである。

誰の文化か？

社会包摂や人々の幸福度の上昇に文化は役立つという考えの基本には、文化は万人にとって価値があり、これに触れさせる必要があるという発想がある。この発想は、実は西洋社会において一七～一八世紀に発達した啓蒙主義から発生し、二〇世紀になってもこうした考え方の伝統は色濃く残されている。啓蒙主義は、西洋の合理主義を推進し、科学や思想の発達に貢献したが、芸術・文化に関しては、文化を大衆に普及させるべきだという考え方に結実した。この考え方の最大の問題点は、そこでいう「文化」が上流層に独占されていたある種のものに過ぎず、大衆の文化と必ずしも一致していないにもかかわらず、これをもって国全体を代表するかのように扱ってしまったことにある。ヨーロッパの文化政策には、このような文化をもって国民全体を教化しようという意図があり、文化へのアクセスを広げることは一九世紀当初から大いに推進された。例えばイギリスのミュージアムでは、上流層が海外に探検隊として出かけて持ち帰った事物がコレクションを成しているが、このような文明の光に労働者たちも触れられるよう、入館は伝統的に無料である（Jordan and Weedon 1995）。北欧のように、もともとブルジョワジーによる支配の伝統が薄く、今日も相対的に平等な社会が達成されている国々ですら、文化政策の起源はやはり啓蒙主義的な国民教化にあり、戦後の福祉国家発達期には、ブルジョワジーが独占していた文化を地理的・社会的により広く多くの国民に普及させることがその目的だった（Silvanto et al. 2008, Vestheim 1994, Dueland 2008）。

その後、一九六〇、七〇年代にはたった一つの「文化」の概念をベースとした文化政策のあり方に反対する人々が現れ、「大衆にとって日常的である文化」を国は支援すべきだという運動が生まれた。しかし、啓蒙主義的発想に根差した文化政策の概念が根本から覆されることはなく、コアの「文化」は違った種類の文化が現れればそれを吸収・内部化することで続いてきた。例えばこの時期からヨーロッパ人は未発達、未開の地域における民俗文化、アートの力に目を向けるようになる。彼らはこれを「エスニック・アート」として吸収し、西洋的価値観から優劣を判断し、作品を選んで、もともとはその地域の人たちの生活に根差していたものを「アート」と認定し美術館に収める、という方向に動いた。

平たく言えば、シェークスピアの演劇やモーツァルトの交響楽など、今日の文化政策において時を越えて卓越した普遍的価値を持つと想定されている西洋社会の正統文化、あるいはベネチア・ビエンナーレで賞をとる現代美術作家の作品展のように、国境を越えて認められているアートの価値観が、ヨーロッパの文化政策ではあくまでも基本にある。わが国ではこれらに加え、歌舞伎や能、日本美術などの日本における正統な伝統文化という軸もあるが、文化政策が「正統な文化」のイメージに立ったものであることは欧米諸国と同様である。それに立って社会包摂を目的とした文化プログラムを企画・運営したとして、目的達成に役立つのかどうかは疑わしい。仮に経済的・社会的・政治的な意味での包摂まで は実現したとしても、もう一つ包摂における大事な軸は、文化的な包摂であろう(Sandell 1998)。ところが、文化的なプロジェクトを利用した社会包摂は、逆に文化的な意味での溝を広げるばかりであり、実は本来の目標達成には資することがないという結論すら導くことができるのである。

消費スキルと社会階層

文化を使って社会から疎外された人々を社会の中心に呼び込む、そしてより多くの人々が幸せだと感じる社会をつくる、という理想がある一方、文化は実は人々の間での不平等と深く結びついているという実態があることにも注意しなければならない。そもそも、文化的活動への参加状況は、社会学の研究によれば、所得と職業を反映した社会階層により異なる。日本の場合、男女の差と年代の差も大きく作用するという特徴があるが、一般には、高学歴・高所得・社会的威信の強い職業に就く人々ほど、音楽を聴いたり絵画を鑑賞する機会を多く持っている。その対象となる文化は、いわゆるハイ・カルチャーに限られず幅広い傾向があり、この階層と異なる階層においては、大衆的な文化が消費の中心を成していることとは対照をなす。

このような現象が起きる理由は、フランスの社会学者ブルデュー(Bourdieu 1984)、あるいは文化経済学者スキトフスキー(Scitovsky 1976)らにより、「文化を消費する能力」に関係すると論じられてきた。この能力は特に家庭内や学校教育を通じて蓄えられる文化資本と同義と考えてもよいが、美術作品に接したときに、写実的にうまいかどうか、という判断ではなく、作品の意味や歴史的位置づけ、社会的メッセージの内容までを理解し、面白いと感じたり自分なりの批判や判断を形成する力を指す。この消費能力が高ければ高いほど、特にハイ・カルチャーの鑑賞には役立ち、このような意味解読作業自体が興味深いからますます消費が盛んになる、という傾向を生み出す。このような人々は同種の友人・知り合いと意見を交わして消費能力をさらに高める。近年はインターネット上で見知らぬファン同士で意見交換もできるから、少しでもベースがある人であれば、さらにその能力に磨きをかける機会には事欠かない。しかし、小さい頃から美術や音楽に接する機会が限られており、親からその楽しみ方を教えてもらっていない文化資本・文化消費スキルに乏しい人々はこの点低いレベルにとどまる。このような文化資本の有無は、ある社会集団が他の集団と自分たちを差異化するのに戦略的に使われてきたという面もある。こうしてみると、長期的には、文化を使った社会包摂、文化により幸福度が高められた社会、などというものは、幻想でしかないようにも思えてくる。

文化の持つ差別的力

この議論を一歩進めると、文化には集団間の差異化を促す力があり、文化こそは社会的不平等をひそかに助長し正当化する機能すらある、ということになる(Jordan and Weedon 1995)。文化事業、文化施設が持つ差別的な力は、文化団体で働く専門家たちの間でも意識されているところである。例えばミュージアムにおいて、誰のどのような文化がどのように展示されているのか、ということはまさに文化的ポリティクスの闘いの結果である。ミュージアム教育の研究者としてよく知られるフーパー＝グリーンヒルが次のように述べている中にこの原因が見事に現れている。

文化とは、言葉、もの、信念や価値による、他とは切り離された独自の一つの領域というわけではない。文化は、客観的な事実の塊、受動的な人々に単に伝達されるという種類のものでもない。文化とは人々によって生かされ、経験されるものである。それは、代表・象徴を生み出したり、違うバージョンを創りだしたり、あるポジションをとり一つの見解を述べたりすることに関係するのである（Hooper-Greenhill 2000: 19、筆者訳）。

フーパー＝グリーンヒルによれば、したがって、ミュージアムの展示は、ある文化に関する社会的理解を形成する力を持つ、そういう意味ではおよそ美や歴史の世界に閉ざされた存在ではなく、現在の価値観を形成する怖い存在なのである。この議論は、ミュージアムのようなどちらかというと静的に見える文化組織にあてはめて考えると分かりにくいかもしれないが、映像番組、映画などで想定するとより説得力を持つであろう。映像がある文化をどのように描くか、カメラのアングル、ナレーションのトーン、効果音楽などの全てが一緒になり、それを観る者にあるイメージを形成する。この怖さを知ったうえでメディアに接すること、その能力がいわゆる「メディア・リテラシー」である。このリテラシーは、ミュージアムや演劇、音楽、美術などにも当てはまるものなのである。

このように考えを進めていくと、極論に聞こえるかもしれないが、文化は社会的阻害の問題に対して、部分的であってもやはり責任があると言えそうである。文化団体が貧困、健康状況の悪さ、荒れた街並みと犯罪、失業といった問題に対して何らかの貢献をせよと言われて、もともと自分たちが作り出したわけでもない社会的問題に対して、なぜ限られた予算を割り当て、専門家不在の中で苦労して社会包摂プロジェクトを提供しなければならないのか、と嘆く事情は理解できる。しかし、「自己尊厳、コミュニティのアイデンティティ（の回復、向上）」といった文化を使った社会包摂政策の目標に対して、実は文化の側は原因を作ってきた、社会的に阻害された人々を固定化することに貢献してきたともいえる。確かに、文化団体や文化事業が貧困や他の複雑に絡み合った問題を生み出したわけではないかもしれない。しかし、その阻害状況の固定化に対しては、長期にわたり人々が気付きにくい方法で力を貸してきたのである。

5　インクルーシブな文化へ

第4節に論じたように、文化の持つ差別的な力に留意することにより、文化の側にとって現在最も重要な課題とは、文化的に包摂的な組織となることだという結論を導くことができる。そのためには、文化団体は団体および分野の歴史と現在を見直し、文化的不平等、社会的疎外の形成にどう関与したかを総点検し、必要とあればその修正に乗り出さなければならない。自分たちは文化的不平等とは無関係で、美を追求してきただけ、という全面否定から始まってはいけない。このような総点検を行うことで、自分たちの中身を全く変えずにそこに興味がありそうな人たちの注意を引きつけようとするマーケティング活動にとどまらず、観客、鑑賞者との関係づくりをしなければならない。コアとなるプロダクトそのものの変更をしてまで、これまで文化に関心の薄かった人たちに合わせていかざるを得ないため、文化至上主義者たちにとっては受け入れがたい状況に至るかもしれない(Kawashima 2006)。

クラシック音楽のコンサートシリーズにおいて、時折、大衆的で一般の人たちにもなじみのある曲目を混ぜたりすることだけでは、包摂的な活動になったとはいえない。あるいは病院や介護施設に行って、お決まりの演目を弾くだけであったり、バイオリン等のアンサンブルが幼稚園に行ってアニメ主題歌を演奏して、生の音に触れてもらったと自己満足していては、真に包摂的な活動とはいえない。それぞれのターゲット層は、文化的のみならず社会・経済的にも阻害された人々であるかもしれないが、彼らの本当の文化ニーズはどこにあるのかを一緒に探りながら、そのニーズに適合したプログラムを新たに開発し提供しなければならないのである。

そこまで努力しても、残念なことに、あるプロジェクトに参加したコミュニティの人々が、必ずしも文化に対する考え方や態度を変化させるわけではないことも覚悟する必要がある。プロジェクトを通じて、文化への偏見や敷居の高さが取り除かれることはあっても、彼らがそれ以外の文化活動、特にプロジェクト外にあるメインの活動をも身近に感じるようになるかどうかは、全く別の問題なのである。コミュニティとの対話、協働作業により特別なプロジェクトを通じて、社会に対して真に開かれた文化団体になろうとすることは依然として重要である。しかしながら、真にインクルーシブな文化となるには長期的・持続的な努力が必要とされるのである。

本章冒頭では、「文化的に豊かな社会を形成することは、個人の幸福感増大に寄与する」という想定が文化政策のベースにあるものの、これが実証・理論両面において脆弱であることを指摘した。とはいうものの、文化政策はやはり最終的には個人の心の豊かさ・幸福度に貢献すべきであることは否定できない。今日重要性を増している、社会包摂を目指した文化政策はこの流れに乗っているかのようである。しかし、ここにおいても、文化が本来持つ差別的力に留意して、文化団体の組織そのものや文化の内容を常に外に対して開いていかない限り、一見文化活動が盛んに行われる社会になったとしても、個人の幸福感が増すことにはならないのである。

【参考文献】

河島伸子（二〇〇一）「文化政策のマネジメン

ト」後藤和子編『文化政策学』有斐閣。
地域創造（二〇一〇）『文化・芸術による地域政策に関する調査研究』財団法人地域創造。
地域創造（二〇〇〇）『アウトリーチ活動のすすめ』財団法人地域創造。
Bille Hansen, T. (1995) "Measuring the Value of Culture," *European Journal of Cultural Policy*, 1, 2, pp. 309–322.
Belfiore, E. (2002) "Art As a Means of Alleviating Social Exclusion: Does it really work? A critique of instrumental cultural policies and social impact studies in the UK," *International Journal of Cultural Policy*, 8,1, pp. 91–106.
Bianchini, F. and Parkinson, M. (eds.) (1999) *Cultural Policy and Urban Regeneration*, Manchester: Manchester University Press.
Bourdieu, P. (1984) *Distinction*, Trans. Richard Nice, Routledge, London.
Dueland, P. (2008) "Nordic Cultural Policies: A critical view," *International Journal of Cultural Policy*, 14, 1, pp. 7–24.
Galloway, S. (2006) "Cultural Participation and Individual Quality of Life: A review of research findings," *Applied Research in Quality of Life*, 1, pp. 323–342.
Hooper-Greenhill, E. (2000) *Museums and the Interpretation of Visual Culture*, Routledge, London.
Jordan, G. and Weedon, C. (1995) *Cultural Politics*, Blackwell, Oxford.
Kawashima, N. (2006) "Audience Development and Social Inclusion in Britain," *International Journal of Cultural Policy*, 12, 1, pp. 55–72.
Merli, P. (2002) "Evaluating the Social Impact of Participation in Arts Activities," *International Journal of Cultural Policy*, 8, 1, pp. 107–118.
Michalos, A.C. and Kahlke, P.M. (2010) "Arts and the Perceived Quality of Life in British Columbia," *Social Indicators Research*, 96, pp. 1–39.
Michalos, A. C. and Kahlke, P. M. (2008) "Impact of Arts-Related Activities on the Perceived Quality of Life," *Social Indicators Research*, 89, pp. 193–258.
Michalos, A.C. (2005) "Arts and the Quality of Life: An exploratory study," *Social Indicators Research*, 71, pp. 11–59.
Potts, J. (2008) "Why Creative Industries Matter to Economic Evolution," *Economics of Innovation and New Technology*, 18, 7, pp. 663–673,
Sandell, R. (1998) "Museums as Agents of Social Inclusion," *Museum Management and Curatorship*, 17, 4, pp. 401–418.
Scitovsky, T. (1976) *The Joyless Economy*, Oxford University Press, London.
Vestheim, G. (1994) "Instrumental Cultural Policy in Scandinavian Countries: A critical historical perspective," *European Journal of Cultural Policy*, 1, 1, pp. 57–71.

第9章

幸福と音楽

カーラ・ビセット・ベンチコウ、アントニオ・エスターシェ、ビクター・ギンスバーグ

本章では人間の文化活動、特に音楽が人々の幸せにどう貢献するかを考える。音楽においては、それを自分で演奏するときと、他人の演奏を聞く場合の二つがある。それら両方の活動が人の脳を刺激して、人の気分をよくする効果があり、そのことが人々を楽しくかつ幸福にすることにつながるとされる。さらに、音楽が人の生産活動や病気・心の治療にも役立つことが示され、音楽そのものの効果の大きなことがわかる。

1 音楽と幸福

音楽と進化論

幸福と音楽の関係性の深さについては、古くから議論されてきた。三〇年以上も前に執筆された論文の冒頭においてミンスキー（Minsky 1981）は、「なぜ我々は音楽が好きなのか」と問題提起した。現在では、この問題への答えは、おそらく進化論と、人々に幸福を感じさせる（またはより大きな幸福を感じさせる）様々な種類のホルモンの生産との関連があるのではないか、と認識されている。[1] しかし、この説明にミンスキーは完全に納得することはないであろう。なぜならミンスキーは下記のように考えていたからである。

「我々は、音楽と芸術から快感や力が湧い

てくる理由を探ろうとはしない。なぜなら、我々はその原理を理解してしまうと、音楽や芸術を楽しめなくなってしまう、と恐れているからである。それもそうである。芸術は、人に影響を与える心理的な原理が明らかにされるとしばしば力を失ってしまう。しかし気にすることはない。芸術がもつ心理的な効果が明らかにされても、我々は、別の活気に満ちた幻想を探し求めるだけである。どのような芸術でも、それを味わうためには作品の表面化に視点を向け、芸術が生み出され、それが人々に吸収されていく心理的な状況をみつめなければならない。人間の心理を説明することは、歌を説明することより難しいと感じるようであれば、少し広い意味でとらえることで問いが簡単になることを知っておこう。つまり音楽は、聴き手の心理を理解することで、よりはっきりと解釈することができるであろう。」

ダーウィン（一八七一）は進化論の説明に賛成したであろう。すでに百年前に彼は、音楽が古くから存在し続けているのは生物学的な理由からではないかと論じている。

「音符とリズムは、人類の男性または女性の祖先により習得され、異性への求愛行動の一部であった。それゆえに、音楽の響きは動物が感じうる最も強い情熱と関係することになり、その後、音楽は本能的に使われるようになった。音楽はまた、強い感情が会話の中で表現されるときに用いられるようになった。しかし、なぜ高い音や深みのある音が、人間にとっても下等動物にとっても、特定の感情を表現する際に表情豊かであるものなのか、私は納得のいく説明をすることができない。」

音楽とセラピー

しかし、進化論に基づく説明に対して賛同する人ばかりではない。フロン（Huron 2001: 58–59）は下記の内容には反対である。

「音楽を進化の過程の適応として裏付ける証拠は確固たるものである。しかし音楽がその進化とともに何かに適応していくものであると想定しても、現代の音楽づくりと音楽鑑賞から受ける影響は最低限にとどまるであろう。音楽は、文化的・歴史的な文脈――人々の音楽への思いが何世紀にもわたり浸透しており、さらに流行の周期が社会の変化を起こすもの――に深く組み込まれている。メンデルの「遺伝子プール」ではなくドーキンスの「ミーム・プール」を通じて特性が習得されると主張するラマルク進化論の一部として音楽は存在する。ことばと同じように、音楽文化とその好みに関する詳細は、個人が周りの文化の行動パターンを取り入れる文化化（enculturation）の生産物として説明されるのである。」

ただし数年後、彼は下記のように提案している。

「人間の感情は、自然淘汰の中で自らの生

存率を高めるための適応から起こったものにすぎない。人間の適応度を上げることに関係しない体内の心理的な働きは、自然の中で生み出されることはない。音楽は、生物学的な快感をもたらす性質をもっていなければ、その重要性が継続して認められることは難しかったであろう。」（Huron 2005: 2）

フロンは音楽が幸福に与える影響は多くの側面をもっていることを強調したが、それはほぼ正しかったことが明らかになってきた。例えば、多くの社会においては、ダンスや集団でタッピング（足を使ってコツコツと音を出すこと）やトランピング（どしん、どしんと音を立てて歩くこと）、拍手することには、社会的な結束力を生み出し、維持することを助ける力がある。フロン（Huron 2001: 47）によると、「音楽は、集団結束を強め、利他主義を促し、集団行動の効率を高め、重い物体を引くようなグループワークの調整を行う場面でその力を発揮することができる」。こうした音楽が人々をつなげる正の効果は、なぜ音楽が世界中のすべての文明に共通する文化的な遺産になったのかを理解するうえで参考になる[(2)]。

数世紀にもわたり言及されてきた音楽の影響は様々で、長い期間にわたり実用可能であるとみなされてきた。例えば、例えば、『国家』（*The Republic*）の中で、プラトンは音楽が市民の教育の中にどのように導入されるべきかを示している。最低限の音楽トレーニングを受けた経験のある人々の数と爆発的に増えた音楽学校数から考えると、プラトンの指摘は、その後、長く影響を残していることが明らかである。

音楽がもつ影響力のもう一つは、その潜在的なセラピーの価値であることは、古くから知られている。アンドセル（Andsell 2004: 441）によると、アリストテレスは「ワイン、女性、そして歌に囲まれた、セラピーをするのに好ましい環境」を提案した。プラトンとアリストテレスが主張したのは実験的というよりは、より哲学的なものである。しかしこのような試みは、彼らが最初ではなかった。すでに聖書のサムエル第一六章二三節には、下記のとおり記されている。

「神から悪霊がサウルに臨む時、ダビデは琴をとり、手でそれをひくと、サウルは気が静まり、良くなって悪霊は彼を離れた。」

ルネサンス期の古代ギリシャ、ローマ、インド、または中国において音楽が実際にセラピーとして使われていたかどうかの証拠は数少ない中、一つ注目に値すべき例外がある。それはイスラム国家の最高権威者であるカリフの都にあるいくつかの精神病院において、患者のために音楽が演奏されたという記録である（Andsell 2004: 441）。

音楽が幸福に与える影響に関する現代の研究のほとんどは、古い時代から知られている、音楽がもつセラピーの価値を中心においている。しかし、音楽がセラピーとして活用されてきた歴史はまだ浅い。音楽が患者の健康と不安レベルに良い影響を与える経験的な研究論文が急増しているにもかかわらず、音楽療法はまだ幅広く使用されていない。音楽を聴く際に、人間の脳の中でどのような心理的また生理学的な反応が起きるのかを研究している神経科学者がいる一方で、他の研究者は、音楽が悲しみ、不安、ストレスを軽減することを調査している。つまり、音楽はより幸福を感じさせてくれると同時に、精神安定剤や鎮静剤にかかるコストを削減するためにも役立つのである。

研究者、保健医療従事者、その他の人々が音楽と幸福の相互関係をどの程度理解し、そして応用しているのかを示すために、本章は下記のような構成となっている。第2節においては、音楽が個人に及ぼす効果を測定することができる技術の進展についての重要性をまとめた。第3節では、人間の音楽に対する行動が起きる背景をより深く理解するために、音楽にさらされている人の脳に何が起きるのかという短い概略と、神経科学の基本的な原則について提示する。第4節では、音楽のジャンル別に、聴き手への音楽の影響について述べる。第5節では、医療現場、医療以外の現場、そして職場において考えうる音楽セラピーの影響について考察する。第6節では、多少皮肉な見方になるが、お金と幸福の関係がビジネスにどのように応用されており、公的および私的な医療費の削減のために使われているのかについて論じる。第7節は本章の結論とする。

2 音楽が幸福に与えるインパクトの測定

音楽と幸福

音楽がどのように幸福をもたらすのかを認識するためには、実際に何が測定されており、それがどのように測定されているのかを理解することが重要である。もし幸福そのものに焦点を絞るのであれば、シンプルで主観的な質問を含めた質問紙調査が行われることが多い。この測定方法には一長一短がある。一方で幸福に関連する具体的な側面に焦点が置かれており、たとえストレス、またはストレスが出るほど極度の状態ではなくとも、高血圧、コルチゾール（ストレスホルモン）の上昇、そして心拍数などの心理的な指標を用いることで、質問紙調査に比べてより正確に、そして客観的に幸福への影響力を測定することができる。悲しみに沈んでいる人だけでなく平常心を保っている人も、音楽に触れることにより、心理的な指標に影響が出ることが分かる。しかし、幸福は多面的な概念であり、すべての側面を測定することは容易なことではない。

近年では、研究のおかげで比較的客観的に測定することのできる幸福の側面が大いに増えた。様々な音楽の種類を含め、あらゆる形態の刺激に対する脳の反応を測定する方法は、一〇年前に比べ改善された。我々は、血圧や心拍といった生理学的な指標で説明しきれないことを、脳神経に関連する指標で補足することができる。我々は、音のリズム（tempi=テンポ）に対する脳の反応の測定方法を確立し[3]、これにより音楽が感情または幸福に影響するという新しい見解を開拓するのに導いてくれる。

人間の脳は、近所の犬の鳴き声、木の葉を

吹き抜ける風、車のクラクションの音、などの様々な音に日常的に触れる機会がたくさんある。そのような音の連続音楽になるのはどのようなタイミングであろうか。非伝統的な曲で知られている作曲家のエドガー・ヴァレス（Edgar Varese）は、音楽を「体系化された音」と定義した。ダニエル・レビタン（Levitin 2006）はこの定義に賛成し、どの音も同じ要素——大きさ、ピッチ（音楽の相対的な音の高さ）、輪郭、リズム、テンポ、音色、空間的位置、ビブラート——から構成されていると考えた。人間の耳に入ってくるあらゆる音と音楽が区別されるのは、単にその構成による。作曲家は、人間の脳が音を拍子、ハーモニー、メロディーとして解釈できるように音を構成する。したがって、音楽は「体系化された要素をもつ意図的な聴覚の刺激」と定義することができるであろう（Kemper and Danhauser 2005）。

　これまでの生理学の研究が明らかにしたことは、音楽は他の芸術と異なり、人間に対して普遍的な影響力をもっているということである。すべての人は、ある音楽に対して、たとえ同じように反応しなくとも、いずれ音楽に対して何らかの反応を示すであろう。しかし重要な課題についての議論は続いている。つまり音楽は、聴き手から感情表現を引き出すものであろうか（いわゆる情緒理論）。それとも音楽は、聴き手が認識している感情を表現しているのであろうか（認知理論）。それとも双方の理論があてはまるのであろうか。イゴール・ストラビンスキー（Igor Stravinsky 1936: 163）の回答は明確である。

「私は、音楽はまさにその本質から何かを表現する力はないと考える——表現の対象が人の気持ち、考え方、心理的な気分、自然現象であったとしても。音楽特有の性質に自ら表現することは含まれない。しかし表情をもたないことが、音楽の存在意義であるわけではない。」

　多くの神経科学者も同意する傾向にある。彼ら（特にKrumhansel 1997 and Lundqvist et al. 2009を参照）は、音楽は感情を引き出したり、かき立てたりするものであり、聴き手が音楽の中で感じる気持ちを表現するものではない、という立場である。新しい技術（特にポジトロン断層法（positron emission tomography—PET検査））は、人間の脳が音楽にさらされたときに何が起こるのかより正確にとらえることができる。レビタン（Daniel Levitin 2008, 2009）やオリバー・サックス（Oliver Sacks 2007）などの神経科学者は、こうした考え方を普及したことで知られている。しかし、彼らは第一人者でもなければ、この分野で活躍する唯一の科学者でもないことは、次の節で明らかになるであろう。

3　音楽と脳

脳の役割

音楽は、脳のほとんどの領域と多くのニューロンの下位組織に浸透してくる数少ない現象の一つであり、これは言語が脳に与える影響よりも広範囲の活動である。[4] 音楽は、記憶（自らが知っている曲を聴いた場合）、言語（歌詞を理解し歌うため）、動作（リズムに合わせて足を打つ、拍手、指をすり合わせてパチンと音を立てる）に関連しているため、体系化された音を聴く行為だけに集中することはできない。もし音楽を聴く際に影響される仕組みがささいなものに見えるようであれば、さらに分かりにくいのは、音楽がどのように人の気分に影響するのか、という映画製作者やマーケターが熟知し応用している点である。例えば特定の曲を聴いたときに人が泣いたり、または喜んだりするのは、どのような理由によるものであろうか。この問いに対しては、心理的また生理学的な回答がある。

ブラッドとザトール（Blood and Zatorre 2001）は、音楽に対する感情的な反応は、他の刺激から起きる感情表現と同じ脳領域に関係していることを示している。彼らは、快適な音楽と不快な音楽（耳障りな音を使って否定的なリアクションを引き起こさせる）に対する人々の反応を観察することで音楽と感情という分野について研究している。PET検査を用いて音楽を処理する際の脳の活動をとらえることで、パンクゼップ（Panksepp 1995）が観察し記録したことで知られている「音楽のぞくぞく感」または「背中がぞくぞくする感覚」といった大変ポジティブな反応を引き起こす神経活動について研究している。その他の結果をみると、音楽を聴いてぞくぞくした際に観察された脳の行動パターンは、コカイン依存者がコカインから強い高揚感や快感を得る際の脳の動きの研究とよく似ていることが示されている。

音楽とコカインに対する反応と関係している領域は、欲求が満たされたとき、あるいは満たされることが分かったときに活性化し、個体に快の感覚を与える報酬のプロセスに関連している（ドーパミン、オピオイドシステム、その他の神経伝達物質を意味するものとして知られている）。音楽を聴くことは、「心拍、筋電図、そして呼吸の変化を伴う。このような刺激のインパクトが高まるとともに、報酬・動機、感情や興奮と関連している脳の各領域——腹側線条体、中脳、扁桃体、眼窩前頭皮質、腹内側前頭皮質など——において、脳の血流の増加や減少がみられた」（Blood and Zatorre, 2001: 118）。これらは、食事、セックス、または薬物などの報酬に対して反応する脳の領域と同じである。しかし感情は「不快感」と負の相関性を示しており、不一致の関係にある（Blood et al. 1999）。

サリンプアー他（Salimpoor et al. 2009）は、この理論を試すために、音楽を聴く際に生まれる感情と快感の主観的評価の関連性を調査した結果、正の相関関係を確認した。彼らは、音楽には生物学的または機能的な価値が欠けている（またはその可能性がある）にもかかわらず、人間が音楽を繰り返し聴く理由が調査により説明されたことも重要である、と論じた。人間は、音楽により生み出された強い感情そのものに満たされることがある。この快感は、感情喚起に対する生理学的な反応——皮膚電気反応（音楽から刺激を受けてぞくぞく感じることを検出するためのもの）、心拍数、呼吸速度、体温、血圧——などの生理学的な指標を通じて確かに表現されている。[5] 例えば、参加者が特定の音楽に触れたあとに何も快感はなかったと回答した際には生理学的な指標は何も変化を表さなかったが、回答者が快感を得られると述べた曲については、指標に変化が見られた。つまりこの調査は、快感に対する生理学的な反応を引き起こすことに音楽の生物学的価値があることを示している。

最近の論文の中で、サリンプアー他（Salimpoor et al. 2011）は、音楽を聴く際に、脳内の離れた二カ所で放出される内因性ドーパミンに対する直接的な証拠を提示している。内因性ドーパミンが放出される箇所は、一つは尾状核という感情が湧き起こる際に関わる部分であり、もう一つは側坐核という感情が頂点に達する際（音楽に対するぞくぞく感）に発せられるものである。著者らは、人間は抽象的な報酬の形として音楽を聴くことを期待させられることにより、ドーパミンが放出されることの重要性を強調する。彼らは、「このような調査結果は、なぜ音楽がすべての人間社会においてこれほどまで高い価値をもっているのかについての説明を裏付けてくれる」と提示している。

音楽演奏の効果

音楽の演奏による効果についての文献もいくつかある。最近の研究では、音楽演奏は、ドーパミンのレベルを変え、歌うことによりエンドルフィン（気分をよくするホルモン）が放出される一方で、ただ音楽を聴いているだけでは何も変化が起きないことが示されている。ダンバー他（Dunbar et al. 2012）は、エンドルフィンを生産するのは音楽そのものではなく、演奏活動であると結論づけている。この結論は、すべての文明において集団での歌や踊りが存在し、音楽が人々のつながりを築くものであるとみなされてきたことからも、決して驚きではない。一方で、アンウィン他（Unwin et al. 2002）によると、無作為に形成された歌と踊りの二グループについて、双方の気分は変化したがが、有意差は認められなかった場合もある（Clift and Hancox（2001）も参照されたい）。ほかの形態の音楽パフォーマンス（ソリスト、小集団や大規模なオーケストラによる演奏）については、ほとんど研究されていない。

つまり、音楽は脳の多くの部分にわたり反応を引き起こし、人間の気分をよくするホルモンやタンパク質——オキシトシン（オルガズム中に放出される）、免疫グロブリン（風邪などの感染症と闘うための免疫）、メラトニン（眠気を高める）、ノルエピネフリン（神経伝達物質）、エピネフリン（心拍数を調整する）、セラトニン（気分をコントロールする役割があり、現在はいくつかの抗鬱薬のもとになっている）——を生産する。音楽はまた、ストレスを誘発するコルチゾールのレベルを下げることもある。(6)

認知主義の観点からレビタン（Levitin 2009：106-107）は、音楽は不安と驚きを通じて感情を湧き起こすと主張する。彼は、音楽は音が体系化されたものと定義されるが、何らかの驚きや緊張を含まなければ、感情の変化はなく機械的なものになってしまうであろうと説明する。彼によると、音楽の良さが分かるかどうかは、我々が音楽の連続性を予期することと、その予測通りに作曲家が音楽をつくり聴き手に満足感を与えてくれるかどうかにかかっている。音楽に触れると、聴覚皮質などの脳の部分が音のピッチ、大きさ、そしてその他の基本的な音楽の構成要素を感知する一方で、より高等部分（主に前頭皮質）が曲の中で次にどのような音楽が流れるかを次の要因をもとに予測している。それらは、(a)これまで曲の中で流れていた音楽、(b)曲を知っていた場合、次に流れてくる音楽の記憶、(c)聞きなれた音楽であった場合、これまで同じような音楽を聴いた経験から、次に予測される展開、(d)音楽が始まる前に読んだ、その曲についての説明などの追加の情報である。

最後に、ザトール（Zatorre 2003: 9）によれば、「音楽を体験する際の人の感情面について無視することは、人間の音楽に対するもっとも際立った側面を失うという点で、危険なアプローチである。知識基盤に対するPET検査という技術の貢献は、いまのところ限られているが、これまで行われた実験では、回答が導かれるというよりも、さらに多くの問いを生んでしまったようである」。さらに、「人間の音楽への反応は独特で異質である傾向があり、複雑でコントロールすることが難しい様々な変数——個人的な、社会文化的な、歴史的な、教育的な、そして文脈上の変数——により影響を受けている。」

4　職場とセラピーの効果

セラピーとしての評価

音楽療法の基本的な考え方は、音楽を聴く際に起こる脳の活動を通じて得られる普遍的な効果にある。第3節において概観した音楽と神経科学に関する研究では、音楽は、感情や快感が処理される脳の領域と同じ部分を活性化することが明らかになった。ついては、音楽が前向きな気持ちを誘発する力があるのであれば、職場においてウェル・ビーイング（幸福感）を高め、生産性を上げるための素晴らしいツールになると考えられよう。

音楽療法を職場に応用する理論は、一九三〇年代初期にアメリカ合衆国において現れた。ハーゼイ（Hersey 1932）は、その第一人者のうちの一人であった。彼は、労働者の生産性とパフォーマンスに対する効果に焦点を当て、労働者の心の状態と彼らの生産性の間に明確な関連性を示すことに成功した。カーディネル（Cardinell 1948）は、戦時中および戦後における音楽の役割と活用方法について分かりやすく概観している。例えばアップビートのリズムは、労働者の疲れが仕事に及ぼす影響を回避するため、最も仕事の疲れが出やすい午前中の後半に活用されていた。

その後、一九九〇年代初期になると幸せで生産性のある労働者に関する研究論文がライト他（Wright et al. 1993）によって発表され、音楽療法はさらに進展した。彼らの研究は、前向きな感情（音楽がよい影響を与えた結果も含める）をもった人は、難しい仕事に直面した際に、創造的または協力的であり、そして交渉力も高く、持続性があることを示唆している。この結論は、ストレス反応に対する音楽療法の効果についての最近の研究結果、つまり音楽療法が医療または医療以外の現場において、または職場環境における生産性とパフォーマンスを上げる場面において応用できるという確固たる裏付けによって，より確かになった。

ライとリ（Lai and Li 2001）は，音楽の好みと音楽療法のストレスの心理的また生理学的な指標に対する影響について，調査の中で明確に示している。この研究は，五四名の新しく入職した看護師に対して実施された。この調査に参加するためには，看護師の仕事を始めて一年未満であること，ストレスの自己評価が1から10までの視覚的なアナログ尺度において6以上であることなどが条件として挙げられた。この調査計画では，対象者である看護師たちは，何の介入もなくただ黙って椅子に座って休んでいるコントロールの状態と，音楽に触れている二つの状態を経験するため，対象者自身をコントロールグループとして実験前後で比較することが可能となった。参加者は，無作為に選ばれて音楽を聴き，その後椅子で休むよう促された。その逆の順番で実験された人もいた。各グループでは，二種類の行為の間に二〇分の間隔を置き，それぞれの行為からの影響が出ないよう配慮された。

調査で使用された音楽は，六種類の音楽による編集であり，急な音量やリズムの変化はなく，曲のテンポは一分あたり六〇から八〇ビートの範囲内にあった。参加者は，西洋のオーケストラ音楽，ピアノ，ハープ，ジャズ，シンセサイザー，そして中国の伝統的オーケストラ音楽の六種類の中から選び，自分たちの好みをビジュアルのアナログ尺度を使って評価した。

ストレスの指標は，主観的なもの（自己評価）と生理学的な測定（コルチゾール・レベル，血液，心拍，動脈圧の平均，指先の体温）によるものが含まれた。自己評価は，各実験セッションにおいて開始から〇分，一五分，三〇分の三回にわたり測定された。コルチゾール・レベルは血液サンプルからとられ，即座に分析された。心拍数，動脈圧の平均値，そして指の体温は連続的にセッション中にモニターされた。医学文献によるとコルチゾール・レベルは，日中は厳密なサイクルにしたがって推移しており，一番低いのは午後一一時から午前三時半までと，午前五時から一〇時までであった。調査では，被験者がコルチゾールの生理学的なリズムからの影響を受けるのを避けるために，実験は午後六時から八時の間に行われた。この時間帯は，看護師が仕事のシフトを終えるタイミングと重なり，実験に参加しやすい条件となった。

ライとリは，音楽介入と椅子に座って休憩をとることとの行為の繰り返しが，実験の開始時，途中，そして介入後のストレス指標にどのような影響を及ぼしうるかということを調べている。異なるタイミングにおける指標の変化も調査されている。結果の中には，音楽の好みといくつかの生理学的な指標として計測された心拍数，血圧，そして指の体温の間に統計的に有意な相関関係を発見している。この三つの生理学的な指標に関しては，実験中には有意差はみられなかったが，事後実験においては，音楽介入と椅子に座って休憩をとる行為の間に統計的な有意差が見られ，音楽介入の効果はどの場合においても常によい影響がみられた。音楽介入に関するベースライン時と実験後の主な結果は、有益でありました統計的に有意でもあった。自己評価したストレススコアは五五%減少し、心拍数、動脈圧の平均値、コルチゾール・レベルもそれぞれ五・五%、八%、五〇%減少する。一方で、椅子で休憩している際に測定した結果の同じ指標をみると、椅子で休んでいる際の自己評価のスコアはわずか二九%の減少、コルチゾール・レベルは三三%しか減少せず、二つの結果の差は著しかった。

ハーク（Haake 2011）は、自己選択した音楽を聴いている三〇〇名のオフィス職員の音楽の聴き方のパターンと経験について研究している。彼女は、音楽は仕事のパフォーマンスのうえで、労働者の気分を向上させ、仕事の障害物にうまく対応するなどの良い影響をおよぼすことと同時に、インスピレーション、集中、ストレス発散と自分の空間づくりに対してもプラスの影響を与えていることを明らかにしている。音楽は、職員が仕事から抜け出さずに従事し、同僚に迷惑をかけずにオフィス環境の中で自分の空間づくりを行うことを促すことができる。職場における音楽療法の効果について研究した論文は数少ないが、存在する。レジウク（Lesiuk 2005, 2008）、イワナガ他（Iwanaga et al. 2005）、そしてスミス（Smith 2008）はみな音楽療法のプラスの結果を指摘している。

医療現場における音楽療法については、一貫した、そして多種多様な文献が存在する。音楽が医療行為の前に不安をなくす手段として使われるのか、それとも医療行為中に鎮静剤の働きとして使用されているのかという点について、研究者は音楽療法について様々な視点から検討してきた。最も知られた意見は、音楽は患者が不安を処理するのを助けるということである。例えば、コッシュ他（Koch et al. 1998）、スモールン他（Smolen et al. 2002）、リアディ他（Leardi et al. 2007）を含める多くの文献が参考になる。De Niet et al.（2009）は、音楽は睡眠をとるための前提条件を改善することを研究している。ベリュック（Belluck 2013）によると、アメリカの一一の病院で実施された研究から、音楽の生演奏は早産児に有益であることが分かった。エヴァンズ（Evans 2002）は、一九の研究のメタ分析によると、音楽は病院患者の不安を軽減し、低価格であることを考慮すると、リスクなく提供できる方法であると述べている。リアディ他（Leardi et al. 2007）は、音楽療法は日帰り手術を受ける患者ケアを向上させることができると論じている。パーキンソン病もまた音楽に対してプラスの反応を表すようであり、特に踊りが取り入れられた際に良い反応が出るようである（Sacks 2007: chapter 20）。失語症（話すこと、聞く機能を失うこと）は必ずしも言葉で歌うことができない状態を伴うわけではない。シュラグ他（Schlaug et al. 2008）は、音楽は音楽以外の行為によっては使われない脳の部分を活性化させることから、歌うことによって発語を促す治療が可能な失語症の患者を助けることができるのではないかと提案している。

5 様々な種類の音楽による影響

本節で示す事例が示唆しているのは、(a)音楽療法の効果は、すべての種類の音楽に対して同じではない、(b)不快で無調な音楽と「多くの『間違って弾かれた音符』をふくむ音楽」は、とてもきれいに聴こえることはない」(Zatorre 2003: 10)、(c)感情の中でもより感じ取りやすいものとそうでないものがあり、(d)音楽家は、他の人に比べると様々な種類の音楽に対して感動することに慣れている、(e)音楽の分野において、個人が周りの文化の行動パターンを取り入れる「文化化」(enculturation) は重要である、ということである。

モケル他 (Möckel et al. 1994) は、ドイツで健康な二〇名のボランティアを被験者として集めて調査を実施した。ボランティアたちは、規則的なリズムの曲（シュトラウスのワルツ）、二〇世紀の作曲家であるハンス・ヴェルナー・ヘンツェの不規則なリズムの曲、また瞑想的でリズム感のない伝統的なインディアンの曲の三種類の音楽を聴かされた。モケルらの調査によると、ヘンツェの曲を聴いたあと、被験者のコルチゾール・レベル（ストレス・ホルモン）は一七・七％減少し、瞑想的であるインディアンの曲を聴いた後は一二・三％の減少、そしてシュトラウスのクラシックの曲を聴いたあとは七・二％減少した。被験者の精神状態を表すこれらの結果をみると、ワルツは心理学的な状態を改善するのに非常に効果的であったのに対し、ヘンツェとインディアンの曲は効果がなかったことが分かった。

ラベ他 (Labbé et al. 2007) は、様々な種類の音楽の効果について調査した。彼らの調査では、個体に通常以上の負荷をかけるストレステストを受けた生徒に対して、様々な音楽を聴かせ、その反応を測定する実験が行われた。ストレステストは一〇分程度のものであり、数学の計算、難しい単語の綴り、そしてストレスがかかるものとして実証されてきたその他の作業から構成されていた。その後、一部の参加者は、クラシック音楽、自己選択した音楽、またはヘビーメタルの音楽を聴くよう無作為に割り当てられ、一部は無言で椅子に座って休むよう指示された。研究チームが用いた測定方法には、好みの尺度、怒りの度合い、そして心拍数、呼吸速度、皮膚の伝導性などの生理学的な指標を評価するための音楽尺度、またはリラクゼーション評価尺度が用いられた。ベースラインの生理学的データは、実験中最後の一〇分間に記録され、主観的な指標はストレステスト直後に記録された。ストレステストのあと、参加者が音楽を聴かされる回復期が二〇分設けられ、その間に生理学的な指標が連続的に記録された。主観的な指標は実験の最後に集められた。主観的な指標については、クラシック音楽や自己選択した音楽を聴いた者、そして椅子で休憩をとったグループが不安レベルの減少を示したが、ヘビーメタル系の音楽を聴いた者の不安レベルに変化はみられなかった。すべての参加者グループにおいて、リラクゼーションレベルは上昇し、怒りの度合いは減少した。いずれのケースにおいても、自己選択した音楽を聴いたグループにおいて最大の効果が表れた。心拍数を下げることに効果的だったのは、自己選択した音楽のみであった。この調査はストレスレベルを下げるために自己選択した音楽の有効性について検証しているが、統計的に有意にゼロである効果は少なかった。

イワナガ（Iwanaga 1999）は音楽の種類と音楽の好みの関連について分析している。彼は、鎮静作用のある音楽（マーラーの交響曲第六番）は、刺激的な音楽（チャイコフスキー交響曲第四番、第四楽章）に比べると、高いリラクゼーション、気分の低下、生理学的覚醒の低下（心拍数、呼吸、そして血圧）などもたらすと論じている。刺激的な音楽を繰り返し聴くことで、緊張は和らぎ、リラクゼーションは高まる（Iwanaga et al. 2005）。つまり人間の反応に影響する主な要因は音楽の種類であって、好みではない。この事実はランドゥクウィスト他（Lundqvist et al. 2009）とクレウツ他（Kreutz et al. 2007）によって確認されている。

ブラッド他（Blood et al. 1999）は、協和音の曲から不協和音の曲まで、ある曲を伴奏の和音の構造を様々に変えることでできた六パターンの曲に対する反応を観察するために、ＰＥＴ検査を用いた。彼らは、快感・不快感と悲しみ・喜びの感情の度合いについて計測した。不協和音とともに不快感は増すが、調性に関するより深い知識をもつことにより不協和音に対して否定的な反応は少なくなることが示唆された。しかし、不協和音は悲しみや喜び、または退屈や関心との関連性は持たなかった。ボドナー他（Bodner et al. 2007）は、三種類の認知活動（高度な認知活動から簡単な認知活動まで）により不協和音、協和音、として沈黙が対象者の認知能力に及ぼすによる効果について分析している。不協和音は緊張をもたらすため（その一方で覚醒を引き起こす）、能力を害することが想定できる。しかし結果をみると、不協和音は三種類のうち二つ（中間程度と簡単な認知活動）に肯定的な影響を及ぼしていることが分かり、不協和音のグループがよりパフォーマンスが高かった。中間程度の、または簡単な認知活動に対して不協和音は比較的肯定的な効果をもたらしたことが明らかになった。高度な認知活動を伴う作業は、対象者の気をそらすことが少ない沈黙の状況下において、一番良いパフォーマンスの結果が出た[7]。

モーン他（Mohn et al. 2011）は、楽器のソロ演奏による三から五秒程度の短い音楽のフレーズを用いて、六つの基本的な感情（喜び、怒り、嫌悪、驚き、悲しみ、恐怖）を把握するために一一五名の生徒を対象に能力に関する実験を行った。感情は、被験者の顔の表情により確認された。表情を顔に出すことは、危険や安全についてグループの他のメンバーに伝達するためのコミュニケーションの進化の現れと考えられている。喜びと悲しみの感情を認識した参加者は、それぞれ全体の八三％と八七％であった。怒り、嫌悪、驚き、そして恐怖を認識するのは、喜びと悲しみに比べると、より難しいようであった。感情を分類する能力は、音楽指導やその他の個人的な特質との関係性はなかった。

デインズ（Dayes 2010）は、一九名の参加者（音楽家一〇名、その他の職業が九名）の調性音楽と無調音楽[8]に対する反応について調査した。参加者は、クレメンティ（一七五二〜一八三二）、シェーンベルグ（一八七四〜一九五一）、そしてベリオ（一九二五〜二〇〇三）に作曲された音楽に慣れ親しむ期間が事前に二週間与えられた。調査結果から二つの側面が明らかになった。一つは、すべての生徒は無調音楽に対してあまり感情の激しさを感じないこと、もう一つは、音楽トレーニングを受けた者は、他の生徒に比べて感情の激しさは強く感じた、ということであった。

エローラ他（Eerola et al. 2006）は、西洋とアフリカの民謡音楽の複雑さに対する西洋とアフリカの聴き手の反応を比較した。音楽の複雑さは音楽経験には関係はないと推測されているが、メロディーの複雑さに対する評価は音楽の文化化によって異なることが明らかになった。

6　音楽、幸福、そして金

これまで論じてきたとおり、音楽そのものの研究、または音楽と幸福の関係性に関する研究は、宗教、哲学、生物学、そして医学の様々な領域において長い歴史がある。音楽と幸福の関係性に関する知的好奇心が、ビジネス業界と接点をもたなかったとしたら、それは驚きであろう。実際のところ音楽がマーケティングに長く使用されてきた歴史があり、これは音楽が人間の気分を操作するのに使われてきた究極の証拠と考えられる。例えば、どのような買い物の場面においても、適切な音楽を流すことは、買い物客の消費欲を高めるという思惑を含む一種の芸術である。多くのマーケティングの教科書は、ビジネススクールの学部生に音楽と幸福が関係することを教えている。

神経科学の副産物として最近登場したニューロマーケティングは、音楽と幸福の関係に対するビジネスの関心を示す最も新しい根拠ではなかろうか[9]。ニューロマーケティングは、神経科学の研究で使われている技術のうえに成立している近年急成長中の分野である。インターネットから得られる最近の学術論文をみると、ニューロマーケティングの専門家がどのようにして消費者の幅広い消費行動に関わる脳内の感情的な反応をとらえているのかについて論じた研究が紹介されている。多くの事例研究の中で、音楽は鍵を握っている。

脳撮像にかかるコストが低下するとともに、この技術の使用は増えており、少なくとも売り手の立場から「適切な」消費行動を起こさせるための音楽を選ぶ際に使われる、費用対効果のよい技術と考えられている。このように、ビジネス業界による音楽使用に操作され、影響されるリスクのある集団に若者が含まれるため、特に注意に値する倫理的な問題がもちあがっている[10]。

しかし音楽には、社会に有益な価値を提供する倫理的な側面もあることを忘れてはならない。ストレスに対処するために用いられる音楽療法について再度、考えてみよう。もし音楽療法によって患者が手術から回復するために入院しなければならない日数が減らせられるのであれば、同時にかなりの医療費が削減できる。医療関連の費用は多くの場合、または少なくとも部分的には補助金によって賄われるため、音楽療法により多額の金銭的な見返りが得られるかもしれない。

前記内容が示唆することは、音楽がビジネス目的で使用される際に、人々の消費行動が操作されるリスクはモニタリングされる必要がある、ということである。音楽使用が消費者への暴力につながるとき、市場活動は失敗したと考えられ、市場に規制がかけられる必要がある。しかしこの規制は、ビジネスが音楽を通じて人々の幸福を刺激し、幸福をもたらす際に伴う倫理観と同じものでなければならない。

7 音楽は人を幸せにする

本章では、音楽と人の感情がなぜ、どのように互いに関係しており、広く社会のために関わっているのかについて概観してきた。音楽は、我々のウェルビーングつまり幸せに影響を及ぼしている。実に、音楽は人間の脳(実に言語領域より多くの部分において)に影響を与えており、その結果、我々の気分や幸福、体の多くの部分に対して良い影響を与えるホルモンが放出される。音楽を聴くことは必ずしも必要ではなく、音楽やリズムを想起するだけでも同じような効果が表れる。最近の研究では、感情から引き起こされる身体的な反応は、外的な刺激によるどころかそれに先行するかもしれないことが分かってきた(Sacks 2007: chapter 19)。クラウスとチャンドラセカラン(Kraus and Chandrasekaran 2010: 599)の次の文脈を、本章の結論として用いることにする。

「神経科学の研究によると、音楽トレーニングは聴覚システム全体に変化を与えることもあり、一流のミュージシャンは脳が音楽を処理できると思われる範囲を超えてトレーニングに挑戦する。音楽トレーニングの効果は、身体的な運動が体の健康に与えるインパクトに例えることも可能であり、それは身体的なフィットネスのために脳を調整する源であるということである。つまり、個人の成長を確立していくための音楽の役割は、注目に値する。」

技術の進展が続き、音楽がどのようにして幸福に関わる主要な課題を徐々に影響するのか、という我々の考え方が変化するとともに、多くの研究が発展する必要がある。音楽療法による見返りを生み出す機会を作り出すことが重要であったとしても、音楽がどのようにして社会の人々の相互関係に影響するのか、という私たちの理解を再検討することも同じくらい重要である。

世界中の音楽へのアクセスを容易にする技術の変化は、時には人々の結束のために逆効果に働くこともある。多くの社会においては、音楽は以前のようにグローバルな社会的な結束力、つまりは集団の幸福を生み出す力をもたなくなってしまった。Mp3やそれと同じような技術により、音楽は日常的にとは言えないかもしれないが、より多くの場面において、時間と場所を問わず個人の幸福を生み出すようになってきた。短期的には、こうした音楽の役割は問題にはならず、健康改善のために音楽が使用されるのであれば、朗報であろう。しかし、長期的には、より多くの人々の幸せと絆を促すための音楽の役割が薄れてきたことを懸念することは、不合理なことではない。レコード、音楽テープ、そしてＣＤが使用されるようになる以前は、家庭で音楽を演奏することが日常的であったこと（そしていまも英国、ドイツ、オーストリアなど多くの東欧諸国にはこの習慣が残っている）を忘れてはならない。しかし現在では、音楽が人々のつなぐ場面は、ますますコンサート会場に移るようになった。いま、音楽産業が主な収入源をコンサートに頼っていることは、この変化を物語っているのかもしれない[11]。しかし、これではコンサートが好まれることが十分に説明できていないかもしれない。つまり人々は、かつて集団結束と幸福のために用いられた音楽を、個別のグループ内において結束と幸福を好むようになったのではなかろうか。このような変化は、音楽と幸福の関係性の終わりを意味しているのではない。これは、プラトンや他の哲学者がかつて想定した関係性と大きく異なるというだけである。音楽と幸福の関係が変化してきたことは、良いときも悪いときもいえず、今後も検討されるべきことである。

【注】

（1）後の議論に出てくるが、少なくとも何種類かの音楽は、人間を悲しませることもある。

（2）現代社会において、ｍｐ3プレーヤーは孤立するため、または周りから自らを排除するための道具として個人によってますます使用されるようになったが、これは音楽の見返りとして予測されてきたものとはかけはなれている。

（3）Nozaradan（2013）による、神経システム、音楽リズム、拍子の関係についての幅広い研究（および参考文献リスト）を参照。

（4）脳内の音楽と言語分野のどちらが先に発達したのかについての議論があり、複数の観点から論じられてきた。しかし、音楽と言語に関する脳の活動は驚くほど似ている。Brown, Martinez and Parsons（2006）, Miranda and Ullman（2007）, and Arbib（2013）を参照。これらの研究によると、五万年以上も前から音楽と言語分野は同時に発達したのではないかと考えられる。

（5）Chafin et al.（2004）, Khalfa et al.（2003）and Knight and Rickard（2001）も参照されたい。

（6）Levitin（2009: 98–101）p.305 の参考文献も併せて参照。

（7）Thomson et al.（2011）による認知活動に関する有名な実験は、興奮と気分の人為的に操作されていることが明らかになった。この研究は、Rauscher, Shaw, and Ky（1993, 1995）により実施され、広く注目された。実験では、一〇分間、何も話さず座っているよりも、モーツァルトのソナタを聴いている場合に空間能力が高まることが示された。モーツァルト効果として広く知られるようになった。

（8）調性音楽は、何らかの中心音が存在する音組織に基づいた音楽のことを指し、無調音楽は、調的な中心音がない音楽のことを指す。

（9）有用な概説は、Ariely and Berns（2010）を参照。

(10) フード・マーケティングの文脈における若者のリスクに関する議論は、Harris et al. (2009) を参照。

(11) Connolly and Krueger (2006)、特に表1 (p. 671) を参照すると、二〇〇二年にツアーを行ったトップ三五の (ロック) アーティストの総収益の七三%はライブコンサートによる。二〇〇二年当時は、インターネット上で音楽を「違法」にダウンロードすることは現在ほど重要ではなかった。

【参考文献】

Andsell, G. (2004) "Book review: Music as Medicine—The History of Music Therapy since Antiquity," *Psychology of Music* 32, pp. 440-444.

Arbib, A. ed. (2013) *Language, Music and the Brain: A Mysterious Relationship*, Cambridge, MA: MIT Press.

Ariely, D. and G. S. Berns (2010) "Neuromarketing: The hope and hype of neuroimaging in business," *Nature Reviews Neuroscience*, 11, pp. 284-292.

Belluk, P. (2013) Live music's charms, soothing premature hearts, *The New York Times*, April 15.

Blood, A., R. Zatorre, P. Bermudez and A. Evans (1999) "Emotional responses to pleasant and unpleasant music correlate with activity in paralimbic brain regions," *Nature Neuroscience*, 2, pp. 382-387.

Blood, A. and J. Zatorre (2001) "Intensely pleasurable responses to music correlate with activity in brain regions implicated in reward and emotion," *Proceedings of the National Academy of Sciences*, 98, pp. 11818-11823.

Bodner, E. A. Gilboa and D. Amir (2007) "The unexpected side-effects of dissonance," *Psychology of Music*, 35, pp. 286-305.

Brown, S., M. Martinez, and L. Parsons (2006) "Music and language side by side in the brain: a PET study of the generation of melodies and sentences," *European Journal of Neuroscience*, 23, pp. 2791-2803.

Cardinell, R. L. (1948) "Music in industry," in D. Schullian and M. Schoen, eds., *Music and Medicine*, Oxford: Henry Schuman.

Chafin, S., M. Roy, W. Gerin, and N. Christenfeld (2004) "Music can facilitate blood pressure recovery from stress," *British Journal of Health Psychology*, 9, pp. 93-403.

Clift, S. and G. Hancox (2001) "The perceived benefit of singing. Findigs from preliminary surveys of a university college choral society," *The Journal of the Royal Society for the Promotion of Health*, 121, pp. 248-256.

Connolly, M. and A. Kriueger (2006) "Rockonomics: The economics of popular music," in V. Ginsburgh and D. Throsby, Eds., *Handbook of the Economics of Art and Culture*, Amsterdam and New York: North-Holland.

Darwin, C. (1871) *Descent of Man*, available at http://www.infidels.org/library/historical/charles_darwin/descent_of_man/chapter_19.html

Daynes, H. (2011) Listeners' perceptual and emotional responses to tonal and atonal music, *Psychology of music*, 39, pp. 468-502.

De Niet, G., B. Tiemens, B. Lendemeijer and G. Hutschemaekers (2009) "Music-assisted relaxation to improve sleep quality," *Journal of Advanced Nursing*, 65, pp. 1357-1364.

Dunbar, R., K. Kaskatis, I. MacDonald and V. Barra (2012) "Performance of Music Elevates Pain Threshold and Positive Affect: Implications for the Evolutionary Function of Music," *Evolutionary Psychology*, 10, pp. 688-702.

Eerola, T., T. Himberg, P. Toiviainen and J. Louhivuori (2006) "Perceived complexity of western and African folk melodies by western and African listeners," Psychology of Music, 34, pp. 337–371.

Evans, D. (2002) "The effectiveness of music as an intervention for hospital patents: a systematic review," *Journal of Advanced Nursing*, 37, pp. 8–18.

Haake A. (2011) "Individual music listening in workplace settings: An exploratory survey of offices in the UK," *Musicae Scientiae*, 15, pp. 107–129.

Harris, J. L., K. D. Brownell and J. A. Bargh (2009) "The food marketing defense model: Integrating psychological research to protect and inform public policy," *Social Issues Policy Review*, 3, pp. 211–271.

Huron, D. (2001) "Is music an evolutionary adaptation?," *Annals of the New York Academy of Sciences*, 930, pp. 43–61.

Huron, D. (2005) "The plural pleasures of music," J. Sundberg & W. Brunson, eds., *Proceedings of the 2004 Music and Music Science Conference*, Stockholm: Kungliga Musikhögskolan & KTH.

Iwanaga, M. (1999) "Subjective and physiological responses to music stimuli controlled over activity and preference," *Journal of Music Therapy* 36, pp. 26–38.

Iwanaga, M., A. Kobayashi and C. Kawasaki (2005) "Heart rate variability with repetitive exposure to music," *Biological Psychology*, 70, pp. 61–66.

Kemper, K. and S. Danhauser (2005) "Music as therapy," *Southern Medical Journal*, 98, pp. 282–288

Khalfa, S., S. Dalla Bella, M. Roy, I. Peretz and S. Lupien (2003) "Effects of relaxing music on salivary cortisol level after psychological stress," *Annals of the New York Academy of Sciences*, 999, pp. 374–376.

Knight, W. and N. Rickard (2001) "Relaxing music prevents stress-induced increases in subjective anxiety, systolic blood pressure and heart rate in healthy males and females," *Journal of Music Therapy*, 38, pp. 254–272.

Koch, M., Z. Kain, C. Ayoub and S. Rosenbaum (1998) "The sedative and analgesic sparing effect of music," *Anaesthesiology*, 89, pp. 300–306.

Kraus, N. and B. Chandrasekaran (2010) "Music training for the development of auditory skills," *Nature Review Neuroscience*, 11, pp. 599–605.

Kreutz, G., U. Ott, D. Teichmann, P. Osawa and D. Vaiti (2007) "Using music to induce emotions: Influences of musical preference and absorption," *Psychology of Music*, 36, pp. 101–126.

Krumhansl, C. (1997) "An exploratory study of musical emotions and psychophysiology," *Canadian Journal of Experimental Psychology*, 51, pp. 336–352.

Hersey R. B. (1932) *Worker's Emotions in Shop and Home*, Philadelphia, PA: University of Pennsylvania Press.

Labbé, E., N. Schmidt, J. Babin and M. Pharr (2007) Coping with stress: The effectiveness of different types of music, *Applied Psychophysiology Biofeedback*, 32, pp. 163–168.

Lai H.. and Li Y. (2011) "The effect of music on biochemical markers and self-perceived stress among first-line nurses: a randomized controlled trial," *Journal of Advanced Nursing*, 67, pp. 2414–2424

Leardi, S., R. Pietroletti, G. Angeloni, S. Necozione, G. Ranalletta, B. Del Gusto (2007) "Randomized clinical trial examining the effect of music therapy in stress response to day surgery," *British Journal of Surgery*, 94, pp. 943–947.

Lesiuk, T. (2005) "The effect of music listening on work performance," *Psychology of music*, 33, pp. 173–191.

Lesiuk, T. (2008) "The effect of preferred music listening on stress levels of air traffic controllers," *The Arts in Psychotherapy*, 35, pp. 1–10.

Levitin D. (2008) *This Is Your Brain in Music,* London: Atlantic Books.

Levitin D. (2009) *The World in Six Songs*, New York: Plume.

Lundqvist, L.-O., F. Carlsson, P. Hilmersson and P. Justin (2009) "Emotional responses to music: Experience, expression, and physiology," *Psychology of Music*, 37, pp. 61–90.

Miranda, R. and M. Ullman (2007) "Double dissociation between rules and memory in music: An event-related potential study," *Neuroimage*, 38, pp. 331–345.

Minsky, M. (1981) "Music, mind and meaning," *Computer Music Journal*, 5, pp. 28–44.

Möckel, M., L. Röcker, T. Störk, J. Vollert, O. Danne, H. Eichstädt, R. Müller and H. Hochrein (1994) "Immediate physiological responses of healthy volunteers to different types of music: cardiovascular, hormonal and mental change," *European Journal of Applied Physiology and Occupational Physiology*, 68, pp. 451–459.

Mohn, C., H. Agstatter and F.-W. Wilker (2011) "Perception of six basic emotions in music," *Psychology of Music*, 39, pp. 503–517.

Nozaradan, S. (2013) "Exploring the neural entrainment to musical rhythms and meter: A steady-state evoked potential approach," Ph. D Dissertation, Université catholique de Louvain.

Panksepp, J. (1995) "The emotional sources of 'chills' induced by music," *Music Perception*, 13, pp. 171–207.

Panksepp, J. and G. Bernatzky (2002), "Emotional sounds and the brain: The neuro-affective foundations of musical appreciation," *Behavioural Processes*, 60, pp. 133–155.

Rauscher, F. H., G.L. Shaw, and K.N. Ky (1993) "Music and spatial task performance," *Nature*, 365, p. 611.

Rauscher, F. H., G.L. Shaw, and K.N. Ky (1993) "Listening to Mozart enhances spatial- temporal reasoning: towards a neurophysiological basis," *Neuroscience Letters, 185*, pp. 44–47.

Sacks O. (2007) *Musicophilia*, New York: Knopf.

Salimpoor V., M. Benovoy, G. Longo, J. Cooprestock and R. Zatorre (2009) "The rewarding aspects of music listening are related to degree of emotional arousal," *PLoS One*, 4, pp. 7487–7499.

Salimpoor V., M. Benovoy, K. Larcher, A. Dagher and R. Zatorre (2011) "Anatomically distinct dopamine release during anticipation and experience of peak emotion to music," *Nature Neuroscience*, 14, pp. 257–262.

Schlaug G, S. Marchina, and A. Norton (2008) "From singing to speaking: Why patients with Broca's aphasia can sing and how that may lead to recovery of expressive language functions," *Music Perception*, 25, pp. 315–323.

Smith, M. (2008) "The effects of a single music relaxation session on state anxiety levels of adults in a workplace environment," *Australian Journal of Music Therapy*, 19, pp. 45–66.

Smolen, D., R. Topp and L. Singer (2002) The effect of self-selected music during colonoscopy on anxiety, heart rate and blood pressure, *Applied Nursing Research*, 16, pp. 126–136.

Stravinsky, I. (1936) *An Autobiography*, London: Calder and Boyars.

Thompson, W., E. Schellenberg and G. Husain (2001) "Arousal, mood, and the Mozart effect," *Psychological Science*, 12, pp. 248-251.

Unwin, M., D. Kenny and P. Davis (2002) "The effects of group singing on mood," *Psychology of Music*, 30, 1 pp. 75-185.

Wright T.A., D.G. Bonett and D.A. Sweeney (1993) "Mental health and work performance: Results of a longitudinal field study," *Journal of Occupational Psychology*, 66, pp. 277-284.

Zatorre, R. (2003) "Music and the brain," *Annals of the New York Academy of Sciences*, 999, pp. 4-14.

（渡邉円香訳）

第10章 希望について
――幸福および他国との比較――

玄田有史

これまで本書では幸福について考察してきた。では希望は、どのような状況にあるのだろうか。日本人の希望はなくなりつつあるのか。希望のある人とそうでない人ではどう違うのか。幸福と希望をもたらす要因にも違いがあるのだろうか。海外と比べ、日本の希望にはどのような特徴があるのだろうか。これらの問いを本章では統計データにより検証していく。

1 希望とは

幸福と希望

本書の主題は「幸福」である。ただ幸福とは違うけれど、もしかしたら幸福と同じくらい大事なものかもしれない。そんな事柄について本章では考える。「希望」である。

幸福と希望。不幸であるよりは幸福でいたい。絶望や失望するよりは希望を持ちたい。幸福も希望も、人生において「そうでありたい」「持っていたい」「感じていたい」と思っているものだろう。

その一方で、幸福と希望に違いはあるのだろうか。筆者は二〇〇五年から仲間の研究者たちと「希望学」（正式名称は「希望の社会科学」）という研究を続けてきた。個人にとって希望を持てるかどうかが、社会のいかなる状況と関わりあっているかを明らかにしようと始めたのが、希望学である。希望学では文献の考察、アンケート調査を用いた実証分析の他、岩手県釜石市ならびに福井県全県での聞き取り調査などを行ってきた[1]。

希望学の研究を通じて筆者は、幸福と希望は基本的に異なるものであると考えるに至っている。人が幸福な状態にある時、その個人は現在の状況が少しでも長く続くことを一般に望む。愛する人とずっと一緒にいたり、お気に入りの場所でゆっくりとくつろいでいる時などが、それに当たるだろう。その意味で、幸福とは「継続」もしくは「維持」を求めるものである。

それに対して希望は「変化」や「変革」とより密接に結びついている。現状になんらかの不満や困難を感じている個人が、より良い状況への改善を目指す時に求めるものが希望である。したがって希望は、現状に最大の幸福を感じている人よりは、むしろそうでない人が、よりよい未来を願う時に想起するものである。

ただし、幸福と希望は相反する概念であるわけでも無論ない。現状に幸福を感じながらも、さらにより望ましい状況を実現すべく、希望を追求することもあるだろう。反対に現状に幸福を感じていない人々が、状況の改善を断念し、希望を失っている場合もあるかもしれない。

そこで本章は、個人が幸福と希望を感じる社会の環境や条件を比較し、その共通点や相違点を明らかにする。そのために他の多くの章と同様、今回の研究プロジェクトのなかで実施されたアンケート調査を用いて実証分析を行う。

また個人が希望を持つと感じるための社会条件に関する国際比較も本章では実施する。これまで幸福に関する国際比較調査は、いくつかの研究プロジェクトによって既に実施されてきた[2]。それに対し、希望の保有状況に関する国際比較は、過去にない新たな発見をもたらすことになる。

希望の状況

今回の研究プロジェクトで実施したウェブ調査では、詳細な質問項目のなかに「希望」に関連する設問が加えられている。調査では「現在、あなたは将来に対する『希望』がありますか」と率直な質問をしている。ただし希望という言葉だけでは、被回答者に漠然とした不明確な印象を与えかねない。そこで設問には希望について「将来実現してほしいこと・させたいこと」という具体的な説明を加えた[3]。回答は「ある」「ない」の二者択一とした。

はたして日本人はどの程度の人々が、将来に希望があると答えただろうか[4]。その結果が、表10－1である。二〇歳以上の回答者のうち、希望があると答えたのは、二〇一〇年調査では有効回答数の六八・三％、二〇一一年調査では六六・六％であった。

作家の村上龍が二〇〇〇年に出版した『希望の国のエクソダス』(文藝春秋)や社会学者の山田昌弘による『希望格差社会』(筑摩書房、二〇〇四年)など、日本人もしくは日本社会における希望の喪失を指摘する声は少なくない。しかし一方で、回答した七割近くが実際には何らかの希望を持つと答えている。

かつて同様な希望の有無に関する調査を、

希望学の分析で行ったことがある。二〇〇六年一月に実施した郵送調査では、二〇歳以上五九歳以下の男女から回答を得た。そこでは、同じく将来実現してほしいこと、もしくは実現させたいこととして希望を持っていると答えた割合は七八・三％であった（玄田 二〇〇九：一二三）。今回の調査でも、年齢対象を同じく二〇歳以上五九歳以下に限定して計算したところ、希望を有すると答えた割合は七〇・〇％（二〇一〇年度）となった。これらの調査を比較する限りでは、日本では希望を持つと答える割合は減少傾向にある。

表10－1　希望（将来実現してほしいこと・実現させたいこと）の有無

	2010年度調査	2011年度調査
希望がある	68.3	66.6
そのうち希望の実現に向けた努力		
1）積極的にしている	24.0	22.9
2）どちらかというとしている	56.1	55.8
3）特にしていない	19.8	21.3
希望の内容（複数回答）		
仕　事	54.9	48.3
家　族	57.0	57.1
友達との関係	21.9	20.2
社会貢献	16.1	14.2
健　康	41.2	39.1
容　姿	12.4	9.2
結　婚	16.3	12.8
恋　愛	14.5	12.5
学び（学習）	28.7	24.2
遊び（娯楽）	37.9	35.8
その他	5.6	5.5
有効回答数	10,826	8,058

資料：「地域の生活環境と幸福感に関するアンケート」。以下も同様。

今回の二〇一〇年度と二〇一一年度調査の比較でも、二〇一一年度の方がわずかではあるが、希望を持つと答える割合は少なくなっている。希望の喪失が進みつつあることは、別の調査による検証もある。東京大学社会科学研究所では「働き方とライフスタイルの変化に関する全国調査」と題したパネル調査を二〇〇七年から毎年継続して実施している。その調査結果によると二〇一二年までの五年間に、日本社会では格差感が弱まる傾向にある一方で、将来の生活や仕事に対する希望は失われ続け、暮らし向きに対する不安は徐々に高まり続けていることが指摘されている。[5] ここでの結果もまた希望を持つと答える割合が日本で減少しつつあることを別の点から裏付けている。

希望の実現に向けた努力

希望学では希望を社会科学的に考察するために、希望（Hope）を次のように定義した（玄田 二〇一〇：三七）。

Hope is a Wish for Something to Come True by Action.

希望は個人の主観的な「願望」（Wish）として表出されるものであるが、願望のみを指すわけではない。むしろ願望の対象となる「具体」（Something）が明確化されていることで、希望は初めて社会との関わりを持つ。また希望が単なる妄想と区別されるためには、「実現」（Come True）の可能性が認識されていることも必要になる。さらに個人の希望が社会と関係を具体的に持つ上では、希望が何らかの「行動」（Action）に具体化されていることも重要である。

希望がこれらの四要素によって構成されると考えた時、それぞれの要素はどのような状況にあるのだろうか。設問では「希望がある」と回答した人々に対してさらに「あなたは、『希望』の実現に向けて何らかの努力をしていますか。」という設問を行った。それによってその保有する希望について、どれだけ実現のための行動が伴っているかを把握しようと考えた。

表10－1の二〇一〇年度の調査結果をみると、希望があると答えた人々のうち、希望実現のための努力を「積極的にしている」が二四・〇%、「どちらかというとしている」が五六・一%、一方「特にしていない」が一九・八%という結果になった。これは言い換えれば、回答者全体のうち、希望があり、かつ実現のために努力を多少なりともしている割合が二〇一〇年度では〇・六八三×(〇・二四〇＋〇・五六一)＝五四・七%になることを意味している。同様の計算を二〇一一年度で行うと希望の実現に向けて努力をしている人は全体の五二・四%と前年に比べても低下している。

つまり日本では、二〇歳以上の人々のうち、半分弱は希望は一切ないと答えるか、あっても実現のための努力はしていないと答えていることになる。その割合を多いと考えるか、少ないと考えるかは、意見の分かれるところだろう。ただ後にみる国際比較では、希望の実現に向けて努力している割合は、日本が抜きん出て低くなっている。

希望の中身

では希望として抱く対象(something)は、何だろうか。

これまでの希望学の調査によれば、日本人が希望を抱く対象は、圧倒的に仕事であった。二〇〇六年に行った調査では、希望があると答えた人のうち、実に六六%がその中身として「仕事」を挙げ、次点である「健康」の三七・七%を大きく引き離していた(玄田 二〇〇九：一三三)。「安定した仕事に就きたい」「自分らしさが発揮できる仕事をしたい」など、日本人にとって希望を考えるうえで、仕事は最重要の事項だったのである。

ところが表10－1の二〇一〇年度調査の結果をみると、複数回答で尋ねた希望の中身のうち、最大は「家族」の五七・〇%となっており、「仕事」の五四・九%をわずかに上回っている。今や日本人にとって、希望の最大の関心事といえば家族なのである。

その背景には、かつてのように働くことに夢や希望を持ちにくくなっていることがあるのだろう。正社員になりたくてもなるのは難しい。正社員になったとしても、いつリストラにさらされるかも分からない。むしろ仕事を生きがいとするよりは、家族を大切にしたいという思いも強まりつつあるのかもしれない。

また高齢社会が進展したことで、すでに仕事から引退した人たちにとって、希望としては仕事よりも健康や家族の方をより強く思い浮かべることも頷ける。東日本大震災後に行われた二〇一一年度調査の結果をみると、家族に関する希望は五七・一%と前年に比べてほぼ横ばいである。それに対し、仕事に関する希望は四八・三％と大きく減少している。震災などの大きなショックが、仕事よりも家族あってこその人生と考える傾向に拍車をかけたことも想像に難くない。

ただそうは言っても、仕事が希望の対象としてまったくなくなったわけではないのも事実である。多くが働いている年齢である二〇歳から五九歳に限定すれば、希望の中身として、依然として「仕事」が「家族」や「健康」を上回る。働き盛りの日本人にとって、今後も働くことが希望であり続けるかどうかは、日本の社会や福祉のあり方とも密接に関係してくる。仕事に希望を持たない人が増えてくれば無業者も増え、生活保護などの福祉に要する財源はさらに膨張していくことも考えられる。その意味で今後とも希望について注目することは、日本の福祉の将来を考えるうえでも重要なのである。

2　希望の計量分析

希望と可能性

次に希望を持つと答える個人にどのような特徴があるのかを明らかにしていく。

その際、希望があると答えた人とそうでない人を区別する要因として、性別、年齢、学歴、健康状態の項目にまず注目し、それらの影響をプロビット分析と呼ばれる方法で推定する。さらにこれらの個人属性に加えて、婚姻関係、子どもの状況、そして本人の過去一年間における課税前年収の影響も加味した推定も行った。なお、以下の日本に関する推定では、標本数も豊富だった二〇一〇年度の調査データを用いた。

推定結果が、表10‐2である。表中にある「限界効果」と呼ばれる数字がプラスであり、かつ「標準誤差」と書かれた数値のすぐ右横に*、**、***といった印が付されている場合、その項目に該当する個人は希望を持つと答える確率が明らかに高いことを意味している（「統計的に有意」と表現される）。反対に限界効果がマイナスで*などの印が付されている場合には、希望があると答える確率が明らかに低いことになる。一方、*の印がまったく付いていない場合は、その項目が希望に影響していないことを意味する。また表のうち数字が空欄になっている項目がある。それは該当する項目のうち、比較対象とされる基準となるグループであることを指す。

たとえば表10‐2の性別の項目のうち、男性は空欄で、女性は限界効果がプラスで印が付いている。これは、女性が男性に比べて希望があると答える確率が高いことを意味している。

年齢では、四十代に比べて、二十代や三十代は希望を持つと答える確率が高い。五〇歳は数字こそプラスであるものの印が付いていないことから、四十代との違いはないと考えられる。一方で六十代以上は、四十代に比べて希望があると答える確率が低くなっている。ここから総じて希望を持ちやすいのは若い年齢層であることが分かる。その結果は、これまでの希望学の結果とも整合的である。

同じようにみると、学歴では高校卒に比べて、文系、理系ともに大学・大学院卒ほど希望を持つと答える確率が高くなっている。また高校卒よりも専門・高専・短大卒の方が希望を持つと答える確率は高い。ここからは、より多くの教育を受けてきた人ほど希望を持つと答えていることになる。その結果もこれまでの希望学の分析と共通する。

健康状態では、「ふつう」と答えた人よりも「どちらかといえば健康である」「健康である」と答えた人の方が、希望を持つと答え

表10－2　希望の有無の規定要因（プロビット推定）

		希望：あり＝1，なし＝0			
		(1)		(2)	
項　目	説明変数	限界効果	標準誤差	限界効果	標準誤差
性　別	男　性				
	女　性	0.0422	0.0099***	0.0482	0.0116***
年　齢	20　代	0.0771	0.0139***	0.1149	0.0152***
	30　代	0.0500	0.0135***	0.0522	0.0146***
	40　代				
	50　代	0.0181	0.0137	0.0171	0.0154
	60代以上	-0.0357	0.0150**	-0.0386	0.0199**
最終学歴	中学卒	-0.0029	0.0305	0.0051	0.0303
	高校卒				
	専門・高専・短大卒	0.0321	0.0155**	0.0327	0.0155**
	大学・大学院（文系）	0.1011	0.0112***	0.0975	0.0114***
	大学・大学院（理系）	0.0774	0.0127***	0.0684	0.0131***
	その他・不詳	0.0727	0.0149***	0.0726	0.0149***
健康状態	健康でない	-0.0253	0.0195	-0.0177	0.0195
	どちらかというと健康でない	0.0183	0.0134	0.0202	0.0134
	普　通				
	どちらかいえば健康である	0.0656	0.0119***	0.0602	0.0120***
	健康である	0.1094	0.0109***	0.1025	0.0111***
婚姻関係	未　婚				
	既　婚			0.0796	0.0165***
	離　婚			0.0955	0.0205***
	死　別			0.0422	0.0378
子ども	な　し				
	末子が就学前（3歳以下）			0.0387	0.0205*
	末子が就学前（4～6歳）			0.0163	0.0251
	末子が小中学生			-0.0169	0.0192
	末子が高校生以上で未婚			-0.0152	0.0172
	末子が既婚または結婚経験あり			-0.0177	0.0224
課税前年収	な　し			-0.0515	0.0225**
	100万円未満			0.0126	0.0207
	100～200万円未満			0.0322	0.0200
	200～300万円未満			-0.0177	0.0205
	300～400万円未満			0.0345	0.0235
	400～500万円未満				
	500～600万円未満			-0.0044	0.0260
	600～700万円未満			-0.0074	0.0261
	700～800万円未満			0.0325	0.0258
	800～1000万円未満			0.0185	0.0255
	1000万円以上			0.0780	0.0314***
	答えたくない			-0.0486	0.0195
	標本数	10826		10826	
	擬似決定係数	0.0264		0.0339	

注：***，**，*は1％，5％，10％有意水準。各変数のうち数値が空欄の部分は，リファレンスグループであることを意味する。以下同様。

表10－3　希望の実現に向けた努力の規定要因（プロビット推定）

		希望の実現に向けた努力：あり＝1，それ以外＝0			
		(1)		(2)	
項目	説明変数	限界効果	標準誤差	限界効果	標準誤差
性　別	男　性				
	女　性	0.0005	0.0108	0.0274	0.0126**
年　齢	20　代	0.1063	0.0154***	0.1362	0.0176***
	30　代	0.0531	0.0149***	0.0622	0.0162***
	40　代				
	50　代	0.0095	0.0150	0.0152	0.0170
	60代以上	-0.0067	0.0160	-0.0066	0.0212
最終学歴	中学卒	-0.0149	0.0337	-0.0068	0.0339
	高校卒				
	専門・高専・短大卒	0.0254	0.0174	0.0265	0.0174
	大学・大学院（文系）	0.0969	0.0127***	0.0899	0.0129***
	大学・大学院（理系）	0.0744	0.0145***	0.0645	0.0150***
	その他・不詳	0.0776	0.0170***	0.0790	0.0171***
健康状態	健康でない	-0.0077	0.0209	-0.0032	0.0211
	どちらかというと健康でない	0.0243	0.0147	0.0252	0.0148*
	普　通				
	どちらかいえば健康である	0.0966	0.0132***	0.0913	0.0133***
	健康である	0.1445	0.0122***	0.1386	0.0123***
婚姻関係	未　婚				
	既　婚			0.0579	0.0172***
	離　婚			0.0899	0.0247***
	死　別			0.0354	0.0438
子ども	な　し				
	末子が就学前（3歳以下）			-0.0304	0.0223
	末子が就学前（4～6歳）			0.0030	0.0269
	末子が小中学生			-0.0254	0.0203
	末子が高校生以上で未婚			-0.0443	0.0184
	末子が既婚または結婚経験あり			-0.0137	0.0241
課税前年収	な　し			-0.1119	0.0232**
	100万円未満			-0.00006	0.0224
	100～200万円未満			0.0151	0.0231
	200～300万円未満			-0.0234	0.0214
	300～400万円未満			0.0151	0.0229
	400～500万円未満				
	500～600万円未満			-0.0111	0.0253
	600～700万円未満			-0.0145	0.0280
	700～800万円未満			0.0303	0.0290
	800～1000万円未満			0.0156	0.0284
	1000万円以上			0.1108	0.0288***
	答えたくない			-0.0552	0.0327*
	標本数	10826		10826	
	擬似決定係数	0.0238		0.0307	

る確率も高い。健康な人の方が希望を持ちやすいというのも、希望学と同様である。

表10－3には希望の実現に向けて努力している個人の特徴を、表10－2と同様の手法で分析した結果である。ここでも年齢、教育、健康が希望に実現に向けた努力を規定していることがわかる。

年齢、健康、教育が希望に影響を与えているという結果について、希望学では次のような解釈を施している「総じてこれらの結果が意味するのは、希望が個人の選択や行動の可能性によって強く規定されるという事実である。若さは、未来に時間という可能性が開かれていることを一般に意味するものであり、健康を損なうことは行動の可能性が制約されることにつながる。教育も、知識や経験を深め、能力を高めることで選択可能性を拡大する。」（玄田 二〇〇九：一二七）

その他の項目で希望に密接に関わっているのが、婚姻状態である。表10－2と表10－3の結果をみると、未婚者よりも既婚者さらには離婚者の方が、希望があると答える確率は高い。これまでの希望学の研究では婚姻関係と希望の間には明確な関係はみられず、今回の結果はそれと異なるものとなっている。

子どもについては、希望と明確な関係が見られなかった。「子どもこそが未来の希望」といったニュアンスで語られることもあるが、データからそのような傾向はみられていない。それはこれまでの希望学の研究でも同じである。子どもの存在は、日本では希望につながっていない。それは少子化に歯止めがかからない背景の一つかもしれない。

幸福との共通点・相違点

では希望を左右する要因は、同じように幸福にも影響を与えているのだろうか。実は、希望と幸福に同じように影響する要因と、そうでない要因がある。

表10－4はアンケートで尋ねられた幸福度（一一段階）のうち、より自分は幸福度が高いと答える人々の特徴を順序プロビット分析と呼ばれる手法で推定した結果である。

表10－2と比べると、女性は男性よりも希望を持っており、同時に高い幸福度にあると答える傾向がみられる。その意味で、希望や幸福の感じ方には、同じように性差がある。

学歴についてみても、高等教育を受けてきた人の方が、そうでない人に比べて、自分は幸福であり、かつ希望を持っていると答える確率が高くなっている。さらに自分は健康であると思っている人の方が、希望があるのみならず、幸福感も強い。いいかえれば、十分な教育機会を得られなかった人々や健康を損なっている人々は、概して幸福も希望も感じにくい状況にあるといえる。

婚姻状態についても、未婚者に比べると、既婚者の方が幸福感は強くなっている。結婚は希望と幸福の両方に影響を与えているようである。

これらとは異なり、希望と幸福に対して異なる影響を及ぼしている要因がある。その一つが年齢である。希望は若い人の方が持ちやすいが、幸福は年齢の高い人の方が感じやすい結果となっている。若さは「時間」という誰にとっても有限な資源を相対的に多く与えられていることを意味する。貴重な時間を豊富に活用できる若者は、本来希望を抱きやすい存在である。一方で高齢者は経験の蓄積に伴う成熟や達観を得ることができる。その成熟や達観の感覚こそが、高齢者に幸福をもたらすのだろう。

子どもの存在は、親の希望につながっていなかったが、幸福はもたらしている。子どもがいない場合に比べ、就学前の三歳以下の末子の存在は明らかに幸福感につながっている。その後は子どもの成長に伴い、幼児に抱くような幸福感は薄らいでいく。しかし末子が大

表10－4　幸福度の規定要因（順序プロビット推定）

項目	説明変数	幸福：1～11までの11段階評価 (1) 係数	(1) 標準誤差	(2) 係数	(2) 標準誤差
性別	男性				
	女性	0.3309	0.0219***	0.3933	0.0257***
年齢	20代	-0.1846	0.0324***	0.1200	0.0377***
	30代	-0.0313	0.0307	0.0191	0.0334
	40代				
	50代	0.1433	0.0307***	0.1045	0.0345***
	60代以上	0.3735	0.0326**	0.3070	0.0430***
最終学歴	中学卒	-0.3251	0.0685***	-0.2747	0.0687***
	高校卒				
	専門・高専・短大卒	-0.0088	0.0356	-0.0124	0.0357
	大学・大学院（文系）	0.1453	0.0263***	0.0953	0.0268***
	大学・大学院（理系）	0.1803	0.0302***	0.0813	0.0310***
	その他・不詳	0.1121	0.0358***	0.0825	0.0359**
健康状態	健康でない	-0.5518	0.0430***	-0.4973	0.0432***
	どちらかというと健康でない	-0.1996	0.0303***	-0.1597	0.0304***
	普通				
	どちらかいえば健康である	0.3480	0.0278***	0.3345	0.0279***
	健康である	0.7182	0.0264***	0.7048	0.0265***
婚姻関係	未婚				
	既婚			0.0505	0.0347***
	離婚			0.0454	0.0524
	死別			0.313	0.0903***
子ども	なし				
	末子が就学前（3歳以下）			0.1349	0.0447***
	末子が就学前（4～6歳）			-0.0412	0.0543
	末子が小中学生			-0.0728	0.0408*
	末子が高校生以上で未婚			-0.0280	0.0372
	末子が既婚または結婚経験あり			0.1291	0.0489***
課税前年収	なし			-0.0897	0.0469*
	100万円未満			-0.1114	0.0452**
	100～200万円未満			-0.1915	0.0468***
	200～300万円未満			-0.1496	0.0431***
	300～400万円未満			-0.0625	0.0464
	400～500万円未満				
	500～600万円未満			0.0473	0.0511
	600～700万円未満			0.2025	0.0567***
	700～800万円未満			0.1227	0.0593**
	800～1000万円未満			0.1445	0.0578**
	1000万円以上			0.3929	0.0618***
	答えたくない			-0.1723	0.0658**
	標本数	10826		10826	
	擬似決定係数	0.042		0.0585	

注：定数項が複数あり。表示は省略。

人になり、結婚するような年齢に至ると、再び幸福感は高まることになる。孫を持つことなどの新たな幸福があるのかもしれない。

収入についてみると、年収が高い人の方が幸福感は強い。しかもその傾向は、所得の増加に応じて段階的に幸福感は強まっている。一方、多くの所得階層について希望との間に一定の関係はみられない。[6] 唯一所得が一切「ない」人のみが、希望を持たず、希望の実現のために行動している傾向も弱くなっている。反対に年収が一〇〇〇万円以上の場合のみ、希望があるか、希望の実現のために努力している傾向がみられた。

過去の希望学研究では、年収三〇〇万円を割り込むと、実現見通しのある希望を有する確率が低くなることも指摘された。希望と所得の関係は連続的なものであるというよりは、所得が一定の水準を割ると希望がとたんに持ちにくくなるといった非連続な関係にあるのかもしれない。

健康の客観指標

健康は希望と幸福の両方を左右する重要な要素であった。ただこれまでみた健康は、あくまで本人の自己評価であり、医学的な判断を伴うものではない。

そこで健康状況を客観的に把握する一つの方法として、ＢＭＩ（the Body Mass Index）に着目する。ＢＭＩは体重（体格）指数と呼ばれ、体重（キロ）÷身長（メートル）÷身長（メートル）から求められる。ＢＭＩは二二が理想とされ、一八・五以上二五未満が「標準」、一八・五未満が「やせ」、二五以上三〇未満が「肥満」、三〇以上が「高度肥満」とされる。

ＢＭＩについて「やせ」に属する人は、肺炎や結核といった感染症の発病率が高いといわれている。一方「肥満」さらには「高度肥満」の場合には、糖尿病や心臓病などの発病率が高くなることが知られている。

調査では回答者に身長と体重を尋ねており、ＢＭＩを計算できる。そこで標本ごとにＢＭＩを求め、上記の各区分で区切った時の影響を推定した。推定は先の健康状態の自己評価にかわってＢＭＩ区分を用い、性別、年齢、学歴の影響もあわせてコントロールした。

推定結果が表10－5である。ＢＭＩ標準に比べて、「やせ」や「高度肥満」が希望や幸福を弱める方向に働いていることが、はっきりとわかる。限界効果や係数の数値をみると、特に高度肥満が希望や幸福を大きく喪失させている。

ＢＭＩで計った客観的な指標からも、健康状態は希望と幸福にとって重要な要素となっている。

表10－5　BMI指数ではかった健康と希望，幸福の関係

BMI指数	希望の有無		希望の実現に向けた努力		幸福の度合い	
	限界効果	標準誤差	限界効果	標準誤差	係　数	標準誤差
18.5未満	-0.0369	0.0161**	-0.0248	0.0166	-0.1060	0.0335***
18.5以上25.0未満						
25.0以上30.0未満	-0.0172	0.0123	-0.0292	0.0131**	-0.0819	0.0267***
30.0以上	-0.0597	0.0266**	-0.0750	0.0276***	-0.3147	0.0557***
標本数	10826		10826		10826	
擬似決定係数	0.0186		0.0135		0.0116	

注：各(1)式の推定のうち，健康状態に関するダミー変数に代わって，BMI指数を説明変数を加えたもの。

生活習慣との関係

　これまでは個人に付随する属性について、希望や幸福との関係を見てきた。ここからは個人の日常行動や過去の経験などとの関係に目を向ける。

　表10－6はいくつかの生活習慣が希望や幸福に与える影響を分析した結果である。推定では表10－2から表10－4と同様、性別、年齢、教育、健康の影響をコントロールしたうえで、生活習慣の状況を個別に加え、その影響を計った。

　まず分かるのは、毎朝規則的に朝食を食べるといった生活習慣が、希望と幸福の両方に影響を与えていることである。朝食をまったく食べない人に比べて、毎日食べている人は、希望を持ち、その実現に努力をしている傾向が強い。朝食を規則的にとっている人ほど幸福を感じている度合も強くなっている。

　さらにスポーツの習慣も、希望や幸福に対して明らかに影響を及ぼしている。スポーツの頻度は人によって様々だが、ほとんどスポーツをしていない人に比べて、多少なりと

表10－6　生活習慣と希望，幸福の関係

	希望の有無		希望の実現に向けた努力		幸福の度合い	
生活習慣	限界効果	標準誤差	限界効果	標準誤差	係　数	標準誤差
朝　食						
毎日食べる	0.0753	0.0251***	0.0763	0.0266***	0.3284	0.0538***
時々食べる	0.0554	0.0248**	0.0503	0.0287*	0.2568	0.0592***
ほとんど食べない	0.0358	0.0266	0.0183	0.0305	0.1627	0.0621***
まったく食べない						
スポーツ						
週に数回以上	0.0882	0.0113***	0.1528	0.0125***	0.2090	0.0269***
週に１回程度	0.0872	0.0118***	0.1538	0.0130***	0.1771	0.0281***
月に１回程度	0.1035	0.0151***	0.1412	0.0172***	0.2000	0.0376***
年に数回程度	0.0921	0.0163***	0.1268	0.0184***	0.1497	0.0399***
ほとんどしない						
喫　煙						
吸わない，吸えない						
やめた（１年以上やめている）	0.0133	0.0121	-0.0001	0.0131	-0.0067	0.0266
10本以下	0.0296	0.0173*	0.0034	0.0190	-0.1027	0.0385***
11～20本	-0.0257	0.0158*	-0.0080	0.0168	-0.1118	0.0341***
21本以上	-0.0496	0.0237**	-0.0342	0.0251	-0.2875	0.0505***
飲　酒						
全く飲まない						
ほとんど飲まない	0.0445	0.0139***	0.0243	0.0156	0.0180	0.0319
ときどき飲む	0.0596	0.0129***	0.0483	0.0142***	0.0407	0.0290
ほぼ毎日缶ビール(350ml)にして１本程度	0.0382	0.0156**	0.0395	0.0175**	-0.0070	0.0359
ほぼ毎日缶ビール(350ml)にして３本以上	0.0450	0.0164***	0.0365	0.0186*	0.0267	0.0382

注：各(2)式の推定に，生活習慣に関する変数をそれぞれ個別に説明変数として加えた結果。

もしている人は、希望を持って実現に努力しており、幸福を感じている度合も強い。

このように食事や運動などの基本的な生活習慣は、希望や幸福の形成に寄与している。

一方、喫煙や飲酒などの嗜好習慣は、希望と幸福に異なる影響をもたらしている。まず喫煙が常習化している傾向が強い人ほど、幸福度合いは弱くなっている。同時に希望を持つと答える確率を下げる傾向もみられる。ただし一方で、希望の実現に向けた行動の有無に対しては、喫煙習慣は明確な影響を与えているとはいえない。

反面、飲酒の習慣や飲酒量は、幸福を感じる度合とは無関係のようである。対照的に飲酒をまったくしない人に比べると、飲酒をある程度する人の方が希望を持っていたり、希望の実現に向けて努力していることが多くなっている。

幸福のためには酒もたばこもやらない方がいいようだが、希望には少々のお酒はつきもののようである。

希望と就業

所得が一切ないような状況では、希望を持つことが難しくなっていた。さらには希望があったとしてもその実現のために努力することもしにくい状況もあった。反対に年収が一〇〇〇万円以上といった高所得の場合には、希望を持ったり、希望の実現に向けた努力もしやすい。ただその間にある大部分の人々については、年収と希望には明確な関係が見出されていない。

なぜだろうか。一つの理由としては、年収の金額が希望にとって問題なのではなく、むしろどのようにして収入を得られるかという方法こそが重要なのかもしれない。収入を得る方法は様々だが、多くは就業状態にあるかによって規定される。そこで収入の代わりに、就業状態に着目して希望および幸福への影響を推定した。その結果が表10－7である。

表の推定結果から、たしかに就業状態の違いは希望や幸福に明確な影響を与え

表10－7　就業状態と希望，幸福の関係

主な就業上の地位	希望の有無		希望の実現に向けた努力		幸福の度合い	
	限界効果	標準誤差	限界効果	標準誤差	係数	標準誤差
経営者・役員	0.1317	0.0232***	0.1835	0.0274***	0.3629	0.0638***
正規雇用の正社員・正職員	-0.0016	0.0167	-0.0051	0.0181	0.1642	0.0366***
公務員	0.0337	0.0251	0.0331	0.0278	0.3812	0.0570***
契約社員、嘱託社員	0.0380	0.0243	0.0444	0.0272	0.0082	0.0560
派遣社員、請負社員	0.0576	0.0314*	0.0515	0.0357	0.0604	0.0737
アルバイト，パートタイマー						
自営業主	0.1056	0.0191***	0.1334	0.0225***	0.1555	0.0490***
（自営業の）家業の手伝い	0.0114	0.0431	-0.0060	0.0472	0.1301	0.0958
内職・在宅ワーク	0.1336	0.0413***	0.1846	0.0477***	-0.0799	0.1097
学　生	0.1087	0.0252***	0.1090	0.0301***	0.4210	0.0631***
無業（専業主婦・主夫を含む）	-0.0217	0.0165	-0.0375	0.0177**	0.1173	0.0359***
その他	0.0979	0.0322***	0.0722	0.0395*	0.4088	0.0832***
標本数	10826		10826		10826	
擬似決定係数	0.0387		0.0351		0.0578	

注：各(2)式の推定のうち，年収に関するダミー変数に代わって，就業状態を表す説明変数を加えたもの。

ている。まず言えるのは、経営者・役員そして自営業といった、自らの判断と責任によって働く余地の大きい人々ほど、希望や幸福を持ちやすい。総務省統計局「労働力調査」などの統計をみても、日本では一九八〇年代初頭以降、趨勢的に自営業減少が続いている。みずからリスクを取り「一国一城の主」となって働く自営機会を喪失していることが、日本を希望の持ちにくい国へと変化させている一因かもしれない。

一方、雇われて働く雇用者のうち大部分を占める正社員は、アルバイト・パートタイマーに比べると、より高い幸福度を感じている。ただし希望についてみると、正社員がアルバイト・パートタイマーに比べて希望を持っていたり、希望の実現に向けて行動しているとはいえない。同様の傾向は公務員についてもあてはまる。公務員も幸福度は高いが、希望を特段持っているわけではない。

反対に専業主婦や専業主夫を含む無業者は、希望の実現に向けて努力をしていると答える確率が明らかに低くなっている。これは先にみた年収が一切ない人々ほど、希望の実現に向けて努力していないという結果と整合的である。対照的に無業者であることは、アルバイトやパートタイマーに比べれば、幸福度はむしろ高い。このように仕事をしていない、もしくは仕事がないということは、希望と幸福について異なる影響を与えている。

過去の困難経験

希望は単なる未来志向ではない。これまでの希望学の研究では、過去に何らかの挫折を経験した人ほど、希望を持ちやすい傾向がみられた。二〇〇五年に行った希望学のアンケート調査によれば、希望を持っている人は、挫折経験がない場合は六九・三％だったのに対し、挫折経験がある場合は七九・七％と一〇ポイント以上高くなっていた（石倉 二〇〇六：一四三）。同じ調査のなかで、未婚者のうち、失恋という挫折を経験したことのない人ほど、恋愛や結婚に希望を持っていなかった（佐藤 二〇〇六：一二一）。

別の希望学の調査でも、就職してから最初の五年間に何らかの仕事上の挫折や失敗を経験したが、それを乗り越えてきたとの自負を持つ人ほど、仕事に希望を持っている傾向が強くみられた（玄田 二〇〇九：一五一～一五二）。

挫折と希望の関係について、希望学では次のような解釈を行っている。

「挫折を語ることと、過去の失敗の経験とは、似ているようでちがいます。過去の失敗は事実ですが、挫折を語れるということは、過去の失敗を自分のものとしてとらえなおし、現在の自分の言葉で表現できることを意味しています。同じように希望を語ることも、未来の成功とはちがいます。希望は、未来の成功に向かっていくことを指し示す、現在の自分の言葉なのです。

挫折と希望は、過去と未来という時間軸上では、正反対に位置するものです。しかしそれらはともに、現在と言葉を通じてつながっています。それが「過去の挫折の意味を自分の言葉で語れる人ほど、未来の希望を語ることができる」という、希望の物

表10－8　過去の困難経験と希望，幸福の関係

過去の困難経験	希望の有無		希望の実現に向けた努力		幸福の度合い	
	限界効果	標準誤差	限界効果	標準誤差	係　数	標準誤差
過去３年間に心に傷を受けるような大きなできごとを経験したか						
経験していない						
経験した（１回）	0.0699	0.0100***	0.0685	0.0111***	-0.1149	0.0226***
経験した（２回以上）	0.0882	0.0125***	0.0928	0.0144***	-0.3131	0.0302***
標本数	10826		10826		10826	
擬似決定係数	0.0392		0.0347		0.0610	

注：各(2)式の推定に，上記のダミー変数を加えて推定した結果。大きなできごととしては，離婚，失業，大きな病気やけが，身近な人の死などが設問では例示。

語性についての第二の発見なのです。」（玄田 二〇一〇：一一二～一一三）。

今回の調査では、過去三年間に心に傷を受けるような大きな出来事（離職、失業、大きな病気やけが、身近な人の死など）を経験したかどうかを尋ねている。表10－8をみると、困難な出来事を経験した人ほど、経験しなかった人に比べて、現在の幸福度は弱くなっている。特に複数回経験した人は幸福度が低い。

しかし過去の困難が希望へ与える影響は対照的である。むしろ過去に困難な出来事を経験してきた人ほど、現在に希望を持っていたり、その希望の実現に向けて努力している。

困難な状態に陥った事実は、人に不幸であるという感覚を与える。ただしその困難から乗り越えるために人は希望を必要とする。また困難を乗り越えてきた経験が、人に希望を与えるのである。

信頼と希望・幸福

信頼は、希望を構成する重要な要素である。過去の希望学の調査では、友人が多数いる人ほど、希望を持ちやすいという結果が得られた（玄田 二〇〇九：一四二）。特に本音で話せる友人や先輩・後輩がいる人ほど希望は持ちやすい（永井 二〇〇六：一〇一）。その理由として、信頼する友人からの承認が自分の存在意義の確認につながり、それが将来の希望につながっているという解釈を、希望学では与えている（玄田 二〇〇九：一四三）。

また友人から与えられる信頼だけでなく、家族から与えられてきた信頼も希望の形成にとって重要である。子どもの頃から、家族から期待されていた、もしくは信頼をされてきたという記憶を持つ個人ほど、成人後に希望を持ちやすくなっている（永井 二〇〇六：九二、玄田 二〇〇九：一四四）。加えて期待や信頼は、家庭の経済状況以上に希望の形成に影響を与えていた。それについても「（家族が）期待や信頼をかけることは、子どもが自身の潜在価値に目覚め、その実現に邁進する原動力となることで、希望を有しやすい背景になる可能性が高い」と解釈している（玄田 二〇

表10－9　信頼・信心と希望，幸福の関係

信頼・信心との関係	希望の有無		希望の実現に向けた努力		幸福の度合い	
	限界効果	標準誤差	限界効果	標準誤差	係　数	標準誤差
友人・知人について						
全く頼りにできない	−0.0299	0.0236	−0.0377	0.0260	−0.4848	0.0528***
あまり頼りにできない	−0.0307	0.0174*	−0.0455	0.0192**	−0.2184	0.0384***
どちらどもいえない						
ある程度頼りになる	0.1007	0.0108***	0.1079	0.0119***	0.3195	0.0245***
大いに頼りになる	0.1797	0.0121***	0.2042	0.0150***	0.7099	0.0348***
小学校から高校まで						
親以外の目上の人から信頼・評価されたことがある	0.1378	0.0089***	0.1644	0.0097***	0.2624	0.0201***
信仰・宗教について						
特に行っていることはない	−0.1571	0.0109***	−0.1403	0.0112***	−0.2870	0.0228***
信仰・宗教について						
特に信じているものはない	−0.1574	0.0091***	−0.1623	0.0097***	−0.2321	0.0199***
人間の本性は善である	0.0406	0.0036***	0.0408	0.0038***	0.2231	0.0079***

注：各(2)式の推定のうち，年収に関するダミー変数に代わって，信頼・信心に関する変数をそれぞれ個別に説明変数として加えた結果。
「人間の本性は善である」は7段階評価から選択。

○九：一四五）。

今回のアンケート調査からも、同様な結果が得られている。表10－9に示されているように、友人や知人が頼りになると考えている人ほど、希望を持っていたり、希望の実現に向けて努力していた。さらに小学校から高校までの間に親以外の目上の人から信頼・評価されたという記憶を持つ人ほど、現在希望を持って努力していることも新たに発見された。

加えて今回の調査では、信頼と強く関連しているだろう宗教観および人間観についての設問も含まれている。分析結果をみると信仰・宗教について、特に行っていることがなかったり、信じているものがなかったりする人ほど、希望を有していない傾向がみられた。人間観については「人間の本性は善である」という性善説を肯定する人ほど、希望を持っていることもわかる。ここでも信じる宗教があることや人間そのものに対する信頼が、希望の根幹の一つをなしていることが示唆される。

そして信頼は、希望と同じように幸福感の基礎ともなっている。希望と同様、友人の存在、過去の大人からの評価、宗教・人間観のいずれについても信頼できるものを持っている人ほど、幸福感は強くなっている。

信頼は、希望と幸福の両方の源泉なのである。

英語力と希望・幸福

経済や社会のグローバル化は、日本人の希望や幸福にどのような影響をもたらすだろうか。グローバル化の意味するところは多岐にわたるが、それでも英語による表現や理解に優れているか否かが、グローバル化への対応に少なからず違いを生むだろう。

調査では、英語のリーディング、ヒアリング、ライティングに関する自己評価も尋ねている。これらの設問を用いて、希望や幸福との関係を分析したのが、表10－10である。個

表10-10　英語力と希望，幸福の関係

英語力	希望の有無		希望の実現に向けた努力		幸福の度合い	
	限界効果	標準誤差	限界効果	標準誤差	係　数	標準誤差
英字新聞の短い記事を読む						
よくできる	0.1653	0.0155***	0.2385	0.0181***	0.2604	0.0447***
少しはできる	0.1192	0.0106***	0.1648	0.0120***	0.1246	0.0256***
あまりできない	0.0859	0.0111***	0.1101	0.0126***	0.0694	0.0265***
できない						
英語でおしゃべりをする						
よくできる	0.1529	0.0201***	0.2253	0.0232***	0.2555	0.0568***
少しはできる	0.1349	0.0109***	0.1825	0.0124***	0.1487	0.0272***
あまりできない	0.1025	0.0105***	0.1305	0.0119***	0.0684	0.0252***
できない						
英語で手紙・メールを書く						
よくできる	0.1583	0.0181***	0.2173	0.0214***	0.2137	0.0513***
少しはできる	0.1208	0.0113***	0.1668	0.0128***	0.1362	0.0278***
あまりできない	0.0889	0.0110***	0.1101	0.0124***	0.0516	0.0261**
できない						

注：各(2)式の推定に，英語力に関する変数をそれぞれ個別に説明変数として加えた結果。

人の性別、年齢、学歴、健康の違いをコントロールしたうえで、英語力が希望や幸福に与える影響を推定した。

ここからは、英語の読解、聞き取り、筆記のいかなる能力についても、できない場合よりもできる方が、希望を持ちやすく、幸福も感じやすくなっている。英語による表現や理解ができることによって、国内にとどまっている場合には得られない様々なチャンスに出会えるのだとしたら、それが希望や幸福に直結することはよく理解できる。

反対に、英語に通じていないことは、グローバル化が進展するなかで、希望や幸福を感じにくくなることを意味する。今後のグローバル社会のなかで、できるだけ多くの人が実践的な英語力を身に着けるような環境整備が、希望や幸福を多くの人が感じられる社会には求められる。

3 希望の国際比較

四カ国の希望

今回の調査の特徴は、同一の設問を複数の国で行っていることである。その設問のなかには希望に関するものも含まれる。そこで希望と個人および社会との関係にいかなる共通点や相違点が国によってあるかを、米国、フランス、韓国について明らかにする。

ただしここで注意することがある。それは日本語の「希望」に相当する言葉は、外国語では必ずしも一つとは限られないことである。一節では希望を英語ではhopeと訳していた。しかし、以下で分析する米国における調査では「現在、あなたは将来に対する『希望』がありますか」という設問は、次のとおり翻訳されている。

Do you currently have any wishes (things you want to happen or make happen) for the future?

表10－11　希望の実現に向けた努力と諸要因の関係（4カ国，20～59歳）

	日本		米国		フランス		韓国	
希望がある（%）	70.0		85.3		78.7		90.7	
希望があり，かつ希望の実現に向けて努力（%）	55.8		75.3		74.3		79.9	
希望の内容（上位5位、標本割合（%））								
第1位	仕事	42.8	家族	52.8	仕事	51.9	仕事	69.9
第2位	家族	40.9	仕事	48.4	家族	36.9	家族	58.4
第3位	健康	26.9	健康	42.3	健康	26.2	健康	46.1
第4位	娯楽	26.3	恋愛	37.4	恋愛	25.1	社会貢献	28.8
第5位	学習	20.9	娯楽	35.8	娯楽	24.4	友だち	25.7
幸福度（10段階評価）	6.99		7.98		7.46		6.60	

つまりここでは希望という言葉には hope ではなく wish という言葉が当てられている。したがって、以下の米国に関する希望の分析結果は、あくまで wish という意味での希望についてのものであることには、注意を要する。

同様なことはフランスや韓国についてもあてはまる。フランスの調査では、

Avez-vous actuellement des «attentes» vis-à-vis de l'avenir (Choses que vous aimeriez voir se réaliser ou accomplir)?

と尋ねている。希望を意味する espoir を用いて設問すれば、フランス人にとっての希望に関する回答も異なっていた可能性はある。

以上を踏まえた上で、希望に関する各国の回答状況をまとめたのが、表10－11である。なお、韓国の調査対象が二〇歳以上五九歳以下であったために、日本、米国、フランスも同じ年齢層に限定した。

四カ国のうち、希望があると答える割合が最も高いのは韓国である。実に九〇・七%が希望はあると答えている。次いで高いのは米国の八五・三%であり、それにフランスの七八・七%が続く。日本は最も低く、二〇歳以上五九歳以下のうち、七〇・〇%である。

これを回答者全体に占める、希望がありかつその実現に向けて努力している割合で求めても、順位は変わらない。韓国が最も努力している割合が高く、米国、フランスと続き、日本が最も低くなっている。日本では希望の実現に向けて努力している割合が五五・八%であり、他の三カ国と比べてもおよそ二〇ポイントも低くなっている。

希望の中身と幸福

このように国によって希望があると回答する割合には違いがあるものの、希望の中身には共通した特徴がみられる。

それは各国ともに、希望の中身として取り上げられる上位三項目が、すべて同じとなっていることである。各国ともにトップ3は「仕事」「家族」「健康」によって占められて

表10-12　希望の実現に向けた努力の規定要因（4カ国比較，20～59歳）

項　目	説明変数（日本の分類相当）	希望の実現に向けた努力：あり＝1，それ以外＝0							
		日　本		米　国		フランス		韓　国	
		限界効果	標準誤差	限界効果	標準誤差	限界効果	標準誤差	限界効果	標準誤差
性　別	男　性								
	女　性	0.0222	0.0137	0.0629	0.0329*	0.1512	0.0325***	-0.0582	0.0321*
年　齢	20　代	0.1314	0.0179***	0.0844	0.0459*	-0.0323	0.0572	-0.0290	0.0569
	30　代	0.0585	0.0163***	-0.1041	0.0499**	0.0173	0.0467	-0.0486	0.0476
	40　代								
	50　代	0.0212	0.0173	-0.0801	0.0507*	-0.0907	0.0504*	0.0275	0.0451
最終学歴	中学・高校卒レベル								
	専門・高専・短大卒レベル	0.0236	0.0183	0.1415	0.0396***	0.0947	0.0394**	0.0408	0.0537
	大学・大学院（文系）レベル	0.0908	0.0142***	0.0411	0.0451	0.1799	0.0341***	0.0718	0.0392*
	大学・大学院（理系）レベル	0.0514	0.0168***	0.0396	0.0461	-0.0097	0.0570	0.0402	0.0430
	その他・不詳	0.0645	0.0186***	0.0110	0.0405	0.0094	0.0393	-0.0206	0.0462
健康状態	健康でない	-0.0102	0.0239	-0.0577	0.0746	0.0380	0.0905	0.0170	0.1405
	どちらかというと健康でない	0.0255	0.0165	-0.0155	0.0520	-0.0102	0.0632	-0.0112	0.0511
	普　通								
	どちらかいえば健康である	0.0870	0.0148***	0.1412	0.0385***	-0.0431	0.0484	0.1004	0.0328***
	健康である	0.1403	0.0133***	0.0630	0.0372*	0.0066	0.0442	0.0882	0.0334**
婚姻関係	未　婚								
	既　婚	0.0733	0.0180***	0.0426	0.0400	-0.0670	0.0382*	-0.0376	0.0565
	離　婚	0.1061	0.0270***	0.0428	0.0513	0.0385	0.0536	0.1166	0.0673
	死　別	0.0033	0.0732	0.0876	0.1129			-0.0838	0.185
子ども	な　し								
	末子が就学前（3歳以下）	-0.0401	0.0227*	0.0904	0.0400**	-0.0383	0.0554	0.0641	0.0498
	末子が就学前（4～6歳）	-0.0110	0.0273	0.0705	0.0544	-0.0485	0.0730	0.1373	0.0373***
	末子が小中学生	-0.0387	0.0209*	0.1138	0.0430**	-0.1018	0.0582*	0.1347	0.0412***
	末子が高校生以上で未婚	-0.0661	0.0210***	0.0307	0.0526	-0.0254	0.0576	0.1200	0.0459**
	末子が既婚または結婚経験あり	-0.0537	0.0427	0.0052	0.0584	-0.1357	0.0713**	0.1600	0.0388*
課税前年収	な　し	-0.1015	0.0250*	-0.0158	0.0746	0.0408	0.0905	-0.0956	0.1547
	100万円未満相当	0.0094	0.0244	0.0508	0.0608	0.0465	0.0786	-0.1368	0.1689
	100～200万円未満相当	0.0387	0.0257	0.0374	0.0625	0.0606	0.0725	-0.0643	0.1603
	200～300万円未満相当	-0.0161	0.0245	0.1247	0.0505	0.0233	0.0745	-0.1554	0.1902
	300～400万円未満相当	0.0227	0.0258	0.0131	0.0630	0.0363	0.0757	-0.2418	0.2099
	400～500万円未満相当								
	500～600万円未満相当	-0.0192	0.0283	0.0711	0.0626	0.0942	0.1008	-0.0813	0.2418
	600～700万円未満相当	-0.0075	0.0306	0.0860	0.0705	-0.0275	0.1470	-0.2703	0.3219
	700～800万円未満相当	0.0174	0.0317	0.1069	0.0719	-0.1040	0.1707		
	800～1000万円未満相当	0.0060	0.0311	0.0713	0.0781	0.0562	0.1386	-0.1807	0.2834
	1000万円以上相当	0.1087	0.0315***	-0.0749	0.0882	-0.0531	0.1777	-0.2135	0.2030
	答えたくない	-0.0581	0.0371	-0.0921	0.1061	-0.0743	0.0976	-0.2467	0.1854
	標本数	8823		794		830		883	
	擬似決定係数	0.0320		0.0772		0.0897		0.0875	

いる。国によって三項目内の順位にこそ違いはあるものの、それらが希望として最も重視されている点で共通している。もっといえば、希望の上位二位は、各国ともに仕事か家族のいずれかである。

　ただ四位以降になると、国による特徴が垣間見られる。米国やフランスでは「恋愛」そして「娯楽」といった項目が上位に登場する。それに対して韓国では「社会貢献」「友だち」が希望として多く挙げられている。一方、日本では米国やフランスと同様「娯楽」も四位になっているが、唯一「学習」が五位に食い込んでいる。学習に希望を持っている日本。勉強好きのお国柄なのだろうか。

　ちなみに表10-10には、一一段階評価でみた幸福度の平均も各国について示した。幸福度の順位は、希望のそれとは大きく異なっている。幸福度が最も高いのは米国であり、続くのはフランスである。日本は幸福度では四カ国中三位であり、最も希望があると答えた韓国は幸福度が最も低い。

　希望も幸福もそれなりに感じているのが米国とフランス、希望は求めているが幸福ではない韓国。対して日本は、希望も幸福も劣位の国となっている。

希望の規定要因

　表10-12には、希望の実現に向けた努力の有無について、先の日本に関する分析（表10-3）と同じ要因について、国別にプロビット推定した結果が示されている。ここから分かるのは、希望を規定している要因が国によって大きく異なっているという点である。

　日本では、年齢が若く、高等教育を受けた人ほど希望を持ちやすくなっていた。しかし同様な特徴を他の三カ国からは見出すことはできない。健康な人ほど希望の実現に向けて努力するというのは、日本だけでなく、米国や韓国についても観察できる。しかしフランスでは、健康状態は希望の実現に向けた努力とは無関係である。

　日本では未婚者よりも既婚者の方が、希望の実現に向けて努力する傾向が強い。ところが他の三カ国には同様の特徴は見られない。反対に日本では子どもの存在が希望にはつながっていなかったのに対し、米国や韓国では子どもは希望の実現に向けた努力の要因となっている。

　収入が希望の実現に向けた行動に影響を与えているのは、日本のみである。米国、フランス、韓国では年収は希望と無関係である。

　先に述べたように質問の仕方によって回答が違う可能性も否定できないが、本調査による限り、特定の個人属性が希望を左右する各国に共通な要因は見出せない。

各国に共通な要因

　しかしながら、希望の実現に向けた努力に対し、各国で共通する要因がまったくないわけではない。表10-13は、第2節の日本における希望の計量分析で用いた項目を、他国にも当てはめて推定した結果である。このなかに各国で共通して希望に影響を与えているものがある。

　第一に共通するのは、規則的な朝食の摂取習慣である。四カ国ともに朝食を毎日食べて

表10－13　希望の実現に向けた努力と諸要因の関係（4カ国，20～59歳）

	希望の実現に向けた努力：あり＝1，それ以外＝0							
	日　本		米　国		フランス		韓　国	
	限界効果	標準誤差	限界効果	標準誤差	限界効果	標準誤差	限界効果	標準誤差
就業状態								
経営者・役員	0.1844	0.0323***	-0.0111	0.0824	0.0711	0.1006	-0.0110	0.0908
正規雇用の正社員・正職員	0.0109	0.0194	-0.0143	0.0643	0.0807	0.0856	-0.0222	0.0773
公務員	0.0442	0.0288	-0.2426	0.1441*	0.0723	0.0822	0.0249	0.0903
契約社員，嘱託社員	0.0676	0.0301**	-0.0435	0.1348	0.1741	0.0568**	-0.0866	0.0999
派遣社員，請負社員	0.0570	0.0362			0.1177	0.0858		
アルバイト，パートタイマー								
自営業主	0.1578	0.0250***	0.0553	0.0693	0.0847	0.0915	0.0435	0.0786
（自営業の）家業の手伝い	-0.0010	0.0490			-0.1628	0.2781	-0.1292	0.1399
内職・在宅ワーク	0.2080	0.0463***	0.1555	0.0883	-0.0179	0.1927	0.1518	0.0498
学　生	0.1214	0.0299***	0.0963	0.0673	0.0389	0.1048	0.0963	0.0621
無業（専業主婦・主夫を含む）	-0.0359	0.0198*	0.0079	0.0641	0.1228	0.0721	-0.1037	0.0890
その他	0.1779	0.0543***	0.0175	0.0761	0.1473	0.0631*		
朝　食								
毎日食べる	0.0733	0.0277***	0.1308	0.0691*	0.1303	0.0595**	0.1917	0.0580***
時々食べる	0.0543	0.0297*	0.1571	0.0609**	0.1539	0.0449**	0.1593	0.0420***
ほとんど食べない	0.0135	0.0317	0.0944	0.0624	0.1084	0.0521*	0.1296	0.0409**
まったく食べない								
過去3年間に心に傷を受けるような大きなできごとを経験したか								
経験していない								
経験した（1回）	0.0740	0.0122***	0.1120	0.0317***	0.0119	0.0343	-0.0031	0.0296
経験した（2回以上）	0.0818	0.0159***	0.1458	0.0329***	0.0451	0.0390	0.0134	0.0378
友人・知人について								
全く頼りにできない	-0.0439	0.0293	-0.0985	0.0756	0.0031	0.0645	-0.0031	0.0894
あまり頼りにできない	-0.0283	0.0217	0.0042	0.0626	-0.0569	0.0653	0.0577	0.0486
どちらともいえない								
ある程度頼りになる	0.1051	0.0134***	0.0604	0.0469	0.0522	0.0405	0.1459	0.0345***
大いに頼りになる	0.1980	0.0163***	0.0903	0.0469*	0.0823	0.0449*	0.0982	0.0319***
小学校から高校まで								
親以外の目上の人から信頼・評価されたことがある	0.1703	0.0107***	0.0921	0.0308***	0.1150	0.0303***	0.1733	0.0371***
信仰・宗教について								
特に信じているものはない	-0.1569	0.0108***	-0.0998	0.0502**	-0.0587	0.0312*	-0.0484	0.0313

注：就業状態については，表12の説明変数のうち，年収にかわって加えた場合の推定結果。それ以外の変数は，表12の説明変数群に新たに該当変数を加えた場合の推定結果。

いる人ほど、希望の実現に向けて努力している傾向は明らかに強い。朝食の恒常的摂取が栄養状態を改善させ、希望のために努力するための体力や気力の基礎となっているのかもしれない。一方で、朝食を安定的に摂取できるような家庭環境や社会階層にあるかどうかが、希望のための努力を左右しているのかもしれない。このような栄養学や社会学的な解釈などのうち、いずれが妥当であるかを、本調査から明らかにすることは難しい。いずれにせよ、朝食摂取といった規則的な生活習慣が、国を越えて希望に普遍的な影響を与えている可能性がある。

第二に四カ国で共通するのは、他者からの信頼・評価の記憶である。日本でいえば小学校から高校に相当する青少年期に、親以外の目上の人から信頼・評価されたことがあるという記憶は、いずれの国においても成人者の希望の実現に向けた努力につながっている。子ども時代に他者から肯定的な扱いを受けることが自尊感情を育み、それが希望の実現に向けて自ら邁進する原動力になる。それは国の文化や制度の違いを超えた普遍的な事実なのであろう。この点は今後、日本の学校教育をいかなる方向に向けて改善していくかを考える際に、一定の示唆を与えるものである。

その他に頼りになる友人の存在も、各国で希望に影響を与えている可能性がある。日本と同様、韓国でも頼りになる友人の存在が希望の実現に向けた努力につながっている。米国やフランスでも、日韓ほど明確ではないにせよ、大いに頼りになる友人がいることは、希望の実現に向けた努力を促進する傾向を持っている。言い換えれば、信頼できる人間関係といった社会関係資本を失っている個人は、どのような国においても希望の実現に向けて努力することが困難な状況にあるといえる。

4　希望を生む政策

本章では、本書の主題である幸福との対比として希望に着目し、希望を持つ個人の特徴や取り巻く社会環境について考察した。

幸福でありかつ希望があるという状況は、多くの人にとって望ましいことだろう。本章の分析によれば、その状況は多くの日本人が教育機会に恵まれ、健康状態も改善されていくような教育や医療に関する施策によって実現に近づいていくことになる。学校教育についていえば、青少年期に親や教員以外の大人との交流を積極化するような学習内容を充実することも、その後の希望形成や幸福感の醸成に効果を持っていた。さらに希望と幸福の増進には、朝食を毎朝摂取し、スポーツなどの運動を定期的に行う生活習慣が、より広く国民全体に普及することも重要である。

反対に、少子化が進んだ結果、若者が社会から減っていくことや、収入のない無業者が増えることは、社会における希望の喪失につながっていくおそれが大きい。さらに希望の回復には、自らリスクを取って行動する自営業者の減少に歯止めをかける環境づくりも不可欠である。またグローバル社会に対処するために、実践的な英語力を多くが身に付けることも、個々人が希望を持つうえで、今や欠かせないものとなっている。

日本は、米国、フランス、韓国と比べても、希望を持つと答える人々が少ない国である。日本では希望を持つ人がさらに減少していることも懸念される。今、経済や社会など、様々な点で日本は困難な状況に直面している。しかし過去の困難経験は幸福感を引き下げる一方、試練を克服していくことは希望を生み出すきっかけにもなる。幸福とならんで希望に着目しつつ、福祉政策をはじめとする今後必要な社会政策を検討することが望まれている。

【注】

(1)　希望学の成果については、東大社研・玄田有史・宇野重規・中村尚史編『希望学

（全四巻）』（東京大学出版会、二〇〇九年）として刊行されている。

（2）幸福度の国際比較は、オランダのエラスムス大学による調査や米国のミシガン大学による調査がよく知られている。両調査ともにデンマークが最も幸福度の高い国として位置づけられており、日本は四〇位台にともに位置づけられている。

（3）その設問の仕方は、希望学で行ってきた調査の方法を踏襲したものである。

（4）今回のアンケート調査では国籍が日本以外も含まれている可能性はあるが、その場合にもごく少数と考え、回答者が「日本人」を代表すると想定した。

（5）プレスリリースの内容は、http://ssjda.iss.u-tokyo.ac.jp/panel/pr/ を参照。

（6）このような所得との関係に違いを生み出す背景として、幸福は一一段階から選ぶことになっているのに対し、希望の有無、さらに希望の実現に向けた努力の有無が、ともに二者択一となっていることがあるのかもしれない。

【引用文献】

石倉義博（二〇〇六）「挫折と幸福、希望を語るということ」玄田有史編著『希望学』中公新書ラクレ、一二九〜一五八頁。

玄田有史（二〇〇九）「データが語る日本の希望」東大社研・玄田有史・宇野重規編『希望を語る――社会科学の新たな地平へ』（希望学［1］）、東京大学出版会、一二七〜一七二頁。

玄田有史（二〇一〇）『希望のつくり方』岩波新書、二二六頁。

佐藤香（二〇〇六）「恋愛と結婚の希望学」玄田有史編著『希望学』中公新書ラクレ、一一一〜一二八頁。

永井暁子（二〇〇六）「友だちの存在と家族の期待」玄田有史編著『希望学』中公新書ラクレ、八五〜一一〇頁。

文献案内

総論

① 大竹文雄・白石小百合・筒井義郎『日本の幸福度――格差・労働・家族』日本評論社、二〇一〇年。

＊大阪大学でのアンケート調査を踏まえて、日本人の幸福感がどこにあるのかを多面的に研究したものである。

② 大橋照枝『幸せの尺度――「サステナブル日本3.0」をめざして』麗澤大学出版会、二〇一一年。

＊世界各国の幸福度研究を展望し、かつ著者自身の視点に立脚して幸福を論じたものである。

③ 橘木俊詔『「幸せ」の経済学』岩波現代全書、二〇一三年。

＊著者自身によるアンケート結果に基づいて日本人の幸福度を計測した。さらに、哲人・文人・経済学者が幸せをどう考えてきたかを明らかにして、定常経済が好ましいとした。

④ B・S・フライ著、白石小百合訳『幸福度をはかる経済学』NTT出版、二〇一二年。（*Happiness*, MIT Press, 2008）

＊幸福の経済学における世界的権威者による「幸せ」に関する第一級の教科書である。経済学のみならず、心理学や政治学からの議論も豊富である。

⑤ D・ボック著、土屋直樹・茶野努・宮川修子訳『幸福の研究』東洋経済新報社、二〇一一年。（*The Politics of Happiness*, Princeton University Press, 2010）

＊ハーバード大学の学長を経験した人による幸福の研究である。彼独自の幸福感を示したものではなく、主として欧米諸国でなされた諸研究の展望なので、入門書として適している。

第2章

① Cornes, R. and T. Sandler, *The Theory Externalities, Public Goods, and Club Goods*, 2nd Edition, New York: Cambridge University Press, 1996.

＊公共財の理論、実証分析について書かれた大学院レベルの教科書。この分野での研究成果を包括的に解説している。

② Ehrlich, I. and G. Becker, 1972, "Market insurance, self-insurance, and self-protection," *Journal of Political Economy* 80, 623-648.

＊リスク回避の経済行動を理論的に分析した古典的な文献。

③ Helliwell, J. F. and H. Huang, 2011, Comparing the Happiness Effects of Real and On-Line Friends, NBER Working paper 18690.

＊幸福度が近隣の人々との交流とどのように関わっているのかを、

最近のデータを用いて実証的に分析した研究である。

④ Ihori, T. and M. McGuire, 2007, "Collective Risk Control And Group Security: The Unexpected Consequences of Differential Risk Aversion," *Journal of Public Economic Theory*, 231-263.

＊リスク回避度が人々や国家の経済行動や相互助け合い意欲に与える影響を理論的に分析している。

⑤ Murdoch, J.C. and T. Sandler, 2002, "Economic growth, civil wars, and spatial spillovers," *Journal of Conflict Resolution*, 46, 91-110.

＊経済成長と内乱、国内騒動との相関関係を分析した。

⑥ Olson, M. and R. Zeckhauser, 1966, "An Economic Theory of Alliances," *Review of Economics and Statistics* 48, 266-279.

＊人々や国家の相互依存関係を分析した古典的な研究。その後のアカデミックな経済分析の基礎となった。

第3章

① 枝廣淳子・草郷孝好・平山修一『GNH（国民総幸福）——みんなでつくる幸せ社会へ』海象社、二〇一一年。

＊ブータンの取り組みをわかりやすく解説している。また、東京都荒川区、熊本県水俣市、滋賀県甲良町などの地域の取り組みを紹介しており、興味深い。

② ジョセフ・E・スティグリッツ、ジャンポール・フィトゥシ、アマティア・セン著、福島清彦訳『暮らしの質を測る——経済成長率を超える幸福度指標の提案』金融財政事情研究会、二〇一二年。

＊第3章の参考文献に掲げた報告書の日本語版。幸福度の指標を考える際には欠かすことのできない文献である。

③ 上山信一監修、玉村雅敏副監修、千田俊樹編著『住民幸福度に基づく都市の実力評価——GDP志向型モデルから市民の等身大ハッピネス（NPH）へ』時事通信社、二〇一二年。

＊今後の地方自治体は市民の等身大ハッピネス（NPH: Net Personal Happiness）の最大化を目指すべきという考え方のもと、新潟市の現状を分析した好著。

第4章

① ブルーノ・S・フライ、アロイス・スタッツァー著、佐和隆光監訳、沢崎冬日訳『幸福の政治経済学』ダイヤモンド社、二〇〇五年。

＊幸福感に関する代表的書籍であり、経済学的視点で本格的に幸福を扱ったパイオニア的研究である。

② ポール・J・ザック著、柴田裕之訳『経済は「競争」では繁栄しない』ダイヤモンド社、二〇一三年。

＊人間は本来「共感」を本能的に感じる生き物であり、共感が信頼を生み出すことにより、経済を効率的にすることを、「神経経済学」のパイオニアが学術的な検証に基づいて主張している。

③ リチャード・セイラー、キャス・サンスティーン著、遠藤真美訳『実践行動経済学——健康、富、幸福への聡明な選択』日経BP社、二〇〇九年。

＊近年、経済分析の中で重要性を増している行動経済学の考え方に基づき、真の幸福を掴むために必要な選択とは何かを示している。

第5章

① Sen, A. *Commodities and Capabilities*, Elservier Science Publishers B.V., 1984.（鈴村興太郎訳『福祉の経済学――財と潜在能力』岩波書店、一九八八年、二〇一〇年、第一四版）

＊アマルティア・センのケイパビリティ・アプローチの概要が丁寧に記されている一冊。発展途上国の貧困問題や男女間格差の問題についての実証研究も取り上げられている。

② 鈴村興太郎・後藤玲子『アマルティア・セン――経済学と倫理学［改装新版］』実教出版、二〇〇一年。

＊「厚生経済学と社会的選択の理論」に関するアマルティア・センの功績の内容を丁寧に紹介している一冊。ケイパビリティ・アプローチに対する詳しい考察がある。

第6章

① 八田達夫・小口登良『年金改革論』日本経済新聞社、一九九九年。

＊世代間格差などの年金問題を詳しく論じている。やや古い文献であるが、年金問題を整理する場合に今でも役に立つ。とりわけ、第三号被保険者問題を扱う第4章は参考になる。

② 橘木俊詔『消費税15％による年金改革』東洋経済新報社、二〇〇五年。

＊厚生年金の空洞化や第三号被保険者問題などを解決する方策として公的年金制度の一元化を提唱する。さらに、基礎年金の全額消費税による負担方式を主張する。

③ 山森亮『ベーシック・インカム入門』光文社、二〇〇九年。

＊社会保障制度として就労の有無にかかわらず現金支給されるベーシック・インカムを詳しく説明している。基礎年金の一元化は、ベーシック・インカムの考え方と似ている。年金の一元化を考える際に参考になる考えである。

④ 大竹文雄・白石小百合・筒井義郎『日本の幸福度』日本評論社、二〇一〇年。

＊日本を対象にして、主観的幸福度を決定する要因を実証的に分析している。本章では説明変数の幸福度への影響について十分解説できなかったが、本書で詳しく解説されている。

⑤ 西沢和彦『税と社会保障の抜本改革』日本経済新聞社、二〇一一年。

＊税と社会保障改革の一体改革について述べている。税や年金財政について理解が深まると同時に、公的年金制度間の財政的関係が詳しく解説されている。

⑥ 佐々木一郎『年金未納問題と年金教育』日本評論社、二〇一二年。

＊アンケート調査を基に、年金の未納理由や年金未納問題を解決するための年金教育の重要性を指摘する。年金制度と幸福度の関係を扱っている数少ない書物である。

第7章

① 橘木俊詔・浦川邦夫『日本の地域間格差』日本評論社、二〇一二年。

＊本書は、住民に対して実施した大規模アンケート調査の個票データをもとに、地域間格差の多様な実態を分析している。主観的厚

生と地域間格差との関係について検証した章（第7章「地域間格差がもたらす影響——健康、学力、SC、幸福」）があり、地域住民のそれぞれの居住地域に対する評価の特徴や、地域の評価が幸福や健康とどのように結びついているかについて幅広くサーベイしている。

第8章

①河島伸子「文化政策のマネジメント」後藤和子編『文化政策学』有斐閣、二〇〇一年。

＊イギリスの文化施設における地域コミュニティとの対話、連携プロジェクトを紹介し、文化政策の現場における課題を分析したもの。

②地域創造『アウトリーチ活動のすすめ』財団法人地域創造、二〇〇〇年。

＊日本で初めて本格的に「アウトリーチ」の全体像をまとめた調査報告書。発刊元の財団法人地域創造は地方自治体における文化行政を奨励するために様々な活動を展開しているが、各種報告書にも興味深いものが多い。この報告書における「アウトリーチ」の概念が非常に広いことに注意。

③藤浩志・AAFネットワーク『地域を変えるソフトパワー』青幻舎、二〇一二年。

＊著者の一人である藤浩志は、現代美術のアーティストであるが、いわゆる「アートのためのアート」にとどまらず、地域でプロジェクトを起こして地域の活性化を長年実践してきた。特に東日本大震災後、アートは地域レベルにおいて、人の知恵とまちの経験をどのように結び付けていけるかが問われるようになったことから、これまでの経験とケーススタディをまとめた書。

第10章

①玄田有史編著『希望学』中公新書ラクレ、二〇〇六年。

＊希望学に関する最初の本。希望学をはじめた経緯の他、挫折と希望の関係など、希望学が目指していた方向性が示された一冊。

②東大社研・玄田有史・宇野重規編『希望を語る——社会科学の新たな地平へ』（希望学［一］）、東京大学出版会、二〇〇九年。

＊二〇〇五年から始めた希望学を学術的に取りまとめた初めての本。希望という概念の哲学、法学、政治思想といった多角的な考察の他、希望に関する計量分析などを収めた一冊。

③東大社研・玄田有史・中村尚史編『希望の再生——釜石の歴史と産業が語るもの』（希望学［二］）、東京大学出版会、二〇〇九年。東大社研・玄田有史・中村尚史編『希望をつなぐ——釜石からみた地域社会の未来』（希望学［三］）、東京大学出版会、二〇〇九年。

＊挫折が希望につながるプロセスの解明を目指して訪れた岩手県釜石市におけるフィールドワークの成果を収めたのがこの二冊。過去にも津波、艦砲射撃、産業合理化といった多くの挫折や試練を経験してきた釜石がいかにして希望を求めてきたのかが主題。

④東大社研・玄田有史・宇野重規編『希望のはじまり——流動化する世界で』（希望学［四］）、東京大学出版会、二〇〇九年。

＊希望に関する文化人類学や法社会学などの分析を収めた一冊。生

活保障制度、ベーシックインカム、先端医療、ブータンや水俣市など、豊富な事例に照らして希望が語られる。

⑤ 中村圭介『絶望なんかしていられない――救命救急医ドクター・ニーノ戦場を駆ける』荘道社、二〇一〇年。

＊希望学の成果の一つとして、救急救命の現場で奮闘する医師に密着し、絶望と希望の関係を考察した一冊。

⑥ 玄田有史『希望のつくり方』岩波新書、二〇一〇年。

＊希望学の成果を、一般向けにわかりやすく解説した一冊。希望学の入門書。

⑦ 橘川武郎『希望学――日本再生への道・釜石からのメッセージ』化学工業日報社、二〇一三年。

＊釜石での調査にもとづき、希望の持てる社会に再生するための産業政策を論じた一冊。

た　行

な　行

は　行

ま　行

や　行

ら　行

欧　文

索　引

小塩隆士（おしお・たかし）**第7章**

1960年　生まれ。
1983年　東京大学教養学部卒。大阪大学博士（国際公共政策）。
現　在　一橋大学経済研究所教授。
主　著　『再分配の厚生分析』日本評論社，2010年。
『効率と公平を問う』日本評論社，2012年。
『社会保障の経済学　第4版』日本評論社，2013年。

河島伸子（かわしま・のぶこ）**第8章**

1999年　英国ウォーリック大学 Ph.D.（文化政策学）取得。
現　在　同志社大学経済学部教授。
主　著　『コンテンツ産業論』ミネルヴァ書房，2009年。
『変貌する日本のコンテンツ産業』（共編著）ミネルヴァ書房，2013年。
『イギリス映画と文化政策』（共編著）慶應義塾大学出版会，2012年。

ビクター・ギンスバーグ（Victor Ginzburg）**第9章**

1939年　生まれ。
1972年　ブラッセル自由大学（ベルギー）Ph.D.（経済学）。
現　在　ブラッセル自由大学名誉教授。
主　著　*The Structure of Applied General Equilibrium Models*, MIT press, 1997, ほか。

カーラ・ビセット・ベンチコウ（Carla Biset-Bentchikou）**第9章**

ブラッセル自由大学（ベルギー）所属。

アントニオ・エスターシェ（Antonio Estache）**第9章**

ブラッセル自由大学（ベルギー）所属。

玄田有史（げんだ・ゆうじ）**第10章**

1964年　生まれ。
1992年　東京大学大学院経済学研究科退学。
2002年　経済学博士（大阪大学）。
現　在　東京大学社会科学研究所教授。
主　著　『仕事のなかの曖昧な不安』中央公論新社，2002年。
『ジョブ・クリエイション』日本経済新聞社，2004年。
『人間に格はない』ミネルヴァ書房，2010年。
『孤立無業（ＳＮＥＰ）』日本経済新聞出版社，2013年。

■■■ 執筆者紹介 ■■■

橘木俊詔（たちばなき・としあき）　**はしがき，総論**

編著者紹介欄参照。

ブルーノ・S・フライ（Bruno S. Frey）　**第1章**

1941年　生まれ。
1964年　バーゼル大学（スイス）修士。
1965年　Ph.D.（経済学）。
現　在　ウォーリック大学（イギリス）教授。
主　著　*Happiness*, MIT Press, 2010.（白石小百合訳『幸福度をはかる経済学』NTT出版，2012年），ほか。

ジェイナ・ギャラス（Jana Gallus）　**第1章**

チューリッヒ大学（スイス）大学院博士課程。

井堀利宏（いほり・としひろ）　**第2章**

1952年　生まれ。
1981年　ジョンズ・ホプキンス大学大学院経済学博士課程修了(Ph.D.取得)。
現　在　東京大学大学院経済学研究科教授。
主　著　『課税の経済理論』岩波書店，2003年。
『「歳出の無駄」の研究』日本経済新聞出版社，2008年。
『誰から取り誰に与えるか――格差と再分配の政治経済学』東洋経済新報社，2009年。

太田聰一（おおた・そういち）　**第3章**

1964年　生まれ。
1987年　京都大学経済学部卒業，京都大学大学院経済学研究科を経て，
1996年　ロンドン大学大学院 Ph.D.取得（経済学）。
現　在　慶應義塾大学経済学部教授。
主　著　『若年者就業の経済学』日本経済新聞出版社，2010年。
『もの造りの技能――自動車産業の職場で』（共著）東洋経済新報社，2001年。
『労働経済学入門　新版』（共著）有斐閣，2012年。

八木　匡（やぎ・ただし）　**第4章**

1959年　生まれ。
名古屋大学大学院経済学研究科博士課程単位満了退学。経済学博士
現　在　同志社大学経済学部教授。
主　著　『教育と格差――なぜ人はブランド校を目指すのか』（共著）日本評論社，2009年。
『スポーツの経済と政策』（共編著）晃洋書房，2011年。

浦川邦夫（うらかわ・くにお）　**第5章，第7章**

1977年　生まれ。
2007年　京都大学大学院経済学研究科博士課程修了。博士（京都大学）。
現　在　九州大学大学院経済学研究院准教授。
主　著　『日本の貧困研究』（共著）東京大学出版会，2006年。
『日本の地域間格差』（共著）日本評論社，2012年。
「幸福度研究の現状――将来不安への処方箋」『日本労働研究雑誌』612号，2011年。

伊多波良雄（いたば・よしお）　**第6章**

1952年　生まれ。
1982年　同志社大学大学院経済学研究科後期課程満期退学。経済学博士。
現　在　同志社大学経済学部教授。
主　著　『公共政策のための政策評価手法』（共編著）中央経済社，2009年。
『スポーツの経済と政策』（共編著）晃洋書房，2011年。
『貧困と社会保障制度』（共著）晃洋書房，2011年。

《編著者紹介》

橘木俊詔（たちばなき・としあき）

1943年　生まれ。
1967年　小樽商科大学商学部卒業。
1969年　大阪大学大学院修士課程修了。
1973年　ジョンズ・ホプキンス大学大学院博士課程修了（Ph.D.）。
　　　　仏米英独での研究職・教育職を経て，京都大学教授。
現　在　同志社大学経済学部教授。
主　著　『いま，働くということ』ミネルヴァ書房，2011年。
　　　　『課題解明の経済学史』朝日新聞出版，2012年。
　　　　『三商大　東京　大阪　神戸――日本のビジネス教育の源流』岩波書店，2012年。
　　　　『格差社会』（編著），ミネルヴァ書房，2012年，ほか。

福祉＋α ⑥
幸　福

2014年3月20日　初版第1刷発行　〈検印省略〉

定価はカバーに
表示しています

編著者　橘木俊詔
発行者　杉田啓三
印刷者　中村知史

発行所　株式会社　ミネルヴァ書房
607-8494 京都市山科区日ノ岡堤谷町1
電話代表（075）581-5191
振替口座 01020-0-8076

中村印刷・新生製本

ISBN978-4-623-07030-5
Printed in Japan